道破核心

《旭述》之商业地产操盘智慧

赵旭

二〇一九年

中国经济出版社
CHINA ECONOMIC PUBLISHING HOUSE
·北京·

图书在版编目（CIP）数据

道破核心／赵旭州著．
—北京：中国经济出版社，2020. 1
ISBN 978 - 7 - 5136 - 5880 - 5

Ⅰ. ①道… Ⅱ. ①赵… Ⅲ. ①企业管理 Ⅳ. ①F272

中国版本图书馆 CIP 数据核字（2019）第 238790 号

责任编辑　孙晓霞
责任印制　马小宾
封面设计　任燕飞设计工作室

出版发行　中国经济出版社
印 刷 者　北京富泰印刷有限责任公司
经 销 者　各地新华书店
开　　本　710mm × 1000mm　1/16
印　　张　18
字　　数　260 千字
版　　次　2020 年 1 月第 1 版
印　　次　2020 年 1 月第 1 次
定　　价　58. 00 元
广告经营许可证　京西工商广字第 8179 号

中国经济出版社 **网址** www. economyph. com **社址** 北京市东城区安定门外大街 58 号 **邮编** 100011
本版图书如存在印装质量问题，请与本社销售中心联系调换（联系电话：010 - 57512564）

自序

我带领公司在全国各地的各类商业地产项目运营管理操盘前线征战15年。这期间，从百货商场的繁荣到衰落；从城市综合体的崛起到过剩；从批发市场的疯狂生长到触顶衰退；从产业园区的建设热潮到运营理性回归；从旅游的观光游时代到休闲度假游阶段；从特色小镇的概念兴起到遍地开花，我有幸刚好经历了商业地产领域天翻地覆的剧变期。

我们经营的核心业务是商业地产项目全程委托运营管理业务。简单来说，就是一家房地产开发公司要搞一个商业地产项目，它有钱、有地，要建设，但是无法判断这块地要建成什么类型的商业项目才是符合市场需求的最优选择，不知道建筑物要设计成什么样子才能更好地满足商家与消费者需求，不能娴熟地掌握以何种规则、何种方式、何种团队如何快速引进最适合、最优质商家入驻项目，也不具备系统化能力做到让项目开业后保持经营局面的良性运转，所以要请像我们这样的第三方商业管理公司介入项目全程运营，实现专业操盘。但因开发商是出资东家，一切运行事务的决策必须由开发公司定夺。这也就形成了懂专业的人没有决策权，有决策权的人不懂专业的矛盾局面。这也是身为商业项目第三方专业操盘者的最大挑战——如何影响一个外行不懂商业的开发商老板正确而高效地作出决策。这就要操盘者把商业常识、商业规律与面临决策的事项作出简单易懂的分析，让一个外行的人快速明白以后迅速作出决策，其实就是操盘者的专业解码能力是否够强，说服力是否够强。每个开发商老板的认知水平与处境都是不同的，这就需要操盘者善于对不同类型的人进行说服、启发、诱导甚至刺激，要时而扮演“医生”，时而扮演“智囊”，时而扮演“老师”，时而还要扮演并肩作战的“操刀者”，这是一项极富挑战的工作，因为影响与转变一个人的认知观念是人世间最难的事情，没有之一。

而说服开发商老板同意你的决策建议只是开始，更有商业地产项目全程运营专业操盘的系统性挑战等着你，包括：对市场生态的大势把握是否到位；对项目整体定位是否准确；项目运行决策点过于密集对决策者正确高效决策的持续影响是否能保持；项目协作面过多能否举重若轻地处理好协调工作；商业招商实践性强能否打造执行力超强团队完成高强度工作任务；能否预判及掌握项目不因工期原因或商业操盘原因耽误时间按时开业；项目开业后能否持续保持满意的人气与收入成长预期。如要项目实现成功，以上是必须要战胜的挑战。这要求操盘组织与项目操盘负责人必须具备超强的策划能力、资源整合能力与落地执行能力。这的确要千里挑一的人才方能胜任。

作为出色的商业地产项目运营第三方输出管理公司更要紧的是必须打破地域限制，要广泛地将业务覆盖至全国地区各角落，要与不同类型、不同水平、不同实力的物业开发方建立合作，这样才能深入掌握全国市场纵深的特点，才能避免把本来是无地域限制的智力型公司搞成窝在一个区域的“土特产”公司。所以，这些年我行遍大江南北各个地区，连续好多年每年跑100多个城市，项目发展分布地区无设限，只要有项目需要，不管什么地域一概拿下。多年来，我几乎是要么在项目地，要么在去项目的路上。

毫不夸张地说，这些年我的工作充满了新鲜、刺激与挑战，期间强烈的记忆都是那些“拯救残局”的项目经历，所到之处，我也深刻领略了各地商界英雄豪杰们的兴衰起伏与悲欢离合。我最大的收获莫过于对商业实践的深刻体会与对各地企业及企业家生存状况的深刻认识。我心中有无法抑制的商业江湖经历带来的思想激荡，我必须把我这么多年形成的洞察、视野、经验与认知整理形成文字形成系统，给更多业界相关的人、好学的人以参考。因此，我须从一个实践者过渡到一个理论者，再过渡到一个传播者。

商业地产中的地产是“盘子”，商业是“菜”。现在要请人吃饭，盘子养眼、好用即可，核心焦点都在菜上。书中商业与产业话题覆盖范围很广，所有从事房地产、商业、消费与服务类的工作者或对此感兴趣的读者都可以从中读到与你所在的行业或感兴趣的行业有关的内容。

书中提到的个别项目与企业家的案例分析，是因为其知名度较高能够使读者更容易产生对同类现象和类似问题的对标感与体会感。为了让读者更容易解读，愿企业家大佬们高风亮节，做一次话题剖析的主体案例。

因为职业习惯原因，我个人更喜欢梳理一项重要商业议题的成长历史，发现当前重要矛盾与问题（也就是“诊断病症”），最后要给出我对问题与矛盾的未来解决思路与改善建议（也就是“开药方”）。书中对商业领域最重要、最活跃、最新兴的各大商业业态进行了核心性宏观性阐述。对各大商业业态的发展历史、核心矛盾、未来趋势都以我的一己之见给出了浅见与判断。

谨以本书给具备批判性思维与建议性思考的读者以抛砖引玉！

赵旭州

2019年10月30日

目录

第一部分
切脉项目篇

第二部分
新兴地产篇

第三部分
传统产业地产篇

第一部分

切脉项目篇

1

/ 第一章 /

万达城文旅——文旅地产项目的光鲜与隐忧

为什么说万达城等项目的文旅资产是个“坑”?

为什么说万达城等文旅项目缺乏“核心竞争力”?

为什么说万达城等文旅项目最大的遗憾是在平台之上没能孵化出可复制发展的子事业?

一、万达城等文旅项目以何种模式发展

无论是文旅还是万达文旅城，在过去的很长一段时间里都是热门话题。2018 年孙宏斌先生收购 13 个万达文旅城一事，使得这类话题更加升温，可见颇值得品味。对此的探究，除了能够从中汲取些微营养，吸取一点借鉴，还意在借此机会争取给孙宏斌先生些许建议。不管他是否认同这些建议，这是我们出于业界的道义角度发声，别无他意，仅仅因为我们是从事这个行业的人，在这个节点应该发出声音。

首先来看万达城等文旅项目的发展模式，主要表现为以下三个方面。

（一）以文旅为题材进行大规模圈地

众所周知，以住宅地产和单纯的商业开发名义是拿不到如此大规模体

量以及如此便宜的土地的。因为中国的房地产开发走到现在黄金时代已经过去，有人说它在现阶段处于白银时代，其实这一评价依然太高。限售、限购、限贷，在金融上得不到支持，发展收缩；纯商业地产到处都在开发，竞争达到白热化；房产过剩、空置现象层出不穷，这才是中国房地产的现状。就在这个节点上中国各地迎来了文旅地产的黄金期，主因之一就在于中国的旅游发展是井喷式的，国内的旅游业，好一点的景区基本上年成长率是30% ，一些热点区域甚至能达到50%的成长率，这是非常惊人的。因此，以文旅为主题做一个大规模的规划来圈地，这是战略上成功的第一步，也是万达城等文旅项目的模式起点。

（二）用房地产的销售收入来实现滚动开发

每一个文旅城，其核心建设板块基本都要投入上百亿元的资金，这笔资金从何而来？总不能自己掏腰包来建上百亿的东西，所以只能通过房地产销售收入实现分批次的滚动开发，因此卖房子就显得尤为重要。比如，每一个万达文旅城在起步阶段都是推出大量的住宅物业做销售，并且销售状况都很好。之所以成功，原因在于它的主题好、售价便宜、规模大、营造的整体功能和配置好，所以它用房地产的销售实现滚动开发。从启动层面上观之，这类文旅项目实际上就是个地产类项目。

（三）文旅是个“坑”：只能通过房地产回收的利润来填补

我这个观点或许会有争议，有很多人不愿意听，但事实就是如此。前面提到文旅是朝阳产业，发展很好，那为什么又说是个“坑”呢？原因在于文旅项目无论在短期还是中长期都无法实现自我盈利。故事看起来很性感，但落下地来也许是个“烫手山芋”。

二、万达城文旅四大功能板块的自我盈利能力如何

关于万达文旅城，它主要有四个核心功能板块，包括乐园、秀场、酒

店群和Mall，除此之外，还有一部分配套型的街区、酒吧街等。接下来我们对文旅系统的自我经营能力和属性进行详细分析。

（一）市场竞争激烈，数量过剩，万达乐园又没有核心竞争力

提到乐园，我想起当年王健林先生有一句调侃，说他要围堵迪士尼，让迪士尼很多年不能盈利。王先生称，他可以建很多个万达乐园，因为迪士尼就是一个点，万达却可以遍地开花，以面取胜。不过，从这些年的实际情况来看，似乎并没有那么乐观，主要原因有以下三个方面。

1. 万达乐园没有IP

迪士尼是靠IP取胜的，大部分游客去迪士尼感受的是童年的记忆、情怀和卡通偶像，而不仅仅是坐过山车。万达乐园通常没有主题，只主打体验性项目，如过山车和新奇特的游乐体验，但没有IP，光靠刺激性游乐体验很难形成核心竞争力。即便是有IP的迪士尼乐园，在全世界盈利的项目也是很少的，如法国巴黎的迪士尼经营25年亏损23年，香港迪士尼也已经连续亏损好几年。原因在于乐园这个业态属性在发达国家或地区其发展趋势是夕阳西下的，孩子们不愿意进乐园玩或者是玩过一次不想再去第二次，而且大多数人是奔着IP去的。由此可见，有IP都不一定赚钱，更何况没有IP！

2. 乐园有强烈的分时性

乐园受时间和环境影响太大，不放假孩子不能去，下雨天、严寒、酷暑都不能去，几乎把大量的时间都变成沉没成本停在那里。从经营上来说，十个人坐过山车要开，一个人坐过山车也要开，就好比看电影，一个人看一场电影和一百个人看一场电影，成本是一样的。乐园这种强分时性是天然的，无法避免。

3. 乐园成本高昂且人群覆盖率很低

乐园并不像吃饭用餐一样，人人带一张嘴都要吃饭。去过乐园的人都知道，它有两个明显的特性，一是消费频次低，二是只适用于以孩子为单

位的小群体和小青年（占比次之），其他群体到乐园去玩的意愿普遍不高，所以它的覆盖率不高，需求也是非刚性的。最重要的是，一个乐园通常要辐射几亿人，而万达却建了那么多乐园，其实现阶段乐园在中国本来就是过剩的。目前，中国大部分的三线城市往上都有乐园，深圳就连社区里都建有社区乐园，里面架着小小的过山车，坐一次只需几元钱。长期来看，大部分乐园将会变成一座座锈迹斑斑的过山车——没有一个好主题、没有IP、资产过重、分时性强、覆盖率低，不仅不挣钱，维护成本却很高，不日渐萧条才怪。大家千万别小看这项支出，万达乐园＋万达剧院，光是人员工资和运营成本，一个项目一年下来就要花费一两个亿，费用相当高。所以说乐园的发展短期看不盈利，长期看前景不乐观。总之不是朝阳产业，更不是蓝海。

（二）秀场观赏性要求高，创新难度大，持续性较差

秀场类项目在近几年风生水起，被许多投资商看好，实则暗藏风险。

例如武汉的汉秀，它属于重资产业态，采用专门的工艺，配备豪华设施设备，以五星级标准建了一座非常漂亮的剧院，给自己编排了一档节目——国际演员豪华阵容＋长期训练，甚至有些项目和演员要训练一整年，才能呈现一场非常精彩的表演，但很多人一生只看一次——这就是秀场的特性。

有过看“秀”经历的人都知道，一档节目一辈子大概只会看一次。有的人会说，宋城搞了个“千古情”不是在盈利吗？实际上它是不可复制的，把它搬到南昌，搬到武汉，看它还能盈利吗？秀场有非常强烈的特性，它多数是选择一个地方，在这个特定的地方发挥自己的魅力，这个魅力也就是它的核心竞争力。具体分析秀场项目，要看它坐落的城市是不是具有强大旅游基因的城市，它的创意是不是真的新颖独特，有没有让人眼前一亮的视觉效果，有没有让人拍案叫绝的叙事手法，有没有入木三分的表演功力，有没有一针见血的观点与思想。这些都很关键，但实际操作起来却很难，对于游客来说基本是一生看一次，而项目的维护成本却极高。像大剧院这种设施，基本上只会在有节目的时候才会用到，大部分时间都闲置空耗，“养场千日、用场一时”是也。绝大多数时间是沉没成本，不被使用，过于重资产。秀场这个板块靠重资产加高创意支撑，不是一个好的持续性资产。

（三）酒店群成本高昂，风险巨大

酒店大家都很熟悉，这个行业太成熟了，因此利润空间被压缩到很小，就连一个营收情况健康的五星级酒店其回报率也只有是 10%，前提还是它的入住率要达到 80% 以上。而万达城除了在类似于西双版纳这些旅游热点区域的入住率达到上述标准，其他区域的入住率可能都在 60% 以下，并没有那么火爆。一家酒店一年的成本要均摊到 5000 万元左右，重资产、物业支持、豪华装修，而回报率却非常低，就算是健康运营也才 10%，稍微不健康就亏损。所以可能在旅游区域的万达酒店是赚钱的，但如果看总体报表的话，13 家万达城里很多个酒店群，合计起来并不赚钱。

（四）万达 Mall 模式单一，管理难度高

万达 Mall 是万达城项目中唯一一个看起来相对健康、相对常态的资产和业态，实际上它是放大版的万达城市广场，里面加入了一些特色项目，如室内游乐园、室内滑雪场等，规模相对来说有所扩大。一般一个万达城市广场是 10 万～15 万平方米，而万达城里面的万达 Mall 大约要达到 30 万平方米，尽管里面又加了一些滑雪、乐园等特色业态，但从本质上来看，它跟城区里的城市综合体和购物中心相比，并没有凸显出任何个性化特征和核心竞争力。例如，零售品牌的组合有没有变化，是不是有高端品牌组合形成独特能量场；是不是有折扣类——类似于奥特莱斯那样的吸引力；餐饮是不是做得特别强大，能够在当地形成核心巨无霸样态；等等，实际上都没有。

既然如此，为什么说整个板块是相对健康的？这是从它的经营模式来说的，它产权集中，经营权分散，采取的是租赁模式。产权集中，里面几百个商家是以租赁的形式来入驻的，即商家会定期交租金给公司，租金就成了公司的回报。运营成本则是通过物业管理费用和运营增值服务来均摊，船小好掉头，如果这个商家不合适可以再换一个。虽然这种经营看起来传统，也不那么乐观，但它至少可以掉头，可以实现经营权的分割。而乐园和秀场却无法实现经营权分割，因为它是一种团块化的经营模式，也是集团化的产权，资产难以分割、难以掉头，所以会变成“烫手山芋”。

大家不要小看这件事情，在中国成功的商业不动产项目中，产权集中、经营权分散是几乎所有类似项目的共性。“好掉头”意味着可以分散，可以做调整，这一百个商家不行可以换另外一百个；档次也可以调，根据区域经济水平与消费特点，选择入驻品牌的档次与价位。但是乐园怎么调整、怎么切割？难道把这一个过山车租给一个人，把那个摩天轮租给另一个人吗？那么要怎么样去做通票，怎么样去做管理，由谁去做？这些都难以实现（不是不能实现，而是管理成本会急剧增加），所以会变成“烫手山芋”。

三、万达城等文旅项目未来最大的隐忧是什么

有人会说，文旅项目不就是一个乐园，一个秀场吗？亏点钱，能亏多少？实际上如果亏损，绝对不是小数目。

比说，13 个万达城里加起来的自持物业中，文旅板块有 1000 万平方米，假设 1 平方米作价 1 万元，要 1000 亿元的资产，要持续性、滚动性地投入，不断地给它灌溉、培育。上面提到的这几个业态都不具备长期爆发性成长的可能性，如果做不好甚至全是亏空。尽管卖住宅可以获得很多利润，13 个万达城里面的住宅规模有 5000 多万平方米，将近能卖 1 万亿元的销售额，即使按照 10% 的利润算也能盈利 1000 亿元，但这 1000 亿元的

房地产销售利润如果投入在对自持和持续性经营项目的培育上，每个项目在10年左右会耗空，很难实现自我盈利，所以必须做调整。

千万不要被表面现象所迷惑，目前国内类似于乐园、文旅这种“大跃进”、白热化、跟风的项目，已经出现过剩现象了，其后果不堪设想。

四、万达城等类似文旅项目的优化思考

文旅板块看上去这么悲观，那么对其自我盈利能力有没有建议？当然是有的。

在提建议之前，我先说一点遗憾。通过万达城的业务模式和功能分配，我们并未看到未来可以成长的子事业，如类似于万达城市广场当年孵化起来的万达影院、万达的儿童宝贝王、万达的KTV等这些业态。当年王健林先生在操作万达城市广场时，招影院招不来就自己开了一个影院，结果这个影院变成了中国第一大院线，市值1000多亿元，非常成功。

那么，万达城平台上搭建起来的业务生态能复制吗？乐园，重资产加低盈利能力，不可能到万达城以外的地方去复制；万达秀场，也因地域依赖性高、重资产、高创意加低频次观看而不可复制；酒店，市场上的品牌太有名万达根本排不上；更别提原本就是复制万达城的Mall了。综上所述，我们并没有看到子事业被孵化的可能性。

综合分析万达文旅城发展现状，我想给王健林先生提几点核心建议。

（一）植入未来可复制和成长的子事业

例如，在乐园的儿童板块里植入英语村、国际语言村，培植一个能固定的、可复制的、有强辨识度和高度竞争力的儿童体验业态，并采用小镇的形式——这种物业可以实现经营权上的分割及经营主体上的分散。这些都可以实现，但前提是得做调整。这种板块具有可复制性，中国目前缺少这样的业态。

（二）复制或引进时尚小镇、品牌折扣类小镇

例如，可以选择300个品牌，并进行主题设计与排列组合。也可以在里面开设设计师品牌，并与工作室连缀，形成一个大的品牌组合，从而形成独特竞争力。这类品牌组合在中国尚属于朝阳性业态，目前缺乏成功案例，但绝对有竞争力，值得一试。

（三）设计高端养老模块并作为产品植入

中国的养老板块都在摸索阶段，没有任何一个可作为未来复制的标杆，因此把养老板块放在万达文旅城这样的项目里绝对比放在社区里要好。

众所周知，万科、绿城都是做住宅起家的，它们都是在社区里做养老，冷冷清清，没有配套。而万达文旅城若是植入这一业态，绝对可以吸引中国的“三高”（高收入、高地位、高文化）老人。高端养老之所以可以在万达城里实现，主要有两大原因。原因之一在于它是连锁的。万达城南方北方都有，可以实现“候鸟式”发展。顾客买了万达城的养老产品，可以在天南地北各地区“巡游”，住腻了东北，可以迁居南方，或者申请到西双版纳等任何一个连锁项目中入住，而各个养老产品的品质与服务不变，对于客户来说，如同买了“养老”旅游产品的通票，单这一点就具有巨大的吸引力。原因之二在于它是“闹中取静”。最好的养老不是安静与分离，而是在便捷与热闹中的相对安静，既有安居的功能性满足，又具有购物、娱乐、医疗的便捷与人群的适度接触。对老人来说，功能的缺失与心理的孤立是最可怕的，万达城中的配套设施就可以很好地满足老人尤其是高端养老人群的生活与心理需求。此所谓“身在红尘，心在青山”，“身在红尘”才有各种生活的便捷与丰富，“心在青山”可以享受相对的静谧与安宁，缺一不可。单一的住宅地产不具备这种完备的配套设施，小项目又没有连锁，而万达恰好二者兼备，为什么不去做？

最重要的是，这些事业将来可以独立出来到外面去发展，如英语村可

以独立成为最大的英语村机构，将教育模式结合到商业零售体验，实现国际化发展；连锁养老模式可以随着万达城的扩张而呈燎原式铺展。但目前万达的平台上没有这样的子事业，偌大的万达文旅城竟然没有可以培育起子事业的孵化机制，白白浪费了机会与资源，不能不说是个遗憾。

（四）用运营招商到销售倒推的思维来统一做社区商业

我们断定万达城等文旅项目会在商业物业的销售上碰到阻碍，它有大量的商业物业需要销售。比如万达文旅城，据我们的初步统计，整个万达城里的社区底商其销售面积就要接近 10%，面积很大，怎么去销售？像传统卖商铺那样去销售吗？答案是否定的，万达应该改变模式，用运营招商到销售倒推的思维来统一做一个万达城社区式商业销售的模板出来，将销售、运营、招商的每一个环节代入思考，实现独特设计。

此时此刻的我希望他们能够通盘考虑运用，从未来到现在的倒推思维来做战略上的调整。或许你会有这样的疑问，一个规划做下来还能调吗？不是规划图都批过了吗？有这种想法那是你亏损得还不够，如果真的亏损到很严重的时候会倒逼你作出调整的。目前是没有压力，等到万达城的住宅全建成，住宅卖光，整个项目都竣工，到那时运营的头疼问题就都来了。亏是一定会亏的，因为那个是运营驱动，你根本没有精细化运营的思想准备，也不具备未来在经营权分散和可持续化经营上的生态模式，到时万达将会面临一座座锈迹斑斑的过山车，一堆重资产摆在那里，怎么变现？怎么掉头？所以有可能的话就尽早下手做调整，不要等到亏得一塌糊涂时才开始着手。

五、对王健林先生和孙宏斌先生的感性评价

这两位都是英雄式的人物。王健林先生霸气外露、有勇有谋、雷厉风行，执行力强，非常果敢，是一个强人。孙宏斌先生语不成句、不修边幅，但是勇气与谋略俱佳，是一个神仙般的人物，非常厉害。

/ 第二章 /

新零售“盒马鲜生”——新在何处

为什么说马云先生的新零售是个“伪命题”?

为什么说“盒马鲜生”毫无“极致”可言，只是个“平庸”的超市?

为什么说新零售要实现真正的“新”，必须要具备“极端思维”?

一、何为新零售

(一) 新零售概念模糊惹争议

各位，今天我们来聊一下新零售，我们向马云先生喊话。

大家肯定都听过“新零售”这个词，网上一时传得火热。马先生特别会玩概念，提出过好几个“新”，有“新零售”“新制造”“新技术”“新金融”“新能源”，大致这么些个“新”。一时间众说纷纭，“新概念”迭出，很多互联网大佬自是不甘落后——刘强东打出“无界零售”，即没有界限的零售。他认为“无界零售”比“新零售”要新，因为“新零售”，今天新不等于明天新，而“无界零售”的属性更加明确，在销售概念上更加前卫。与之相应的，苏宁易购弄了一个“智慧零售”，并且认为当下所谓的“新零售”不足以形容很具体的属性，相反，“智慧零售”才是一个非常带脑子的零售。

很多人在网上各种搜索“新零售”，新在哪？怎么新？这个“新”跟消费者有什么关系？

网友提出了很多疑问，这些疑问非一时半刻说得清楚。大致说来，“新零售”的大概念就是利用互联网中生态体系中业已形成的某些成熟可应用的功能，包括线上的模块如大数据、线上交易、快捷支付等，线下的模块如仓储、物流以及实体终端等，将其打通、融汇，合成一个系统，形成一种群落和新生态，来整体性服务于消费者，从而更好地满足消费者需求。

为了把它研究得更透彻，我搜罗浏览了近期很多研究“新零售”的报告及白皮书，大多都是用各种技术性词汇、各种表格、各种概念堆砌杂糅起来来解释“新零售”这个概念。解释得太麻烦、太冗长，即便是技术业界资深人士，看完也是一塌糊涂。

（二）“新零售”概念主要是面对“与客户接触性强的行业”

其实零售型和服务型这类业务，它属于顾客接触性行业而不是幕后的行业。但凡是客户接触性行业，顾客的感知和体验都是最重要的，应该排在概念设置和功能开发的第一位。如果你做过 180 种功能，但顾客毫无感觉，那么就是个零。所以，要让顾客感觉到新才是真正的新，否则，它就仅仅是一个概念，或者只是旧瓶粘上了一些功能碎片看起来新而已，实质上连瓶子的造型都不一定有新鲜感。

当然，这些尝试和探索非常难能可贵，在当下的商业与服务业发展阶段不仅是必要的，而且是必需的。

二、新零售样板“盒马鲜生”究竟为何物

（一）“盒马鲜生”的诞生背景

我们以“盒马鲜生”为例，来一探究竟，看看现在市场上已有的新零售形态，以及它们呈现出来的模板或范式究竟是什么样的。

“盒马鲜生”是阿里巴巴对线下超市完全重构的新零售业态。盒马是超市，是餐饮店，也是菜市场，但这样的描述似乎又都不准确。消费者可到店购买，也可以在盒马 APP 上下单。而盒马最大的特点之一就是快速配送：门店附近 3 公里范围内，30 分钟送货上门。大概在“新零售”这个概念产生前后，阿里巴巴就开始布局，入股和投资众多实体零售型商业。例如银泰城，它是杭州零售行业的巨无霸，建了很多综合体，非常强大。马云的阿里巴巴持有银泰大概 70% 的股份，就是说他控股，他说了算，于是他在银泰里小试牛刀，做了很多实体商业以及线上的优化、改造。

那么，他做了哪些改造，哪些优化，又有哪些变化呢？

据我所知，大致是这种情形。我的一些朋友有不少在银泰城里工作，前两年他们偶尔会跟我抱怨，说阿里巴巴控股了银泰城以后天天让他们做很多机械性的重复工作：填各种表格，参加各种测试，做各种尝试，一遍一遍地去做，但好像又没有见到根本性的变化。他们感觉就是一通折腾，线上那群人来折腾线下的人，折腾得疲惫不堪，耗去了大半的耐心，最后仍然没有实质性改变。我说：“你们要耐住性子，这个是实验产品，没有人能一蹴而就。”后来，众人的感知和测试结果综合分析得出结论，还是有一些小小的改变。

（二）新零售的模板形态和表现做了哪些改造，有哪些变化与优化

简要来说，有以下几个方面：

（1）停车可以快速结账。

（2）APP 点餐可以快速结账。

（3）通过场内会员卡充值消费可以打九五折，就是用会员卡的费用来冲抵一部分品牌商租金的模式。品牌商抱怨租金高，可以让消费者办理会员卡，消费者给卡充值之后可以给出一些优惠，相当于变相打了折扣。这样一来，既能解决商家的租金问题又能满足消费者的体验。

（4）区域性大数据个性化服务，比如按照户型图购买家具并生成效果图。据说，银泰城里的家居卖场已经把这个城市里所有小区的户型图和卖场里的家具数据都输入到系统里了，如果你去买家居产品，只要输入自己所在小区的名字，户型图就会跳出来，在你选好家具以后就可以生成效果图——现场看到家具在室内摆放的效果，如果满意就可以下单了——真正做到有的放矢，所见即所得。

（三）新零售升级之后变化大吗

如果真要从“变化”这个角度来看待现在的“新零售”，说起来也不是很新，没有什么质的改变，充其量叫添加了一些补充性的小功能。这个板块被称为“旧城改造”，言外之意就是以前这个商场是一个实体商场，把它看成一个“旧”的存在，现在接入了线上的功能叫做“新”，旧城向“新”的改造，实际上没多少实质上的改变。尤其在消费者的体验上，变化微乎其微，只能叫小有优化，而没能改变任何本质形态。

有了“旧城改造”以后，肯定不能止步于“旧城改造”，这与“新零售”“新概念”还差着十万八千里。要创建一个新事物，要平地起高楼，就要自己创造一个新生儿。以前那个是通过老商业的硬件和传统的软件直接嫁接，而现在需要创造一个，现在看来，大概就是“盒马鲜生”，算得新鲜。

三、拷问“盒马鲜生”

为了更好地了解“盒马鲜生”，我带同事去做了体验，包括永辉的

“超级物种”，它们都属于这种类型，在做类似的探索和尝试——我们体验过后有很多感受和感想，跟大家做一些分析、分享。

（一）“盒马鲜生”现有的功能配套

简单来说，“盒马鲜生”可以这么理解：

（1）它是一个有很多水产品、生鲜的超市。

（2）它是一个带厨房的超市，里面有操作间，可以帮你把刚买的生鲜食材现场煮熟加工让你吃。

（3）它是可以送货上门的超市，送货范围是3公里以内。

（4）它可以通过APP快速刷码结账，也可以通过APP快速下单。

我认为，它目前能够给消费者带来体验感的主要就是这些方面。

（二）“盒马鲜生”的上述特征有何新奇之处

结合我们的亲身体验，综合当下的市场现状，我们来看一看这些特征有哪些新奇之处。

（1）在超市里加入操作间。实际上，就是快捷地帮你把买的生鲜煮熟，象征性地收一点加工费（“超级物种”与之差不多）。以前的超市不带这个功能或者说不提供这种服务，这是一种“新”。

（2）送货上门。其实送货上门很早就有了，很多便利店都有送货上门这项服务，这个不算新。

（3）据说线上引流效果很好。通过线上的评价与推介而来到线下体验和消费的顾客人数处于不断增长的态势。

不过，线下管理对于这样的店来说，一样不可掉以轻心。上海的一家店之前就发生过一次管理事件，造成不小的风波，不能不说略为遗憾。上海的这家“盒马鲜生”门店有非常好的坪效①，比普通的店高好几倍，有

① 坪效，台湾经常拿来计算商场经营效益的指标，指的是每坪的面积可以产出多少营业额（营业额/专柜所占总坪数）。坪效也是大陆地区目前最通用的衡量商场经营效益指标。

一次却被顾客发现服务人员在更换一袋胡萝卜的包装——胡萝卜的包装日期已经过期，他改了日期然后重新包装——发现此事，令顾客大为诧异。据说，最后对那个店的总经理予以了免职的处罚。由此可见，无论传统商业模式还是新概念零售，线下管理都是整个大生态、大系统的基础工作，没那么容易。

当然，那些都是具体的局部的事情，我们要分析的是这个整体模式本身的价值。

（三）“盒马鲜生”整体的价值有何创新之处

如果想对这件事做一个简单的性质剖析，就要建立一个框架，这个框架的基本维度构成包括有没有提升效率，有没有降低成本，有没有提升品质，有没有创新体验等。如果这几个维度综合评分都很高，那就是成立的；相反，如果这几个维度都没有太大的进步，那就是虚有其表、徒有其名。我们就从这几个方面，看看“盒马鲜生”的模式有没有变化。

1. 在提高效率上

在不同的方面，顾客对于效率的体验和感受是有明显差异的。对我来说，如果它的创新就是帮我把生的食材煮熟，这个效率我觉得稍微有点差。我们在体验的那天，点了一只大海蟹，工作人员说他们可以帮忙煮熟，但要排队40分钟，结果我们排了一个小时。实际上当时顾客并不是很多，主要是烹饪时间长，加工过程慢，比正常餐馆还慢，口味自然也差了一些，就效率而言，实在不能令人满意。如果说提高效率是指送货上门，这个算是一种提高或改进，但因送货上门现在商业中普遍都有，便算不上是了不得的创新。

2. 在降低成本上

直观地去看、去体验，会发现“盒马鲜生”里面的东西并不便宜，真的不便宜。

3. 在提升品质上

在提升品质层面上，我认为“盒马鲜生”里面卖的海鲜是不错的，但它有高额的成本。在超市里想让原本生长在大海里面的生鲜保持鲜活，成本是非常高的，这一点通过永辉的“超级物种”就能看出来。永辉“超级物种”就把海鲜板块压缩得很小，原因就在于它的成本很高——就算把整个超市算下来有20%的毛利，也不赚钱。除了海鲜本身的进价，加上现在还是免费送货上门，业务员、快递小哥又要给补贴（快递送货上门按照成本是每单12元），去掉所有成本以后从净利润表上看现在肯定不赚钱，这还没有算上店面吃掉的那些租金成本等——虽然海鲜品质好，但整个过程却是高成本。

另外，稍微有点遗憾的是，“盒马鲜生”里面没有新奇特产品，如网红类的精专产品。现在的商品通过大量的大数据统计和个体的试用以后在各种平台上分销，诞生了一系列网红产品，例如有一种祛痘的小药膏，用户反映特别好用，你能不能把这个东西引进超市？抑或是一些有极其特别和奇特口味的食品，如果在特定的区域铺货，走过路过的人都会被吸引，你能不能引进来？事实上这些都没有。商品基本上还是普通超市中都能买到的大路货。在产品的优化上，除大海鲜以外其他真的乏善可陈。

4. 在创新体验上

提到优化体验，我觉得最好的一个优化体验就是可以直接扫码。当然，“超级物种”可以直接拿商品的条形码扫完了埋单直接拿走，既不用去柜台统一结账，也不用去柜台统一自助结账，这个是真的便捷。但是“盒马鲜生”有固定的自动扫码机，要到自动扫码机那边扫完才能拿走商品，这就稍微不便，因为有机器就有固定点，有固定点就有可能产生排队。

我一直认为，大卖场体验最差的就是结账这一关，排长队结账让人非常烦躁。所以我以前就畅想过，如果有一种高科技的仪器能够像扫描仪一样把购买的一整车东西，不管50种还是60种，一下子全扫完，然后出来一个价格单（包括总金额和单价、数量），顾客只需要在支付环节花费几秒或十几秒钟——如果有这种体验，大卖场的竞争力肯定要比现在提升很多。可惜的是那个强大的扫描仪至今我还没见到。

退一步说，就算一个一个地扫，扫完即买完，也是不错的体验。比如我看到一包花生，扫一下就把它买了，我又看到一个杯子，再一扫把它也买了，直接拿着就能走了，那也不错。总之，我不想排队，不想争先恐后，也就这个叫体验。其他还有什么了不得的体验吗？

（四）"盒马鲜生"并不新奇

通过体验，横向、纵向比较与综合分析以后，我觉得"新零售"这个"新"只是"小新，小小新"，是一种嫁接式的局部或外形的量变，而没有本质上的新，没有从基因里透露出新东西、新内容、新产品、新效率、新成本、新体验，也只能是新概念。

四、新零售如何让顾客感觉到新

（一）要从模式本身做价值提升

既然听上去不是很新，那我们有没有可能代表广大消费者与商业界人士就"新零售"提一些建议、诉求，说一些新一点的方向？我觉得还是有话要说的。

1. 将产品线做到极致

我认为，既然叫"新零售"，意思就是卖东西的，像足疗肯定不叫零售而是体验，新体验。那么，既然叫"新零售"——卖东西，就请你把"东西"研究到极致，给消费者一些完全不同的体验。例如，卖场中至少要有"网红"商品区域，里面的所有商品全是爆品。如果同时开设罕见商品区——在设计、功能、造型或概念方面至少有一项具有极其锐利的特点，也即日常所见商品的“陌生化”处理思路下的商品（不一定成为“网红”商品，但不排除有成为“网红”爆品的潜质）使“东西”的极致性可以得到更充分的表达。不仅是满足需求，甚至是创造性满足——顾客原本未必想买某个东西，却因为“眼前一亮”而心甘情愿地掏腰包，甚至激发“买椟还珠”式的消费，也是双方乐见的。

比如做美甲的，就一定要有最好的，受到大家最广泛认同、最集中火力购买的那一部分商品。祛痘的，就要为客户提供受到一致好评的产品。再如胶原蛋白，顾客想要美容，想要保持年轻态，对胶原蛋白肯定有需求，我们能不能把全世界最好的胶原蛋白都摆在这儿，把产自世界各个著名产区的产品做一个集锦，无论粉末还是液态，总之林林总总，琳琅满目，满足所有需求——既然众口难调，何不上“满汉全席”？这些东西我们平常不会想到。

我们所购买的商品基本都是刚性需求的、不断重复的那些东西，说白了就是在新零售超市里能买到的在其他超市也都能买到，没什么了不起。像大闸蟹，海鲜水产市场的规模比它大多了，产品的丰富性也更突出。这些你能为我提供吗？如果你能提供，就说明在商品上做到了极致，但实际上没有做到。你不是说给 80 后、90 后量身定做的吗？但里面的东西一点都不 80 后、90 后，吸引不了年轻人，老人家也不愿意去，原因在于里面卖的东西实在不便宜。

我觉得新商品，例如新网红推出来的热销的东西都应该引进。例如，有没有一款受到全体网红追捧又特别好吃的橙子？褚时健先生种植的“褚橙”就特别好，但价格确实也很贵，很多年轻人吃不起，那么有没有更好的更合适年轻人消费水平的橙子拿过来？不要按照传统超市的套路摆个橙子在那儿卖，我也吃了，真的没什么。“新零售”的产品线做到极致了吗？答案显然是否定的。

2. 将成本压缩到极低

您做了一个新零售——在商场里选了一个位置，装修跟传统精品超市一样，装修成本高，选址成本也高，货品成本也不低，这个做法不仅传统还保守。能不能想办法把百姓日用的、共通性的、常规性商品做一个大数据分析，做到资源与物流的融合，把周围居民最需要的刚性产品如大葱、鸡蛋、土豆，人人都吃的必需品的价格降到最低，低到一个足以令人“惊喜”的程度？这个是可以实现的，但您没有做。其他的各种物品，也并没有在压缩成本方面有何创意。总之，我没有看到您在降低成本方面做到极致，甚至也没有发现有做到极致的趋势。

再来看“超级物种”，买了一个生的东西让超市给煮熟，不过就是填一下肚子，仅此而已，专业的服务员和服务在这里完全没有必要。超市里没有文化、没有情怀（也不需要特地去营造文化、培育情怀），如果想要服务，顾客会找个悠闲、幽静，有着几十年传统滋味的老馆，那是真找享受。没有人会专门到超市来吃，要吃也是顺便而为，比如我就是个快餐主义者。不要放服务员，将成本往下砍，可以交给顾客本人去做的就交给顾客自己做，另外其他方面的成本也要一并考虑，将成本砍到极致。

3. 将服务的品质性和体验性提升到极高

送货上门没什么特别的，山姆会员店老早就有这项服务了，只要买够300元全城给你送，不分远近、无论大小随便送——大仓库里边货物应有尽有，汪洋大海一样。而“盒马鲜生”不就是坐镇三公里吗？你应该深入社区，建立社群，并主动发起和参与人群活动，如能不能给单身男女送个party，将party需要的物品打包送上门——新零售，玩的是新体验，需要策划思维和创意，绝不是送货上门这么简单。

可能你会说，我这个又不是搞体验服务的，新零售就是卖东西的。既然这样，那何必提供将生的东西现场煮熟这项服务呢？不就是想给消费者体验吗？

（二）概念上应迎合未来“80后”“90后”具有中产阶级消费能力的群体

综上所述，其实马云这个“新零售”的概念范围有点被限制了，应该叫“新消费”、“新体验”，因为零售就是卖东西，不能说做服务、做体验也叫零售，零售范围过窄。比如我想批发不想零售，我想大采购，把一个星期的物品一次都买回来，在这种消费情形下，你的产品价格的优势就少了，就比不过山姆会员店。那样的话我肯定不会到你的店去大肆采买。对不对？

即便等到“80后”“90后”这一批真正走向中产阶级，作为家庭主妇（夫）这个角色生活的时候，她（他）还是会考虑到更专业的地方进行批量次的采购，而不会玩花活儿非要进高档商场去“拣”这些东西。要不然你就深入社区，给单身汉送个party过去，建立一个社群，招呼大家一起吃一吃，高兴高兴，把送货上门变成情感、社交与美食的狂欢。

新体验，有吗？至少现在没有。我认为它们不纯粹。什么叫纯粹？从专业到极致，从极致到极端——马先生你要极端一点做这件事儿，做到极端才是纯粹。我没有看到你在这方面有丝毫的爆发力和不可取代性。这种“不新不旧”的东西刚出来的时候大众有猎奇心理，也会跟风消费，但时间久了就会习以为常，慢慢就沉下去了。

顺丰的“嘿客”就是个例子。我在门口嘿客店里的大屏幕上看一看葡萄酒、菜等，刷完了回家等着他送货上门，这个听上去很有逻辑也很合理，但实际上这样并不符合行为学。从行为学上看，买吃的东西就要解渴解馋、要省钱、要高效、要吃得爽。我走在街上，就想买一个东西，一个立即马上就能拿到手的东西，一边走一边吃，就不想回去，你却非要搞一大堆这样莫名其妙天花乱坠的名堂。O2O，上面一个“O”下面一个“O”，两个“O”搞到最后跟我没关系，那结果就是个零。

所以从本质上说，我认为马云的这些举措是焦虑驱动产生的，因为电子商务平台发展到目前这个阶段已经非常成熟，到了平台期，成长放缓，已经没有多少新故事了。一方面，他要到线下抢滩资源，圈一部分优质资源以缓解焦虑。另一方面，这种抢滩又具有不确定性，他在做尝试，但这个尝试程度胆子不够大，脑洞也不够大，过于拘泥于传统，也不够极致，没有拿出打造撒手锏的魄力来做这件事，远不够新。我认为这个“新零售”还仅仅停留在概念层面。

五、对马云先生的感性评价

马云先生有着超强的“点石成金”的能力，他能把一个特别常识和朴素的小道理说得好像人生第一次发现、全世界都第一次发现一样。他拥有非常强的说服能力，因为他有想象力。他拥有外星人一样的视角，为什么叫外星人视角——简单说来，就是我第一次来地球发现了这个道理，至于这个道理是不是已经在地球存在了几千年并无关紧要，反正地球人意识不到或者“日用而不自知”，是因为我的到来或出现大家才得以发现。其实我们都知道，他有这个能力，所以他是个外星人，他非常像外星人。

/ 第三章 /

恒大海花岛——鲨鱼的胃口，泥鳅的心

为何“填海造岛”项目总被企业家追逐热捧？

为什么说类似海花岛房地产项目得意背后是产业运营压力？

为什么说类似海花岛项目的积弊都源自顶层决策者的思维？

一、类似海花岛“填海造岛”项目的发展模式之共性是什么

各位，今天我们来聊一聊恒大海花岛。

海花岛是填海造岛的一个代表。我们都知道，在沿海的陆地不够用的情况下，填海造岛是全世界通行的一种获得土地的方式和方法。我们国家也有大量的填海造岛项目，海花岛是其中一个具有代表性的作品。它曾经以巨大体量的广告在各种媒体狂轰滥炸，并创造过销售奇迹。在 2015 年 12 月开盘的时候，一次开盘就卖掉了 2 万多套房子，卖了 122 亿元的销售额，现场到了 10 万人，是当年的世界纪录。与此同时它在广告的投放上也是大手笔——开盘之前就花掉了 6 亿多元的广告费用，中央电视台 1、2、3、4、5、6、7 频道外加十几个省级卫视都有它的广告，海花岛一时风头无两，名动四方。果然是好厉害，好大手笔，好高大上。

今天我要给大家剖析一下，海花岛这一类项目的去处和它的基本模式、形态以及它的产业板块的发展走向。

（一）通过大手笔规划获得填海造岛的资格，获取廉价土地

这一条有三个关键词：大手笔规划、填海造岛的资格、廉价土地。

规划一定要大手笔，方才有进场一较高下的资格；获得资格才可填海造岛。这两点都不难理解，但是廉价土地是怎么回事？可能你会认为填海这件事，想一想都觉得很困难，海那么深，浪那么大，难道不比在陆地上买地成本高多了？你理解错了，填一亩地的海，相当于20多万元人民币，而在陆地上买地动辄都是几百万元。填海比买地便宜多了，自然打填海主意的人就不会少。

一直以来，国家对海域使用管理有明确的规定，据说，在27公顷以下地方政府拥有审批权，27公顷以上就要上报国家审批，而且严禁将单个建设项目的用海化整为零、拆分审批。实际上呢，地方都很聪明，把一片海面“切”小了，分成一小块一小块审批，只要名称与用途略有不同，自然就容易通过了。通过了以后就可以连成一大片了，连成一大片了就可以甩开干了。

的确，海花岛项目手笔很大，大到什么程度呢？填海面积1.2万亩，8平方公里。迪拜的棕榈岛也就是十一二平方公里，海花岛就已经到了8平方公里——他们号称要打造“中国的棕榈岛”“中国的迪拜”，这是他们的口号，不过也似乎算不上离谱。

当然海花岛后来出事了，不出事中央巡视组也不会到。地方违规批的这些填岛有什么毛病呢？就是大家用后脑勺想一想都能想到的原因——破坏环境，损坏海洋生态。例如，珊瑚礁群被严重破坏，有人甚至闻到了它产生的异味——海底下的珊瑚，海面上能闻到异味，这破坏的程度就算惨烈了。不用想，依赖于珊瑚礁的整体生物群落都已受到严重影响和破坏，所以海花岛项目被叫停了。后来的解决方案就是海花岛项目拿出几亿元的资金，连续几年进行生态恢复。

海花岛项目所在地是海南岛的儋州，这个地方现在的面貌就像个渔村，工业与商业基础还没有建设起来，完全不成气候，还是个处女地。儋州不像南面的三亚已经发展成熟、设施完备，它位于西北的海岸线上，海在其西北方向，而三亚的海是在正南方。区位与方位优势的缺失，导致这个地方目前没有人气基础（没有客流），也没有商业基础，自然看不到旅游度假的热潮。

（二）利用狂轰滥炸的广告实现批发式卖房，回笼资金

海花岛项目打的广告几乎涵盖了我们日常生活中能见到的所有媒体终端。2015 年 7 天就卖到了 122 亿元，后来又陆续卖了一些，据说将近 200 亿元。

尽管在销售期间由于环境审查的问题被暂停了，但因为它卖房的价格相当便宜，所以销售势头一直高歌猛进。它的房价有多便宜呢？就是不管以什么时间什么地点的同类物作为参照都很便宜的程度。当时的开盘价，住宅、公寓这种类型的产品是一平方米 6000 元左右，5800 元起 6000 元左右，别墅也就是两三万元。买房的人觉得赚大了，实际上呢，开发商的利润是极高的。你觉得 5800 元/平方米就像买白菜一样，谁不买谁亏，实际上项目利润非常高，原因就是前面说到的，填海获地的成本是很低的。于是，全国人民都去儋州搞批发，去了 10 万人买房子，疯狂地抢，热火朝天。

当然，它赶上了好时候，2016 年是房地产业的热销大年。那时候大部分城市没有限购，也没有调控。后来就转到了遇冷，一方面是环境审查，另一方面行业发展走势趋冷，自然就不能持续快速地往前推进销售了。

（三）不放过任何一种商业业态和公建配套建设

海花岛项目岛内建设的公建、商业设施以及商业建筑，体量庞大，气势恢宏，然而面临的却是漫长的、巨大的深坑。

海花岛声称有28种功能业态，包括国际酒店、20多家博物馆、国际会议中心、游乐园、滑雪场等，共20多种功能性建筑，反正你能想到的都有。这些公建配套设施，基本特性都是产权集中，经营主体也相对集中。这种模式就是潜在的深坑。原理请参见第一章的分析。

二、类似海花岛项目的板块运营有哪些必需的要素

任何项目的运营都离不开天时（时机）、地利（环境、资产）、人和（人力和人气），现代还包括软件与系统思维（不好归类的话，单列一项可能更好理解），共四个方面。具体到海花岛项目，它必需的要素有人口、培育周期、硬资产运营和系统运营思维四大板块，我们来具体看一看目前海花岛这些板块是怎么运营的。

（一）人口：需要有固定居住人口

在任何项目上，人都是首要的因素。海花岛项目号称未来会有14万固定居住人口，还有大量非固定生活人员，但实际能否实现，暂且存疑。我们知道，到海南这种地方去买房子的人绝大多数是投资客，还有一部分是分时度假，而且买第一批房子的人，层级和消费能力没有那么高——买的都是便宜房。大家想一想，他122亿元卖掉2万多套房子，平均一套房子也就五六十万元，可以想到这个买房的群体并非那么高质量。

另外，居住的人中大部分是分时度假，也就是说，固定在那常年居住的人会非常稀少，这样就会形成一种恶性循环：居住的人少，配套性商业就使用不起来，运转不起来；又因为配套性商业运转不起来，居住的人就会感觉到不方便，于是定居就更少。由此可见，对于海花岛项目来说，人口导入是个大问题。

（二）时间：需要非常漫长的培育周期

恩格斯说过："一切存在的基本形式是空间和时间。"空间是事物存在

的基本形式，其本质就是区位。项目与区位是相辅相成的关系，区位好，项目启动之后起步快，加速就相对容易；相应地，优势项目也可以带动区域的整体升级（最简单的例子就是学区房），总体来说是相得益彰。就本项目而言，海花岛对于儋州，具有引领和激活的作用，但区域对于项目则没有正向的作用（除了提供“土地”）。项目的气势离不开区域的气势，海花岛要雄起，离不开儋州的雄起，但整个儋州板块的整体气势要起来的话，却需要非常漫长的培育和培养时间，严格说起来，它现在就是块生地。

不要说儋州，就算是三亚板块，其商业基础也非常糟糕。例如，美丽之冠大树酒店的楼下打算建高档商场，做了多少年毫无起色，举步维艰。好不容易把框架做起来之后，发现没有销售——游客匆匆地来，匆匆地去，吃饭住宿的生意还算不错，其他的都不好。全国各地的商家千里迢迢地来到这个孤岛上做生意，战线这么长，成本已经很高，可是生意却很淡，难以为继。后来海南岛要建设国际旅游岛，这是政策利好，可是落到实处的时候，虽说对每个微观个体有影响，对产业链的部分有影响，也会在一定程度上刺激增长，但周期太漫长了。

（三）资产：需要硬资产、重资产的运营

海花岛项目有号称全世界最大的会议中心，会议室能容纳非常多的人开会，它的大手笔的场馆可以同时容纳几万人举行活动。就这种场馆类的运营，有一个现成的著名例子，我们国家的鸟巢，2008 年奥运会主场馆，这个场馆一年维护的基本成本要两亿元人民币。两个亿，通常怎么运营呢，就是租场地给赛事组委会或者举办一些演唱会，如果能实现成本持平就已经是奇迹了。

据说，杭州的黄龙体育广场能持平，并略有盈余。黄龙体育广场是老场馆，在黄金地段，一年 365 天都有人搞小游戏、小活动，挣了一点小钱，算是大型场馆运营的特例了。我国的绝大多数场馆的大部分时间都是落灰的，或者局部有一些活动，大部分区域并没有利用起来，根本不太可能挣钱。通常很少见到体育场馆或者会议中心能够满负荷运营，消耗巨大，重型资产在那趴着、卧着，使用率极低。如果区域偏僻，就更是雪上加霜了。地处海南西北部的儋州就是非常地偏，非常地僻，要等到整体热起来，我认为至少十年以内不可能。这么庞大的资产“僵卧孤村”，想要盘活，必须要重视与遵守硬资产的运营与管理规则。

（四）思维：需建立“搭建平台、整合内容、保驾护航”的运营思维

海花岛项目里有大量的商业、商业设施，包括商业街区、大型购物中心，但却看不到人与物的流动——谁来卖东西，谁来买东西，你会去卖吗，你会去买吗？许老板也许会说我有实力，我砸钱把这个堆起来以后一定有人跟我合作。事实果真如此吗？据我所知，这种房地产开发起来的公司血统里有一种强大的房地产思维，强大的包租公基因，他认为自己就是一个房东，盖好了房子租给你，要向你收租，这就是他的思维定式。说白了，这种公司愿意花重金去盖房子，却不愿意花一丁点儿的钱去培植运营、去招商，不愿意沉下来去做运营。更别说在脑子里要重新建立“搭建平台、整合内容、保驾护航”的运营思维。

在那种地方招商（租）的难度可想而知。如果有一个人想开商店，他要雇工人（如果薪资不够吸引人，工人是否愿意在那里工作还不一定，）；他要在那个偏僻的岛上找一个地方住下来，生活下去；他还要投入资金装修店面、寻找货源、进货铺货，然后开门接客。那么偏远的地方，他得飞来飞去，甚至他的员工也需要飞来飞去……

问题是，顾客在哪儿？生意在哪儿？

在这种情况下还要付给他们租金，他也许会说，租金给你免一点，多免一点，但实际上肯定免不了多少。以我对他们的了解，他们就是要收租——我给你房子当然要收租——在这种情况下，如果你是一个品牌商，你会去吗？

可是，就算面临这样的局面，许老板以及他的恒大公司也没有丝毫显示出往软性运营上投入的动向。为什么这么说呢？我接触过他们，他的集团总部一些同人也来请教过我们。他们一直在谈租金这个问题，也知道没有人愿意去租。固定人口没有，流动人口不见影，商业附加值、商业底蕴、商业未来都没有，谁去卖？卖什么？卖给谁？大家不是看不到隐患，但就是不愿意在这上面花钱。

我要他不收租金，还要花钱打造平台、整合内容，为商家保驾护航，你问他愿意吗？

三、类似海花岛项目须跨越何种障碍才能实现成功运营

（一）最大的障碍是缺乏商业运营的基因和思维

很显然，海花岛项目最大的问题在于之前没有导入商业运营的基因以及思维，到最后就变成一对矛盾：先有鸡还是先有蛋。做商业的人和所有这些功能设施的开发商抱怨说，你看你这里没有固定人口，流动人口又少，我在这里运营没有前途；买了房子的“岛主”和租了房子的游客抱怨说，这里什么配套也没有，什么东西都买不到，生活太不方便，太不舒服，我不住了。如此形成恶性循环。大家都认为先跳下去的就是跳火坑，都不去，都在观摩。在这种情况下，许老板纵然如此之大手笔，也没有考虑在运营上花钱去打破恶性循环，反而是在旧有的思维模式中打转。

（二）房地产思维过重

房地产思维，需要稍微花一点时间聊聊。房地产思维的人，有一种白天种树晚上结果的思维。打广告舍得，为什么？打完广告他明天就能卖房子；盖房子舍得，为什么？房子盖出来就能卖了，它是净资产。

可是运营就不同了，运营是在孵化和培植一个事业的成长，让它最后产生产能、有气场、有吸引力、有人，有了人之后产生人的消费的效能，

消费、商品与服务形成良性互动，人、物和资金源源不断地流动，最后才能见到价值。运营就是培养和抚育一个“引力场”，短时间见不到效益，但是生成之后会受益无穷。可是有多少人有这个耐心和远见等待这个“引力场”的生成呢?

许老板显然没有这个耐心。他也没有做过小店主，他不知道有多艰难。

许老板做大生意很潇洒，偌大一个海花岛，说建就建了，但他没有想过，一个小店主在这儿开一个店会面临怎样的残忍现实和艰难困境。他没有开过，他们很多人都没有开过，他们也没想过这个问题。所以他们不知道小店主的困境，他们也不想知道。公司上上下下跟我们接触了好几个来回，完全没有运营思维，只想当包租公。所以我断定他的商业做不起来，不服来试。

别管你有多大的实力——你可以填 8 平方公里的海，建设上千万平方米的物业，但你搬动不了人心跟着你一起去——因为你不遵守规则、不符合规律，也不通人情。做生意离不了“人和”，人得心甘情愿地跟着你一起去，形成了人气才有财气。现在的情形是没有人愿意去，就算你给补贴，人家还要考虑考虑是否愿意去。

（三）缺乏商定运营基因和思维无法让资产变成收入

我给他的首要建议，就是应深刻认识到运营思维的重要性，同时积极着手运营基因的导入。没有这个思维，没有这个基因，盘活就是无稽之谈。这是第一层面的问题，也是最基础的层面。

店商群，怎么去培植和引导？海花岛的创业者与经营者、具有主观能动性的财富追求者才是激活商业的主体元素。但海花岛没有任何培植计划，只有租房的打算。

酒店群，几万套酒店的客房，怎么销售？酒店就是卖酒店客房吗？不是那是畅游的据点，也是临时的家、临时的办公室，有完整的配套设施和服务体系是必要也是必需的。但是，现有的项目里有针对酒店的整体性的商业配套吗？

过山车，又是过山车。海花岛的过山车在建设的总体量中所占比重不高，却是同类中的庞然大物，这绝非明智之举。我们之前讲过过山车、乐园等类似项目——重资产、低频率、分时段，作为正向的配套设施没有问题，但把它作为核心竞争力，实在脱靶。

海花岛的核心竞争力在哪里？我没有看到。除了高大上功能和业态的堆砌——大酒店、大会展、大过山车、大乐园，一个个功能、一种种造型、一坨坨建筑就往上怼。在运营及软件上，没有花一点点精力和金钱去雕琢。整个项目，仿佛没有灵魂的美人，奢华的服装、堆叠的头饰，掩盖不了苍白的面容与空洞的眼神，她的灵魂（文化的灵魂）、她的气质（性感、柔美、温婉、洒脱、天然、狂野，别管哪一种，有就比没有好）、她的个性（傲岸还是包容）、她的风格（科幻、超现实还是接地气）……我们看不到。仿佛龙画好了，不去点睛或不会点睛，不点睛龙就不可能活起来，谁也别指望它可以腾云驾雾、施雨布云。

许先生声称请了几百个设计师来设计这些大楼。我们不否认。

无论这些师是来自哪个国家、哪个机构，也无论他们是学院派还是实践派，毕竟术业有专攻，积极向专家学习是一件好事。但是，如何学，却是需要因地制宜、综合考量的。照猫画虎、邯郸学步，还不如不学。儋州跟迪拜情况还不太一样，海花岛跟棕榈岛也不一样。如果深层次分析下去，地域特点、体制、客户群的来源与构成、物种与自然资源的唯一性等，都不一样。目前来看，就算是发展成熟的三亚南部，其实水平也一般，我们之前去体验的时候没有人满意，那里处处显露出理想主义式的傻大黑粗，都是把可见的东西往上怼、把自己熟悉的业态层层累加。前期的房地产板块是成功的，后期的产业运营要我来评估打分的话，40 分都是留情面的。

就海花岛而言，举一个具体的例子：会展中心要怎么运营？成本是多少？你可以算个账，这可不是按盖房子来计算成本的。以填海获地来算盖房子，如果按照填海一亩地花25万元，整个项目填完海能建设1000多万平方米的物业，那么楼面地价才100多元一平方米，但如果要做运营，成本就是无止境的，是要一直往下摊的。无止境的成本不可怕，一旦运营起来，它就会有无止境的收入，只是这个运营的周期有点长，不会立竿见影，却是“厚积厚发”，而且一旦进入自我生长的良性循环，基本可以不再追加人力、物力的投入，就能享受源源不断的收益，可谓“一劳永逸”。但是，我们没有看到海花岛有往运营上面去培育和培养的趋势。许先生有理想，有宏大的作品思维，却没有整体性持续孵化产业链的基因。作为常年浸淫在商业运营领域的我，在他们给我做介绍的第一时间，我就料定会是这样。不管现在又在推出第几期项目，商业部分我料定成不了气候。

（四）不能让企业家的作品思维作祟，蒙蔽了真相

在这里我们引入了另一个概念“作品思维”，对于艺术创作而言，作品思维是必需的，因为首先它一定是艺术家的作品，可以代表艺术家的素养、追求与境界，当作品发表（放映、展出或出版）之后，结束与观众的互动，作品才正式宣告完成。作品强调的是创作者自身的个性、思维方式与创作手法，作品思维相应的也就是创作者的个人化表达的思维习惯，它在创作阶段往往并不太关注读者与观众，而是自己内心的外化与意念的物化。用到商业上，作品思维却是个不折不扣的陷阱。企业家不能讲“创造作品”，而一定要讲“生产产品”，作品与产品最大的区别就是是否“以用户为思考的起点与落点”。企业家用作品思维来打造产业，把自己内心甚至是潜意识中的追求以巨大的投入来变成现实，看起来高大上、有面子、很气派、很风光，但实际缺乏远见。造一个人工岛很棒，着实是个大产业、大手笔，短期看在地产上是成功的，实际上稍微把战线拉长来看就是个拖累的陷阱，等到房子卖完真正到产业运营的时候（迟早要到这一天），看看你要花费多大的代价才能盘活启动，那才真的是无底洞。如果在最初就将运营思维与物业建设同步策划同步实施，那么当物业完备之时，运营也已经成熟，既节约了时间也节约了成本，重要的是有序运作的商业与服务管理模式可以极大地促进招商、吸引住户。但目前的状况却是物业建完，招商受阻，运营未动，想要改弦易辙，重新来过，只怕就不是小打小闹了。除了直接投入的人力、物力，耽误的时间才是最大的浪费，整个建成区巨大体量的物业闲置，亏损一定触目惊心。要知道，让航母正常航行起来的成本不比建造航母便宜……

以许先生的运营能力，运筹帷幄的水准和个人经历，没有办法让那些资产变成滚动性、持续性收入，一定会在手里变成一个烫手山芋。建得越大烫手山芋越烫。

四、类似海花岛项目顶层决策者的思维误区是什么

（一）房东思维过重，缺乏系统化的产业链和操盘思维

海花岛项目没有在前期植入软性商业资源和操盘思维驱动的模式，至少从目前的运行节奏上我们看不到这个，只看到一个常规的规划。招商的时候是招“世界风情街”，但是仅限于物业盖的房子——就是房子，纯粹的物理形态的房子。对于风情街的运营，怎么才能做起来，怎么才能把店商招进来——让人家成活，有生意做，有钱赚——完全没有体系，没有系统化。一句话，盖房子招租。然后呢，然后就没有了。

（二）不注重和缺乏软性思维

怎样在现有的生态中孵化出（并持续孵化）一批或一组功能——很适合商家和不同的商业门类到这儿落脚，落到这儿，落地生根，成长起来。这是一种软性的运营思维，也是必不可少的运营思维。不能等到顾客自动多起来再来做服务做运营——顾客多肯定是因为先有功能，先有蛋还是先

有鸡得清楚，因果不能倒置。假设真的是一个大池子，你的公司应该先跳。但如果你想要带着商家一起跳，你就要孵化和培育，你得舍得下本钱，耐得住寂寞，建立培育的思维和工作的体系，让商家心甘情愿地跟你跳——当他们看得到未来，也能感受得到你的尊重和爱护时，自然会追随。

（三）不注重软性产业，过于倾向轻型产业

不要建那么多轻型（轻黏性）的产业，如会议中心、酒店、过山车等，能不能往里面放一些非常有黏性的可以长期发展的新产业，如服务型产业、创新型产业，可以吸引一部分人，创业者或者某些创作群体在这里长期逗留，甚至可以长期住下来。例如，海花岛项目中有养老产业，这个还是不错的，像这类产业可以植入其中进行长期发展。又如，可以成长的项目，如建立相关的学院、研究院等机构，或者可以长期发展的固定运动项目等，把建筑、环境与条件结合起来，以长期的、长远的项目来培植氛围和人气，让它们与海花岛共同成长。不是单一地放一个会议中心就可以了，开完会，人走了，还是冷冷清清。

照海花岛现在的情形，什么时候才能发展起来，我是不知道的。

还有很多功能可以导入，就不在此赘言了。

五、对许家印先生的感性评价

许家印先生是一个白手起家的英雄豪杰，气魄非凡，胆识过人，我们看到过他的很多大手笔。

但从本质上说，我觉得他是房地产思维中的硬件主义者，相比运营的长期、柔韧与灵活性，他更享受硬件经济的直接、痛快与明晰，如同竞技场上的拳法家，喜欢拳拳到肉的快感。他是一个有气概、重视硬实力的企业家，但在软性操作与运营上，我认为并不到位。或许是他不喜欢，也或许是他没有意识到——时代在发展，硬件通吃的时代基本结束。他应该往软性运营方向走，建立和强化自己的软性思维，以及对人心细微的把握，否则恒大很难保证持久的成长与发展，海花岛就是见证。

当然恒大还有很多其他文旅项目，但在文旅产业板块总体上，我们没有看到特别耀眼的光芒，没有看到像他在硬件维度上展现出来的气魄和气概。足球队可以成功，并不意味着千千万万个商家就会在你的带领下成功，踢好足球难，运作一支球队也不容易，但千千万万个商家有千千万万个问题，他们的孵化和培育远比运作一个足球队难得多。

/ 第四章 /

万通立体城市——理想很丰满，现实很骨感

为什么有些在逻辑上看似靠谱的想法，在实现的路上却不靠谱？

为什么说理想蓝图与虚幻乌托邦之间只有一步之遥？

为什么说想象与创造应在社会角色本分之内？

一、什么是立体城市

立体城市最早起源于二战后 1945 年，世界著名建筑大师勒·柯布西耶为解决欧洲房屋紧缺的状况，提出“城市必须是集中的，只有集中城市才有生命力”的理念，结合他对现代建筑的思想，设计了著名的马赛公寓（Marseille Apartment）。

（一）冯仑先生编织的一个很有想象空间的梦想

说到中国的“立体城市”，我们先来看下面一段话。

“立体城市是基于对中国城市发展问题的深入思考和积极探索，在产业主导和可持续发展原则下，契合中国快速城市化进程的一种综合解决方案，旨在完善城市化布局和形态，改善城市的低密度分散化倾向，提升城

市密集度，提高城市土地使用效率，在 1 平方公里内，打造建筑面积 600 万平方米，常住 10 万～15 万人，城市中 50% 的劳动人口本地就业，实现节地、节能、中密度、高强度投资、产业先导、自主就业的中国未来集约高效、生态宜居城市”。①

上述文字来自百度的一段介绍，看起来是不是一个特别美好的理想？编辑者不知道是谁，但在这个词条下列举的唯一案例就是万通城市，唯一的公司就是北京万通立体之城投资有限公司。从词条编辑者的角度来看，“立体城市”就等同于“万通立体之城”。

（二）一个编织了十年的焕彩泡影

我们今天不讨论“白马非马”的问题，我们只具体聊一聊中国的“立体城市”。“立体城市”是冯仑先生的创举，是他在 2009 年的哥本哈根全球气候大会上提出的。他认为建立立体城市能解决当前的很多矛盾，比如能够节能、节约土地、提高效率等。他理想中的“立体城市”也就是万通城市的建设理念是：竖向发展、大疏大密、产城一体、资源集约、绿色交通、智慧管理。冯仑先生被称为“房地产业界的思想家”，他为“立体城市”奔走号召近十年。

不能不说提出“立体城市”这么一个概念颇具智慧。但是，一转眼十年了，立体城市还没有见到实际的踪影。

我们现在就来聊一聊立体城市到底是怎么一回事，怎么样一个模式，为什么到现在还没能建立起来。

冯仑先生作为房地产业界的思想家和大佬，怎么在这件事上就钻到牛角尖里了呢？

① 资料来源：https：//baike. baidu. com/item/%E7%AB%8B%E4%BD%93%E5%9F%8E%E5%B8%82/4935673。

二、万通立体城的具体表现形态

（一）容积率超高的立体城市

我们来分析了解一下立体城市到底是个什么样子。简单来说，立体城市就是在城市里用1平方公里的土地，建设500万平方米的建筑（上文百度的介绍里更多，是600万平方米）。1平方公里等于100万平方米，要在100万平方米的土地上建500万平方米的建筑，这意味着容积率是5.0，这个容积率是相当高的。按照冯先生的说法，这1平方公里地面上的建筑都要达到400米到500米的高度。单位面积上，层楼越高，密度越大，这是常理，如世界第一高楼迪拜塔高达800多米，密度超高。

为了验证立体城市的可行性，冯仑先生引用了很多世界繁华都市的数据来证明这个容积率是合适的。例如，纽约、东京、中国香港，他认为密度都是这样，很正常。简单一点说，这些高容积率的城市就是利用少的土地提高建筑密度，让里面住更多的人，也就是让整个城市容纳更多的人。

那么我们来看一看，既然高容积率这么正常，“万通立体之城”能否立得住。

（二）商业业态功能叠加的城市

立体城市这个模式就是要把楼拔高，将功能叠加。所谓“拔高+叠加”，就是一边升楼层，一边放模块，比如说1到20楼是住宅，20楼往上是酒店，50楼往上可以种菜、建农场，楼里有医院、学校、办公楼、商务金融甚至小规模的种植业和加工业等，总而言之，就是整个园区里什么都有。

在冯先生看来这是未来理想的建筑物，也是理想的城市生活，是让人从出生一直到老死，所有的问题都可以在这座立体城市里解决。1平方公里，1500亩的土地上，来解决人的所有问题。这样一来，就能化解城市拥堵、土地不够用、资源稀缺等问题。他认为这个大方向很好，这个蓝图很美好，这个事业很有前途。

三、立体城市无法落地的根本原因是什么

（一）冯仑先生错误地理解了城市发展方向

我认为城市发展的方向与冯仑先生说的刚好相反。冯先生把所有这些问题都理解反了。在全世界，城市的发展大概就四种方向：第一种是像欧美那样，城市之间均衡发展，各个城市规模的差距不会太大，距离不是太远，有一两座规模稍微突出的城市，但总体均衡，这种是城市群格局。我国江浙一带的城市群与此类似。第二种是卫星城模式，就是1拖N，一个中心都市、大城市或较大城市，周边分布一些繁荣的小城市或集镇，这种是卫星城。卫星城模式下中心城市规模最大，但不会无限扩张，在发展到一定规模之后，重心会转移到周边的城市中，功能、人口等逐渐分流。第三种是“一家独大”，沾亲带故，就是一个大都会，无限往外摊，周边有一些小城镇，但总体上小城镇依附于大都会，这被称为“摊大饼”。北京就是比较典型的摊大饼——现在对“摊大饼”负面解读的多，认为摊大饼式的城市扩张方式不好。第四种像拉美一样，中心都市非常繁华，城区外面一片黑暗，贫穷、贫瘠、空洞，什么都没有。例如墨西哥就是这样，中心都市、城区里非常繁华，城市以外就是贫瘠与落后。这种感觉有点像电影《新特警判官》中的生活状态——人类生活在大都会里超级巨大的回字形建筑中，建筑之中什么都有，建筑之外就是被核污染之后的荒无人烟的戈壁沙漠，想想都觉得毛骨悚然。

我们非常害怕中国的大都会走拉美模式，即都会里什么都有，外面却一片漆黑。我们希望中国城市发展像欧美和卫星城那样，大都会集中都市的资源，周边城镇集中城镇的资源，都市与城镇各取所需，也各自承担在国家经济社会中的责任。这一点在我们国家近些年的城镇化改革中有所体

现，我国实施了城镇化战略和特色小镇战略，取得了一些成果。

冯仑先生的立体城市，就非常像拉美的大都市，一座城无比巨大，城里什么都有，城外呢？

（二）立体城市不符合人类行为学

1. 现实中城市资源的普遍使用表现

冯先生的“立体城市”就是要让都市更加都市，而且试图用割裂的方式做一个独立循环的小生态。什么意思呢？你可以一直生活在这 1 平方公里、500 万平方米的建筑空间内，不用出去了，但这是不可能的。从逻辑上听起来很合理，但实际上不符合人的行为学。

根据人的行为学分析，未来人们的生活行为轨迹应该有点类似美国的情形。他们的行为轨迹是怎么样的呢？那里的人从上大学开始就会进入大都会，在大都会里完成高等教育（一般高校在大都会），完成早期的工作实践，奠定事业发展的基础——也就是整个人生的青春阶段的成长与成熟，然后结识另一半成家立业。

当你要准备结婚的时候，你会到都市外面——大约在车程 40 分钟到一个半小时这样距离的城镇里买房子，然后结婚、生孩子，你的孩子基本上就会在这样的一个小镇里长大。这个镇上及周边什么都有，医院、学校、绿地甚至森林，可以给家人既方便又接近自然的生活环境。如果想进大都会，驱车一个小时就可以到达，非常方便。总体上看，这个小镇安静、安宁、祥和、安全，富有生活气息。

众所周知，大都会的治安往往是最差的，人多、拥挤、杂乱、无序，全世界治安最差的就是类似于纽约这种城市，这也是许多黑帮电影喜欢以纽约为背景的原因。同时，大都会的生活感是最差的，快节奏、高强度以及拥挤的人群，使得人与自然的接触变得困难，而每个人自身的生活状态也被极度异化，因此，大都会周边的城镇必不可少，城镇因靠近大都会而拥有相对的便利，又因为远离喧嚣而拥有了天然与宁静。因此，“大都会

—城镇”的二元系统，就是非常符合人的行为习惯和生活需求的城市格局。人们在镇上结婚、生孩子，等到孩子长大，度过童年、少年，到十八九岁、二十岁上大学的年纪，他再进入都会，在都会接受高等教育、工作……如此循环。这种循环可以使得人口在城市与周边相对分散，城镇与都会都得以繁荣，这叫作卫星城。居住的时候分散，工作的时候集中，因为效率决定了工作的资源需要集中。

2. 立体城市的资源整合模式试图用割裂的方式做一个独立循环的“微都市”

假如一切像冯先生说的这样，用这500万平方米的建筑，解决一切生理与社会功能，一个人从出生到老去，可以一直在城中，恨不得连就医、上学都不出去，如同病人在无菌室中生活一般将一个人圈养，这种状态想一想都令人毛骨悚然。用这种方式整合资源，有没有考虑到资源如何吸纳，如何落地，可行性在哪里。

有那么多好的学校、好的师资，有那么多好的医院、好的医生，会到你这种类型的小立体城市——“微都市”中去做配套吗？有那么多好的服务业都在小城中开分店？你这里还需要配套什么产业，能导入什么产业？还要种菜，能有多大的规模，可以生产多少品种，菜价该有几何，真比露天大田的质量和口感更好吗？

（三）立体城市思想超前、运作流程过于理想化

1. 成本的考量

我们都知道，量产可以降低成本，但立体城市的各种产业却是“小而全”，什么都要有，但什么都不成规模，那么成本该被堆到多高？你在家门口种菜，你在楼上楼下种菜，我不相信你在立体城市里种菜的成本会比山东寿光低，我也不相信在精确计算机控制下种的菜，就比阳光下大田里肆意生长的菜味道好。你用过度超前的理想化的想法，用工业4.0版本的思维来运行这个“立体城市”，不符合当下的经济社会发展现状。所以，我肯定地说，这里边是工业4.0定制化的幻想，不，严重点说，是骗局。

到目前为止，工业4.0还不能拿出一个真正拍到桌面上，让我们可以见到成本降低、效率提高、服务被满足的一个切实可行的产业链方案出来（不要说实际的产业链，连方案都没有）。“工业4.0”这个思维其实并不难理解，在人类社会发展早期就是这个模式，实际上是相对落后的一种形态。例如，古代衣服都是定制的，家具是定制的，房子也是定制的（其实衣服和家具30年前在许多农村地区也是大量定制的，房子到现在绝大多数也是定制的），那时候根本就没有成衣，也没有家具大专场，都是“工业4.0”。当然这里的“工业4.0”是打引号的，它不是真正的工业化，只是用了“定制”与“个人化”这个4.0的概念①。你想用工业化的手段，但现在并非做这件事情的时机。很显然，无法落地也就无法实现降低成本、提高效率、满足服务的要求。一味地堆砌新概念，只是给新想法制作了两个“绚丽”的壳：一个理想主义，一个空想主义。

2. 功能分布的考量

一座城市的功能分布，已经拥有了这座城市生物多样性和每一个板块之间接轨的核心竞争力，也就是说环境与功能的有机衔接和融合，绝非一朝一夕就可以实现的，它是人力、自然与时间共同作用的结果，漫长而稳定。想通过一座立体城市承担起整座城市的所有功能，解决人们日常生活中的所有需求——人们不用离开小区就能吃饭、购物、娱乐、求学、社交、养老甚至临终关怀等一系列问题，且不说是否符合人类行为学，单单论城市功能的布局——立体城市之外的城市该提供什么样的空间、交通、

① 所谓工业4.0（Industry 4.0），是基于工业发展的不同阶段作出的划分。按照目前的共识，工业1.0是蒸汽机时代，工业2.0是电气化时代，工业3.0是信息化时代，工业4.0则是利用信息化技术促进产业变革的时代，也就是智能化时代。这个概念最早出现在德国，2013年的汉诺威工业博览会上正式推出，其核心目的是提高德国工业的竞争力，在新一轮工业革命中占领先机。德国所谓的工业4.0是指利用物联信息系统（Cyber－Physical System，CPS）将生产中的供应、制造、销售信息数据化、智慧化，最后达到快速、有效、个人化的产品供应。

物流、人流，还有环境容量来满足这座万通“巴比伦”呢？它是否留有与外部无缝对接的接口（物流、网络与交通），这些接口又需要整座城市提前多久与之预留以对接？总体是不现实的，这是空想、是乌托邦。在这一点上，我想说，与其说冯先生是一个商人，不如说是一个诗人。

四、为什么说冯仑先生扮演了一个错误角色

（一）你是一位商人，是一位企业家

在这里，我想说一说商人的本质，这是一个严肃的话题。

前阵子大家都听过柳传志先生说的“在商言商”，他说了这句话之后，网络上很多人都在攻击他，认为他缺少社会责任意识，没有综合去考虑社会生态与社会效益，就知道做生意。事实并非如此。也许，在这里我们可以引入一个概念——“专业主义”。我们的老祖宗早就说过“术业有专攻”，这个专业主义放在日常生活与工作中，就是专业的事交给专业的人做，专业的人从事一行就要精研一行，把它做好，做到极致，这才是“本分”的真正含义。柳传志先生说的“在商言商”，也就是做好商人的本分——做一个合格的商人。商人也是一种职业，为什么不能做到专业？而商人的专业主义是什么？就是做好自己的专业，若有余裕的精力，可以涉猎其他领域，但不可喧宾夺主。

我们就这个例子来讨论，如果想做起来做成的话，会是一个试点和模板，但如何做成？我们通过常理来做一个思想实验：它需要很多政府职能部门的配合——城建、土地、环保、交通、电力、通信、供水等，这是建造一座普通大楼的基础部门；对于立体城市来说，在规划阶段就会涉及政府各个职能部门，并且需要这些部门强行干预与实施，如教育、医疗、养老、绿化、安全等。怎么把医院、学校迁到这里来，或者在城中开分院、分校，怎么打通各个环节的审批手续，怎么做好各个归口的衔接？再如在城中建一个农场，涉及农业、环保、林业等多个部门，这些环节又怎么打

通？做好这个子项目需要投入多少精力？除非你建一个实验区，而且这个实验区是通过政府审批的。但就算实验区也一样要打通很多政策障碍，没有那么容易，因为你设计的已经是一座完整城市的配套，已经是打造一个卫星城市的配套，它俨然就是一座城，而不是一个简单的房地产项目了。

我们再换一个思路，把这个项目变成政府项目，那么政府的哪个主管部门有这种能力去帮你打通所有的基础配套呢？政府要做，也得是麻子打哈欠——总动员：这里有法律法规、程序、物质与经济基础的问题，也有城市发展惯性与城市人群构成的问题，有城市与周边城市的功能定位与协同发展问题……牵一城而动全身，你以为是建一栋楼，实际是建一座城。简言之，这事如果要做，那也应该是政府去做，而不是企业家去做。企业家没有这么大的能力去推动这件事。这不是一个商人去做的事，尤其是在现阶段，所以说，十年了，立体城市看起来还是遥遥无期。

立体城市要建，是这么一个步骤：先完成一个超级规划（规划设计量超过目前地球上的所有单体建筑），做完土地一级开发，将平台和通道全部打通，然后通过卖楼面地价将这个土地变现，再把整个项目分给别人去建，主体建成之后完善各种功能配套，与市政等各部门进行功能归口对接。这是政府做的事，或者是政府平台型公司做的事，而不是一家个体企业做的事。我相信到目前为止不会有任何一个城市的政府会考虑做这件事情，所以立体城市的难产也是意料之中的事。

（二）应在自己的社会角色中去对未来做畅想

立体城市的设想因其一定的超越性与科学性（不能排除有一点科幻色彩），得到了很多大佬的支持，包括刘永好、史玉柱以及一些房地产公司的大佬，都觉得这个话题和题材很好，都愿意支持他。我告诉你，100 个大佬也没用，谁支持都没用。当逻辑不符合实际需求，当设想不符合客观规律时，一切都是空谈。

重新回到房地产开发这个位置上才是明智之举，所以我建议冯仑先生将已经取得的土地给大公司做房地产项目开发，配套一些公建的服务，比如商业的公共服务，可以更细致、更人性化一点，也可以在一定程度上体现全息服务理念的。因为土地拿得比较早，做房地产开发还是很有优势的。

当然，不否认这的确是一个好故事，十年前是好故事，现在依然是一个好故事，理想甚至空想，在任何时代都不是多余的没有意义的东西。只是实际上不可能真的这么去做，乌托邦这件事儿都产生在“大跃进”的思想之下。大概冯仑先生这一代人都有一定的“大跃进”思想——虽然给人戴帽子、贴标签不好，但事实上这一代人真的存在这种现象，有时候往往会过于理想化。搭建平台、整合内容、保驾护航，搭多了以后自己变成政府的角色，费那劲干什么？真的去搭那个平台，又怎么去搭？

五、对冯仑先生的个人感性印象

一句话，不浪费时间写段子的幻想者不是靠谱的企业家。

冯先生非常有知名度，我也很喜欢，但他自己的本业——房地产业却在不断萎缩。中国的房地产发展到今天，那些“巨无霸”公司年销售额都达到了 5000 亿元，您再看看您的公司是多少亿。不就是因为您一天到晚不切实际，搞这个立体城市或者是写段子吗？

当然，写段子我觉得是正经事，您要么多写点段子，多出点书给我们看一看，要么就好好盖房子。

但别搞立体城市啦，没戏的，不是那么回事。从逻辑层面到规律层面，再到执行层面，都不好落地。

第二部分

新兴地产篇

2

/ 第一章 /

特色小镇——一场疯狂的概念游戏

为什么说一味地追逐新概念往往会浮于表面?

为什么说绝大多数“特色小镇”无法解决盈利问题?

为什么说只强调产业或者只强调地产是对“特色小镇”认知的两大惯性误区?

一、特色小镇有何标准

自从有人提出“特色小镇”这个概念以后，广大的房地产开发公司就像发现新蓝海了似的一头扎了进去，就前后脚陷入疯狂了。那么，究竟疯狂到什么程度了呢?

我们公司是专业做运营的，基本上每个星期都会有 N 多家公司打电话来说“我要做小镇”。小的几亩地，大的几千亩，都要做“小镇”，却根本搞不清楚“特色小镇”是什么东西，也不知道应该怎么做，就是一股脑儿地跟风。开酒厂的说要做一个“酒的小镇”，卖电视机的要做一个“电视小镇”，我说还有电视小镇?电视这个玩意儿都已经夕阳西下了（IPTV 除外，还有的玩)，怎么还做电视小镇?

各种小镇，林林总总，甚嚣尘上。

（一）何为特色小镇

小镇，是伴随着人类文明进程自然形成的城市化过程的产物，但小镇不等于“镇”，在我国的省地县乡四级行政区划中，镇属于乡一级行政单位，这个镇是抽象和集合概念的镇，与我们讨论的“小镇”从外延与内涵都是不同的。我们说的小镇，既包括行政区划中的镇一级单位，也包括围绕着某个主题进行建设的一片区域——它的面积比镇小，主题更为集中，类似于一个产业园区。无论是大的“镇”还是小的园，只要具备了某些特色，都可以被认定为特色小镇。

特色小镇何以在近几年风生水起、遍地开花呢？究其原因，是2014年以后，国家有一段时间强烈号召和提倡建“特色小镇”，从而激活了“乡镇”这一元素。“特色小镇”在中国是一个新事物——在高速城市化的进程中，资源与人口持续涌入大城市，城镇长时间被忽视。近几年，在经济持续转型和城乡一体化发展的驱动下，城镇的重要作用逐步凸显出来，于是“特色小镇”应运而生。2016年7月1日，住建部、国家发改委、财政部联合发布通知，决定在全国范围内开展特色小镇培育工作，将“特色小镇”的建设推向高潮。大力发展“特色小镇”，的确可以驱动城镇化发展，也成为供给侧结构性改革的平台，具有可持续性发展的现实性与可行性。究其实质，特色小镇的宗旨一是以产业立镇，二是以人为本。实际上在操作的时候，大部分的操盘者和从业者听到的都是“产业立镇”，想的也是产业立镇，毕竟“以人为本”虚，而产业的抓手好找，所以大家就纷纷找产业题材。

（二）国家级小镇的标准和规格

首要条件，是要满足3平方公里的规划面积标准。

通常一个国家级特色小镇，土地规划面积要达到3平方公里，建设规模要达到 1 平方公里，这就意味着 4500 亩的用地规划中有 1500 亩是用来做建设的，要有一个核心产业（或主题）并以此为中心进行设计和建造。

生态、生产、生活，有了这些才叫特色小镇。生态既是前提也是落脚点，生产既是动力也是核心，生活既是目的也是条件，“三位一体”，缺一不可。它是一种系统工程，不是现有软硬件与外来软硬件简单粗暴地拼接混搭。从另一个角度来说，特色小镇的建设既是盘活“存量”——历史与文化资源、自然与物产资源，或者独特的生活方式都能成为资源，梳理、整合、转换这些资源，不仅旧貌变新颜，腐朽也有可能化为神奇，也是做增量——改造环境，使之与生产、生活更加匹配；改善民居，使之能够留住人、吸引人；扩展功能，使单位面积可以提供的服务倍增；等等。因此对于承担规划与建设特色小镇的企业来说，就需要有更为系统的意识、拥有全局的统筹与协调能力，拥有人文关怀精神，并对这片土地上的历史与文化给予足够的尊重。需要一点“务虚”的态度才能把“务实”的事情做好，尤其是想要打造小镇 IP（不是 IP 小镇）的项目。这是“特色小镇”的题中应有之义。

但事实上，在企业这里，完全不是这么回事。要知道，国家一旦批准了这个项目，就能够实现 PPP 操作，所谓的 PPP 就是公私合营，地方政府或者政府背书的企业与私营企业一起来建设这个小镇，而绝大多数的开发公司不可能具备独立开发小镇的条件、地位和资格，所以只能是趁着这个热点，依托地方政府，参与开发。简单来说就是蹭热点，使出吃奶的劲儿去蹭。因为住宅的限价、限购、限贷、限售，一步一哨，已经限制到这种程度，没法儿再蹭了。工业开发本来就难蹭——工业建筑新陈代谢慢，建成一片用好多年，加上有些特殊行业还有特定的资质限定，蹭起来没那么容易。

随着城市化进程的加快，城市包围农村、城市蚕食农村，是一种必然。当战线太长够不着的时候，就把农村改造成城市。小镇，其实是用城市的思维来改造农村。对企业来说，这是个天赐良机，机不可失，赶紧蹭。

二、如何“解构”特色小镇

（一）各路专家对特色小镇的两大抱怨

商业地产空置，竞争惨烈，这时来了一条出路——“特色小镇”，大家一股脑儿地扎堆大肆建“小镇”。到最后变成什么结果？专家们开始抱怨，在各种平台上也纷纷发表了意见。专家们都在抱怨什么呢？

1. 假小镇，真地产

“挂羊头卖狗肉”。抱怨榜单之首。

专家们每次提起这个，开发商就跳脚，仿佛专家们光会偷懒，没有耐心去看（听）全貌，就以偏概全，以一己之好恶作定论，伤害了他们的“玻璃心”。问题是，此地无银三百两，这么明显的事实，你又何必狡辩呢？谁都知道是“假小镇，真地产”，借着“特色小镇”之名，行房地产开发之实。

我想说的是，退一步说，你是真地产，但能算是一个成功的地产项目吗？你在开工之前的设计阶段就想好怎么运营了吗？我觉得没有，这里面有太多想当然的成分。许多小镇的靶心就是消费，是消费集聚式操作，完全以消费为导向。到底有没有特色产业，我打个问号。你真的能把消费集聚做起来吗？难说。草率上马，匆忙开工，结果只能是小镇非小镇，地产也活不起来，建设的时候遮遮掩掩，经营的时候别别扭扭，不伦不类。

2. 堆砌高大上的名头

抱怨榜单上排在第二的，是小镇那些令人眼花缭乱的名头与概念。各地小镇一味地堆砌虚拟经济的名头，基金小镇、电商小镇、IT 机器人小镇、AI 小镇……全是这些东西，怎么高大上怎么来。可实地一看，鲜有落地的，不是不想落，而是根本落不下来。“名”可以随便取，“实”呢？西瓜皮好画，西瓜瓤不好做，做到形似都难，何况口感？许多小镇建成之后挂个牌子放到那里，似乎把一切交给时间就自然会活起来、热起来。等着时间来评判，时间只会判定不合格。种下的是豆，妄想收获瓜。

无论什么样的小镇，做文化也好，做产业也好（文化也是产业思路），从一开始就应该交给市场，小镇这个题材一定要交给市场。我们不能一边拿着国家的扶持政策，一边偷着懒图安逸，在那里口号喊得山响，就是站着不动，不去勇敢摸索和积极实践。其实任何以小镇之名而横空出世的产业，其适应性与可行性最终都是要通过市场来检验的，能否通过市场检验，以及由此带来的责任和担当，都在企业身上。企业若心存侥幸，光看到政策的优厚，而忘记了市场检验的客观与严苛，最终是要承担后果的，也难以长久发展。

我们知道，任何一个商业项目，其推动力都来自两个方面：一是政策面，这是基础的推动力；二是资金面，钱要投进来，这是关键的推动力。

今天这个“特色小镇”主题，主要是针对广大的房地产开发公司来讲的。你手里边的地挂了“小镇”之名，却不一定都能做成“小镇”，这里有的规模合适，有的规模不合适；有的区域合适，有的区域不合适。你想在这个题材上有所作为，就需要深入了解，并做好精细操作及长期运营的打算。我在这儿向大家喊个话，给点建议，让大家先搞清楚“特色小镇”到底是怎么一回事。

（二）不是所有的题材都适合做特色小镇

大家第一个要意识到的就是，不是所有的题材都适合做特色小镇，这里真有一个水土服不服的问题。特色小镇是以一个核心产业为基点（概念上的圆心）作为规划设计的起点，这个核心产业的选择与定位必须极其准确，因为真不是所有的产业都适合做特色小镇。那么，什么样的产业适合呢？我认为这个选择也不难，如果产业包含具有体验性的内容或子项目就可以做。若产业本身没有这些因素，可以把产业向外延伸来看，在产业的外延寻找，若有，也可。否则，不可。

你说你做了一个航天小镇，因为你有许多跟飞机制造有关的东西。我就纳闷了，摆几架飞机让我们去机舱里体验，或是摆个工厂（车间）在那里组装（宣称是真的，可我疑心啊，在游客的注视下组装飞机部件，这飞机谁敢坐），让游客去看，这就叫小镇啦？这不叫小镇，这叫工厂，航天工厂。再说，航空跟航天是两个概念啊，航天对应的是太空与深空飞行，跟民航不搭界，你确定你那个是航天小镇？

三、特色小镇题材的必备要素

既然如此，那么一个“特色小镇”的模式怎么定义？需要哪些要素才能成立？我认为需要三个要素：产业、商业、生活，缺一不可。这与前面所提到的生态、生产、生活，既有相同，也有不同。生态、生产与生活，强调的是小镇中人与环境的关系，是一种成型之后的状态。若讨论如何成立，我们需要从产业、商业与生活三者之间的关系出发。

（一）产业要素

产业判定的第一关，是看它是否具有延伸的可能和可体验的内容，这是基础中的基础。这个产业是否具有延伸性，也就是说把这个产业所处的产业链拉伸以后，从其两头的延长线中，将创造（起始）端，到产、学、研、展、销、贸，到流通各个环节乃至整个链条予以打通，可以从中找出一部分核心的端点或环节让游客与居民来体验，这就是延伸性。否则它就是个工厂园区，不叫特色小镇。

1. 产业要有参与性、有体验感

小镇既是一个时间板块，也是一个空间板块，对于产业链来说，具有双重维度的嵌入性，同时具有与社会的深度融合性。小镇与产业既是一体两面，也是相辅相成的，优质的产业可以“凝结”成小镇，优质的小镇可以优化与升级产业，促进整个产业板块深入社会，并广泛地吸纳与整合资源，最终使之链条化。

我们以做养老为例。“养老”产业这个题材可不仅仅是卖公寓，不是修个养老医院，再修个公寓就完事的。它是个产业链，一个极其庞大的产业链。上游有软性元素：教育、培训、知识（包括工作人员的知识培训和老年人自己的知识更新培训），硬性元素：药材（含原材料）、保健品、理疗用品等，是完整的产业链端；中游有理疗服务、护理服务、生活服务（包括养老院的日常生活与生活品质维护）等；下游还有老人的临终关怀与殡葬服务——如何为老人提供临终关怀，让老人可以安详地、有尊严地离世，如何在老人去世之后帮助亲属安排好后事等，这都是非常具有市场潜力的项目。如果能够把它们进行整合，并且选择一部分适宜的项目如上游的知识培训、中游的护理等，加以适当的改造与打磨，成为让所有人可以体验的项目，就可以成为产业链的延伸。这些体验项目做出来，不仅使老年人（小镇的潜在客户）产生兴趣，就是中年人和一些关注行业未来，或者对自己的未来有过关注的年轻人也能参与进来，这种人性化的、科学化的、细致专业的项目体验中，就会产生巨大的资源集聚效应和引流作用。

2. 产业能够商业化

我们来看一看养老的护理和保健品，是不是真的能够拿出来，是不是可以做到商品化、产品化？显然是可以的。比如在养老行业中的慢性病护理一项，正日益成为一件可以标准化和“量产”的家庭护理产品，用户可以购买此项服务。

一个产业，必须具备广泛的关联度与强关联度，要跟千家万户发生关系，跟每个人发生关联，这样的产业才能称为产业链核心。将这个核心牢牢抓住，落地之后做一个延伸，这就是成功的产业链。反之，则不成。

举一个例子，比如“电视小镇”，就没有办法做延伸。摆几台电视机给我看，摆几个荧光屏给我看，说这个是平板的，那个是显像管的，这就是“电视小镇”了吗？对于游客来说，我不知道怎样参与，这个现场就不会与我发生现实意义与感官层面的关联。就算你把加工厂搬到现场，就算你把原材料摊开给我看，我还是不能参与。这么做没有意义，这些完全可以放到工厂里。我需要电视机，去卖场或网上买一台就可以了。我不需要知道电视机的工作原理，就算一无所知也不影响我收看节目。

显然，不能实现体验化，就不能实现商业化，不能商业化的小镇，就等同于工厂或者生产车间，它不是小镇。我们也反对专家一味地强调做产业，说是担心过于强调消费导致商业化，这既是杞人忧天，也是南辕北辙，本来就要商业化才有可持续发展的可能，不商业化这个产业核心有何整合价值？不商业化，怎么向社会终端进行广泛渗透？

（二）商业要素

当产业核心板块有了体验，接下来就是要进行消费功能的商业化。

既然要做小镇，它就有生态，这个生态不仅包括自然生态，还有文化生态与社会生态，无论哪一种生态都要以人为本，话说回来，有人来吗？有人到这里参观吗？有人到这里消遣吗？有人到这里生活吗？……首先得有人，而有人就一定会有消费。今天就是个消费的时代，对于消费的内容与方式俨然已经成为消费文化，学界业界都在研究。商业时代走向了三个维度，这是我个人思考得出来的一个方向。

1. 消遣

唐代有个绘画理论家叫张彦远，他写了一本书叫《历代名画记》，里面有句话说，“若复不为无益之事，则安能悦有涯之生”。这本书非专业人士并不太熟，但这句话很多人知道——字面意思是说，不做点无意义的事情，怎么度过这有限的一生呢。后人把这句话改成了“不做无聊之事，何以遣有生之涯”。你看，古人就知道“无聊”的重要性，也说明了人类自进入文明社会之后无聊已成为普遍现象。从古到今，大家很无聊——无聊之时怎么办呢，自然要做无聊之事，于是无聊经济横行，谁更能满足无聊，谁就能够获得广大受众群体的青睐。

2. 消磨

“杀时间”这个词什么时候火起来的，大概没有人知道，但人人都要做“杀时间”的事，人人都要消磨时间。不错，时间对每个人都是一样的长度，可是对于时间流逝的感受却因人而异、因事而异。许多人周末放假，又没有急务需要处理，你看看他抓耳挠腮、上蹿下跳的，要不一直刷小视频，要不刷刷小游戏。比较好的选择是带着一家老小，出去把时间花掉。这种消磨的时间颗粒密度相对大一点，通俗地说更有意义。

3. 消费

无论什么时候，“买买买”都能让人快乐，但你得有“东西”给我买，得有我看得上的东西。供给侧结构性改革解决的就是我们口袋里有钱，但是目前的供给不能让我满意。毕竟当下的消费者已经不再满足于吃饱、穿暖这些刚需，而是追求新奇特，追求个性化，追求独特体验，他们要嗨起来。

所以这三个板块必须有商业，必须有足够的消费产品和消费场所。有的专家说特色小镇不要一味地搞消费聚集，这是不现实的。如果没有这个，怎么产生人气与人流？人只有在即时消费的环境下才会熙熙攘攘，这个地方才叫有活力的小镇。否则，那就是一个工厂，直接叫工厂好了，别叫什么小镇。所以对于小镇来说，商业这个板块非常重要，吃的、喝的、玩的都要有，否则真的变成了一个产业工厂，或者工地，总之不妥。

（三）生活要素

专家说的“假小镇，真地产”，什么意思？指的就是盖了很多房子，但没有人住，没有固定人口在这里居住。所有的人白天在工厂里上班，组装一下，在房子里拾掇拾掇，晚上整个撤掉，小镇里就剩下房子。这个小镇，3 平方公里，4500 亩地，就空着吗？没有人的城叫空城，没有活气儿的城叫鬼城。这肯定不行，要有固定人口在这里居住，要有生活区，要让人们在这里安居乐业，这才是小镇长期发展的根本。

1. 生活配套

既然要安居乐业，就要有生活配套。比如，医院、小医疗、幼儿园、美容美发（或形象管理）、餐饮、超市（不一定要大超市，但小超市是需要的，主要的快消品容易买到）、便利店等，这些都需要配备，否则这个小镇就无法让人安心生活。有烟火气，才是尘世的生活态，这是幸福的底色。外出旅游三两天，如果酒店的一个街区之内有便利店，我会瞬间觉得安心——不一定真要买什么东西，而是我知道，当我需要买什么东西的时候，5 分钟之内我就可以买到，这样的地方会让我有安全感，有生活感。这还只是生活三两天，但若是几个月，甚至几年呢？一个特色小镇一定是活着的小镇，生活着的小镇。假如一个外来的产业工作者，住在这儿连基本生活都满足不了，怎么住得下去？没有生活配套，那不叫特色小镇。

2. 与地产“和睦”相处

虽然我们在抑制整个地产业的泡沫，但并不是一味地认为地产就是坏的。很多专家一提到地产唯恐避之不及，认为就不能发展地产，不能提地产，这种行为甚至这种念头都是偏激的。没有地产怎么居住，安居乐业哪一条也离不开地产，既然有生活就必然有地产，那就不要去排斥地产，地产没有你想象得那么糟糕、那么可恶，要辩证地看待这个问题。

四、特色小镇如何盈利

（一）不能光靠政策，要靠市场驱动盈利

我们回头来看，在产业、商业、生活三者全部具备的情况下，小镇会是一种什么状态？它会不会赚钱？

操盘一个特色小镇，怎么赚钱？

我有一些朋友，其中不乏大师级的产业运营者、操盘者，有些也搞特色小镇。比如有一位，别出心裁地搞了一个健康医养小镇，也就是医疗小镇，还邀请世界各国的诺贝尔奖获得者、专家博士等前来入住，一时名声

大噪，最终却赔得一塌糊涂，连土地的钱都支撑不了。为什么？原来他不会算账。这样的项目要通过市场的驱动来解决，必须要有短期、中期和长期的盈利模式，打好组合拳，否则都是空谈。难道国家会永远给你政策补贴，永远给你pp贷款让你去花吗？即便有，也有花完的时候，花完了怎么办？所以必须做好可持续盈利的规划并付诸实践。

如果要让小镇项目可持续发展，它就必须在市场上能赚钱，如果不赚钱就证明它是市场不需要的东西。所以如果一开始就没有想好赚钱的路子，可能还真做不好。说是地产，房子卖不掉，不好好研究市场，房子盖好了也卖不出去；说是商业消费，既没有商家入驻，也没有东西可买；说是生活，没有生活配套，住在这里跟孤岛求生一样，何苦来哉？你说是不是很尴尬。

（二）盈利模式“三板斧”

说到最核心的地方，就是盈利模式。简言之，就是中短长三个方面、三个层次，我称之为“小镇盈利”“三板斧”。

1. 短期靠物业

无论是产权还是经营权，它得靠出售来获得近期回报。你说，我这个不是房地产开发项目，不能卖产权。那也好办，卖不了产权就卖经营权。所谓经营权，就是长期的租赁权，比方说20年、30年的商铺经营权，我一次性卖断给你，是不是马上可以回笼大笔资金？除了商铺，这里边还有很多延伸的物业都可以做成这样的产品。一边回笼资金，一边建设，是不是资金压力大减，投入大大减少？

2. 中期靠商业

商业这些功能板块是可以实现中期盈利的，而且效果会非常好，但前提是你得把它做成功。关于商业的运营，我们在前面已经详述。

3. 长期靠产业

对于产业盈利，大家要记住两句话，一句是“风物长宜放眼量”，还有一句是“心急吃不了热豆腐”。你搭建了一个平台，入驻了不同产业的许多公司（分处于产业链的不同环节），到这些公司盈利给你回报，自然需要长时间的扶植和培育，至少光整合那一关就需要花非常大的财力、时间和成本。如果耗不起八年、十年，就别做这件事，会得不偿失的。

我建议开发商们在建小镇之前，一定要先做好思想准备。短期要有战略性亏损的准备，因为要培育、要孵化它。特色小镇是个新生事物，不可能像普通地产那样容易变现、招商、整合资源。中期要准备好在商业运营上下功夫，这个也不容易，但只要用心做了运营，回报却是持久和可观的。长期要在产业链的孵化和产业链的整合运营上下功夫，这个是真的慢工出细活。

短期靠物业，中期靠商业，长期靠产业，这才是特色小镇该有的基本形态。

五、如何操盘特色小镇

我们来看一看，开发商、运营商们，要从哪些地方着手做小镇？我认为可以从以下几点出发。

（一）搭建平台，构建软实力和硬实力共同组成的微生态

一个项目的成功取决于搭建的平台成不成功。要真正地搭建一个平台，就要建构一个软实力和硬实力共同组成的微生态，里面的建筑、空间、功能分布等所有这些结构性的部件都要适合。单独的任何一个板块都并非孤立地存在，而是有机整体。

土壤是基础平台，产业、商业和生活者在上面工作、奋战、创造价值，因此这片土壤的硬软件生态一定要适合该项目的发展。有什么样的土壤才有什么样的森林，先是土壤吸引种子，之后互相改造以实现繁荣。所以对于这个平台的硬件如结构性规划、功能性分布，一定要非常合理。关于规划布局，有许多技术性常识，这里不一一展开。但你一定要先问清楚

自己是否目标明确、规划清晰。

你做的这个项目，是仅仅盖了一堆房子，还是搭建了一个包括硬件和软件有机组合的大平台？这个平台是否有助于创业者与居民在上面发挥和创造？平台包含的生活形态、居住形态、商业形态，是不是有独特的核心竞争力和鲜明的特点？在平台上扎根的产业是不是有非常坚韧的长远的盈利能力以及强体验性？平台的产业群是否能够向外延伸成为完整商业——这些商业形态和产品是否和大众群体相关，能否从幕后搬到前台来，从而跟每个人发生关系？所有的问题，都是搭建平台要考虑的，也是平台要解决的。

（二）整合资源和内容，学会结构性算账

做内容整合，需要具备识别资源、抓取资源和争夺资源的能力。也许你选择的目标很好，在战略上是成功的，但是却打了败仗。为什么？有可能是政策制定得不够明确，有可能是你在招商上的组合与整合执行、落实不到位，这需要你懂得去整合内容。最先要明确的一点是，整合内容要依赖游戏规则，在充分了解的前提下利用游戏规则进行政策强攻以及实施落地，并且要尽可能地去绑定龙头资源来落地。龙头资源就是战略性资源，但同时它也意味着战略性亏损，你想在它身上赚钱，别想了，它是给你的项目定调子的，不是直接给你赚票子的，这个问题一定要明白。这叫结构性算账。

一提到定政策，我们很多民营企业家都犹犹豫豫、抠抠搜搜，包括一些大企业家，投资大手笔，却唯独在政策性相关的投入上十分小气，因此往往做不起来，最后耗了时间也费了钱，却只撂下一片荒地。即便盖起来了也是一片僵尸楼，付出的成本也随之僵尸化。

（三）做好长期运营的准备，为商家保驾护航

请问当今做地产的，几个人有保驾护航的心态？有谁有长效运营的基本思想准备、方法论和体系？

绝大多数人在盖房子这一环节就有点犯难了，盖楼还盖不过来呢，还保驾护航。泥菩萨过河，自身难保，怎么给人家保驾护航？在这里，“保驾护航”不是最高标准，甚至也与道义和责任无关，其实它根本只是一个经营的标配。

这么多年我们亲眼看过和经手料理过许多案例，无一不验证了这一点。很多项目，产业也好，商业也好，开业时热热闹闹，人来了不少，来了之后很快就走了，没有黏性，留不住。为什么？你以为开张就算赢了，实际上开张那一天是真正考验的第一天，真正的万里长征第一步。从此以后是长期、持续地保驾护航——想要你的项目有持续性孵化的能力和市场培育的能力，你就要给项目不断地添砖加瓦，修修剪剪，要往里头“贩卖人”，要往里面引入客流，要对产业不断地做优化，对配置做优化，每一件都不容易，绝非一蹴而就。事实上，很多老板自己都不懂运营，绝大多数就是一个傻大黑粗，简单粗暴。盖房子的思维、包租公的思维比比皆是：我这房子盖得这么漂亮，谁会不来？

小镇的开发商不仅要有持久性运营的思维，还要制定培育整体性的、系统性的生态群落的方案和策略——这个生态群落，包括了产业与商业，也包括自然与人文，所以小镇不是实力一般的公司和能力一般的人所能够驾驭的，真正实现起来难度非常大，比单纯地开发房地产项目要难得多。

想要在小镇这方面真的有作为，就要把产业商业化，把商业持续运营长久化。要通过丰富的配套吸引固定的群体定居，吸引游客体验式入住，由固定居住的群体形成人文气息与景观，由流动性群体形成人气与氛围，也即有目标性群体，有习惯性群体，到最后逐步形成一个真正意义上的特色小镇。

六、展望特色小镇未来

知识经济时代来临，信息时代来临，人口老龄化，这些都是当前以及未来产业发展的现实环境。特色小镇发展也不例外。特色小镇发展的新趋势，就是打造成特色产业——未来的大蓝图就是培育起一个真正的特色产业，并形成在空间与时间以小镇为中心的双重维度上的产业链条，一个延伸至上下游的完整产业链。比如，一提起养老，人们都知道到这个小镇上就可以发现和获取所有相关资源，而且可以直接入住，享受这些资源。一提到喝酒，人们就知道在那个小镇上有各种酒，从西洋酒到中国酒，从新概念酒到古窖藏，从原材料一直到终端，应有尽有。一定是要做到这种程度，做到成为人们下意识的选择，这个小镇就活了。

想要达到这种程度，恐怕要放线到十年，否则，短期逐力肯定会栽跟头，这就是小镇题材的游戏规则。广大的房地产公司的老板们，一定要明白和注意这一点。如果你没有这种思想准备，就干脆不要涉足；如果你有了这种思想准备，你就知道它一定会走向专业化运营。

所以，我可以笃定地说，中国的房地产、中国的产业地产以及所有相关领域，都将在不久的将来走向知识经济真正高速发展的时代，走向专业、专家占据主导权的时代。行业的领军人物与从业者要认识到这一点，并顺应这个时代的要求，作出积极配合的姿态。因为，光靠硬件已经驱动不了产业巨轮驰往未来，这个时代过去了。未来，是知识经济、产业运营专家与智力服务者的黄金时代，大家可以放马开始表演。

/ 第二章 /

养老地产——白发故事与黑发经济

为什么说养老问题已成为中华千年未有之变局?

为什么说面对的白发群体要以黑发经济思维来服务运营?

为什么说养老地产项目听起来很好，实现盈利却很难?

一、养老产业将面临怎样的大势

（一）空前的老年人口规模

提起老年人，很多人会想到一档节目《夕阳红》，想起节目开场那段平和悠扬的旋律，还有“最美不过夕阳红，温馨又从容”的歌词。

站在产业的角度，如何养老就不是夕阳话题了，而是一个“性感”又充满爆发力的朝阳产业——养老服务业。

目前，我国60周岁以上人口比例已经达到了17%，65周岁以上人口比例也达到了11%。截至2019年上半年，中国60岁以上的老年人口数量已达到了2.5亿人左右，数量还在快速攀升。到2025年，老年人口将会达到3亿人。到2035年，老年人口将会达到令人恐怖的4亿人，甚至超过许多国家的人口总和。到2050年，老年人口将会达到总人口的35%，也就是说那个时候每三个人中就有一位是老年人。

我们可以试想一下未来会产生一种怎样的可能？就是社会上只有两种人：一种是老人；另一种是照顾老人的人。如果不快速赶在“超老龄社会”到来之前解决养老服务事业供给问题，全社会将面临怎样的养老压力？

（二）银发经济时代来临

60 岁以上的人，会面临诸多具有老年特征的生理上与精神上的需求，这就需要提供针对性的服务来解决这方面的需求。

到 2035 年，全国老年人口将会达到 4 亿人，这个数字超过了美国现今的全国人口（2017 年美国人口 3.2 亿人），如果每位老人每年平均花费支出为 2 万元，你算算是多少钱？近 10 万亿元！这是多么惊人的市场规模！所以才有那么多公司垂涎欲滴，跃跃欲试，想要打入这个市场。一时间，不管是做大健康的、医疗的、旅游的、科技的、教育的、文化的、还是做房地产的，都瞄准了养老产业，一股脑儿地搞动作，抢风口。现在整个养老服务领域处在草创阶段，环顾四周，大家都在摸索，尚未形成普遍性的、可复制的、成熟的发展模式。

养老事业面临的机遇将是广阔而巨大的，成长将会是爆发式的。

（三）预搞养老地产，先存敬畏之心

别的地产项目，我没有提到过“敬畏心”这个词，唯独养老地产，不能不提。

我们公司做商业不动产运营及咨询已有不少年头，最近一两年几乎每个月都有 5 个以上的合作伙伴或开发公司来找我们咨询，“我想做养老地产！”“我的项目能不能做养老地产？”都是这样的问题。刚开始的时候，我还以为他们是抱有诚心想要做这个项目，经过稍微深入一点的了解，就发现对方项目基本上都是那种烂盘——烂地段、烂项目、烂房子，项目进展不下去，他们就想把那些卖不出去的房子拿“养老”这件事来“DIY”。这种情况下，他们在面对养老地产项目时，必然抱有强烈的短期投机心理——先把房子换一个养老地产项目的名字，包装一下、忽悠一下，卖给老年人就完事了，完全没有考虑过做老年事业的复杂性，更不要谈有丝毫的敬畏心。这个敬畏心是对老年世界的敬畏心，也是对生命的敬畏。

也许有人会觉得，我这么说有点故弄玄虚。养老地产不过一门生意，“我不就卖个房子给老年人吗？跟敬畏之心有什么关系？”我常常告诉老板们，凡是涉及养老事业的领域都不要那么简单粗暴地去理解，因为你不知道那意味着什么。搞养老事业，首要考虑“生命的终极关怀”——不是说让每一处地产都要建终极关怀病房，或者承担终极关怀任务，而是要让老人活着的时候，因温暖的人情味与优质的服务，令他们充满生命的幸福感和尊严，又因为完善的体系给了他们安全感，这才能使老人不整日生活在恐惧之中。你们对老人的状态和需求毫不关心，任何养老系统、养老功能都不构建，只凭着“横七竖八”的几幢房子，就敢轻而易举地改成一个养老地产项目的名字，忽悠老年人去买你的楼？我强烈反对这些公司与组织的粗暴行为和短期投机的心理。

对于任何项目来说，做系统性的分析都是有意义和必要的，尤其是养老项目，面对的人群既普遍又特殊，我们分析的内容应该更多。比如，养老事业与养老地产面对的是什么样的市场？老年人都有哪些需求？怎样去运营一个养老地产的项目并盈利？养老事业有哪些障碍？我们如何给社会和国家提出建设性意见，去快速打破这些障碍？如何让养老事业进入“快车道”，让所有的老年群体能够享受到全世界最优质的、独创的、中国式养老服务？这个阶段来谈这件事很有意义——启发大家去思考，让全社会更关注这个话题。毕竟，家家有老人，人人都会老，养老事业是人生之大事，也是国家大事。

二、中国老龄化社会的显著特征

我们先来看一看老龄化社会的特点。要面对老年人做服务事业，需要先了解老年人的社会生态是怎么回事。

（一）老龄化社会浪潮席卷而来，势不可当

我国正在快速地、爆发式地进入老龄化社会。大约在2000年，我们就开始进入老龄化社会。联合国给出的老龄化社会标准是当社会总人口的10%是老人的时候，就是老龄化社会。

为什么说我们的老龄化是快速的、爆发式的？因为我们几乎只用了20年时间就进入老龄化社会，而欧美发达国家的老龄化却是经过了漫长的时间，如法国用了100多年，英国用了80多年，美国用了60多年，而我们只用了20年。

造成我国爆发式进入老龄化的原因，主要跟我们的国策、计划生育政策以及时代背景有关，其中有以下几个关键因素。

1. 战争时期人口大量消亡

在战争时期人口快速消亡，甚至平均年龄在30岁左右，而现在中国人的平均年龄已经接近77岁。虽然离世界发达国家和地区还有差距——如法国、瑞士、日本，还有中国香港的人口平均年龄都是在80岁以上——但已经是举世瞩目的巨大进步。当然，我们还在往上延长。战争时期人们的平均寿命短，现在的人活得时间很长，所以老年人就多了。

2. 新中国成立以后疯狂鼓励生育

战争消耗了巨大的人口，新中国成立之后，因为建设与备战的需要（内忧外患并未完全解除），国家大力鼓励生育。20世纪50、60、70年代（初），全国人民疯狂生产——物资的生产与人口的生产并举，尤其是人口的生产。生到什么程度？环顾四周，我们50后前后的父辈，他们有七八个兄弟姐妹很正常，六个孩子的家庭很一般，四个的就算少了，基本上每个

家庭都是这样的数量。2010 年 50 后人群已经步入老年；到 2020 年，60 后就开始步入老年；到 2030 年，70 后就步入老年。老的一代人还在，新的一代人在变老，所以老龄人口就越来越多了。

3. 新生儿数量逐年下降，不生孩子成风潮

时间进入 21 世纪，一个新的趋势出现了，新生儿逐年减少，年轻人的比例下降了，老龄化比例相对高了。新生儿变少主要是受计划生育影响，例如，80 后比 70 后少，90 后比 80 后少，00 后比 90 后少……这么一代一代往下递减，导致新增人口越来越少。虽然现在放开了二胎政策，但出生率并未提高，育龄人口的生育意愿已经明显降低。最后一批有意愿生孩子的群体是 70 后，却已经错过了黄金生育期。

按照目前人口的实际增长情况来看，二胎政策开放以后，新生儿数量基本上每一年都比预期的要低 500 万人左右，远低于预期。人类文明发展的趋势是，随着文明的进化，人类的生育意愿会逐渐降低。越是发达社会、越是高智商的族群，越不愿意生孩子。2015 年，德国出生率全球倒数第一，日本倒数第二，出生率远低于代际更替水平①的国家数在不断增加。这种现象并不奇怪，因为当体力不再是获得维持个体生存所需物资的第一要素时，人类对于自身繁殖与生产的意愿，自然就会降低。当个体生命得到了更多的关注，个人价值有更多的机会实现，人类的衰老、疾病、死亡有了社会化服务之后，养儿（女）防老的需要也一再降低（全球化资源配置的时代，儿女长大了在不在身边都难说，指望孩子昏定晨省、端汤奉药就更是无从谈起了）。例如日本，现在的老龄化比例已经超过 30%，是全世界超老龄化国家，我国到 2030 年前后也会是超老龄化国家。

导致新增人口减少的原因中，还有一条是大量的人有生育障碍，想生

① 更替水平，指足以维持人口世代更新、人数不增不减的生育率水平。人口更替速度取决于人口的生育率和死亡率水平。按当前世界多数国家的分年龄死亡率水平计算，生育率的更替水平在 2.1 ~ 2.4（妇女总和生育率或终身生育率为 2.1 ~ 2.4）。

但是生不了。据说中国育龄夫妇中不孕不育的比例达到1/8，不孕不育人数已超过5000万人，并逐年增加。

日本人也是不爱生孩子的典型。著名的电影导演北野武拍了一个短片来激励和刺激那些孩子也不生，婚也不结，事情也没热情干，每天把自己圈起来的年轻人："你们要有斗志，你们要有欲望，你们不要佛系、神仙系。"有个调研的结果更为夸张，"你想选择手机还是选择一个伴侣过日子？"结果有40%左右的人竟然选择要手机不要伴侣——他们可以过没有性生活和伴侣的日子。人们为自我定义的价值而活，不再为个体的欲望和人类的存续而活，甚至连基本欲望都退化了。

世界很多地区产生了种族忧患，很多国际战略学家在研究这个课题，就是全球的人口结构危机——不同生育意愿和生育率的族群的比例，会随着时间的流逝而发生巨大的变化，并最终改变全球人口结构。比如，至今保持较高生育意愿和生育率的是穆斯林和黑人。穆斯林人口在20世纪50年代占全球人口的8%左右，现在达到了25%左右。非洲的黑人现在是13亿人左右，据说到21世纪末要达到40亿人左右。今后全世界的人口基本上有60%以上是黑人和穆斯林，剩下的人种全部锐减，这种趋势引发了很多人的思考。

总之，大的方向就是越是高度现代化的地区，自我意识越强的地区，生育意愿越低。我国的情况与其他国家略有不同，除了生产力发展的规律在起作用，还有计划生育的影响。计划生育持续时间太长、程度太深（一孩政策），直接导致对独生子女的抚养从功能性到攀比性发生转变（只有一个，什么都要最好的）。今天，任何家庭抚养孩子的成本都极高，整个社会的教育理念与心态已经发生了改变。生育意愿一旦降低，再想重新唤起就难了。看看世界上那些低生育率国家千方百计地鼓励生育，效果却并不乐观。我国要想提升出生率，政策上下点毛毛雨是不够的，要有实实在在的奖励，要有看得见摸得着的优待，尤其对于职场女性的尊重和待遇提升，必须有实实在在的举措。这样或可见效。

（二）老年人空巢化是中华民族千古未有之变局

和平时期老年人空巢化，在中华几千年的历史上从未有过，今天却成为一个极其普遍的现象。人数达到了多少？独居加空巢的老年人达到50%左右，也就是说现在的2.5亿老年人，其中有一半也就是1.25亿左右是独居或者是空巢，这太吓人了！以前我们都讲究三代同堂、四代同堂、五代同堂，一提起老人就是“家有一老如有一宝”，可现在老人只能自己在家里做“老宝贝”，没有人陪着他们。他们承受着巨大的孤独、空虚与不安。这一社会现象应该引起我们的高度关注——无论是作为房地产界的同人，还是这个社会的中坚力量，我们都应该去关心、关切、关怀这些“空巢老人”。

（三）家庭结构失衡，全社会的养老压力空前巨大

目前的家庭结构普遍是“4+2+1”模式，什么意思？夫妻两个要养活双方的父母四个人，加上自己的一个小孩，还有夫妻二人自己，共养活七个人。如果自己的祖父祖母还健在（也就是四世同堂），就还要再加一级，你说夫妻两个的压力大不大？年轻人不堪重负，老人也不能单纯地用古老的孝道来要求现在的年轻人。时代与环境发生了变化，相处模式也必然要随之发生改变。

设想一下，夫妇俩如果在家照顾老人就没有办法出去赚钱，就没有收入供养老人抚养孩子，更别说追求人生理想；他们不照顾老人，又没有办法尽孝道，这种两难情形令他们非常痛苦。想养老，但做不到，所以才会引发社会性、集中性养老供给的话题。这件事情恐怕要通过全社会的专业化分工、全社会资源的重新整合来解决，不再是单纯的孝道可以约束和要求的了。全社会都要对此转变认知。

养老面临的另外一个严重问题，是失智和失能老人，尤其是失能老人，是家庭养老最沉重的负担。失能型老人是指老人失去了独立生活能力，即生活不能自理，需要有人照顾、陪护，而且是 24 小时的精心照顾。我国老人中将近 20% 是失能型老人，对这类人群的赡养除了物质供给，还有专业性要求，这给家属和整个社会造成极大的负担。目前整个社会对他们的护理还处在非专业化、非普遍化的阶段，只能是各个家庭想尽办法去安排，在很大程度上他们的子女背负着巨大的压力和无奈，老人也得不到全天候和专业化的照顾，大家都痛苦。

三、老年群体按身体机能如何分类

老年群体，也是多种多样的，不同的群体有不同的特点。分析他们的身体与心理特征、生活习惯和规律，有助于我们做产业化的规划与设计，也有助于将个人事业与普遍善意做最有机的结合。按照老年人衰老的程度和生理心理特征，可以将老年人分为以下几种类型。

（一）活跃型长者——“我比你们都年轻”

活跃型长者可以“上房揭瓦”“上蹿下跳”，可以做刺激游戏，喜欢冒险与挑战，他们就是“老顽童”，基本上 30 岁能做的事，60 岁以后也全都能做。国外有一个很有趣的老年人麦克马洪，是美国摔角联盟 WWE 的老板，60 多岁了非常有活力，非常自信，经常拿着板凳跟那些强壮的摔跤手互殴。他说，“我 65 岁可以做 30 岁时能做的任何事情”。你可能会说那个摔角是个表演，并不费力，65 岁也可以演。那请 30 岁的你表演一个看看？估计一上场就趴下了。

说到这儿让我想起东西方关于看待“冒险”和“个性”的文化差异。东方人不热衷冒险，更强调避险，自古就有“君子不立危墙之下”，除了为家国的厮杀与冲锋值得赞扬，个人的冒险往往与莽撞相提并论；东方人也不宣扬个性，中庸、内敛，才是君子端方的表现，特立独行并不受人待见。我们要静，年轻人都安静，何况老人？人一旦上了年纪，不仅不要有冒险的行动，连想法都不要有。思想会决定行动，行动会作用于身体，所以我们看到的老年人很多都是说话不利索的、行动慢吞吞的、身材变形的、感官与知觉功能退化的。外国老人却很不一样。任正非先生说他有一次去国外见一位跨国企业的高管，结果受到了极大的冲击——他在楼边等候，看到一位老人从天而降。原来是这位 80 多岁的高管跳伞来赴他的约。是不是很疯狂？还有一个例子，有一则新闻报道，老两口都 80 多岁了还去开飞机，老头驾驶着飞机在天上很安详地去世了。老太太没有驾驶经验，临时上场，一通操作，平安降落。这是何等强大的心理素质！这些都是典型的活跃型长者。

国外的活跃型长者比我们多，为什么？他们在精神上、性格上，偏向于外向，更容易通过运动和交流来保持身体与心理的健康，因为人的精神一旦萎靡了，身体很快就衰老了，而强大的精神可以支撑强健的身体。如果我们家里有这样活跃的老人，那倒是真的如有一宝。

（二）独立型长者——“我自己过得挺好的”

独立型长者基本上是不需要子女操心的老人，他们的口头禅是“不用你们照顾，我自己过得很好”。这一类型的老人虽然上了年纪，但身体健康，生活能够自理，洗衣做饭，打扫清洁，都没有问题。有一些农村的老人还可以从事轻体力的生产活动，比如种菜种花、养猪养鸡，城市中的则会参加一些社会活动。这类老人不像活跃型长者那样“上蹿下跳”，但他们也是高质量的老年群体，子女可以放心。

（三）协助型长者——“帮我拿个夜壶”

协助型长者，一般来说腿脚不方便，视力和各种功能略有减弱，生活中有些事情需要旁人协助，但不用专人陪护。这一类老人基本上不用子女花费大量时间照顾，只要某个时间段或某件事情上协助一下就可以了，比如晚上要解决如厕问题等。但如果有相应的设施设备，操作又非常方便的话，老人可以学习掌握，基本可以做到自理。另外就是吃饭和就医的问题——做饭和看病，是他们不能独立完成的活动，需要外力协助。同时，也因为他们的活动能力受限，活动范围减小，人也容易陷入孤独，在心理上对陪伴的需求会比前两类老人多一些。我们期待人工智能的出现能够为他们提供各种便利，并陪伴老人生活；期待适老设施的全面打造和普及，让行动不方便的老人畅通无阻。

（四）失智型长者——“我见过你吗?”

失智型长者的情形就比较糟糕了，医学上称为“阿尔茨海默病”，俗称老年痴呆①，短期记忆都会缺失，完全不知道自己在哪里，要去哪里。他们常常走丢，需要身上带一个 GPS。他们的所有短时记忆通通忘光，脑子里只留存了一些童年的记忆，记得自己孩子的姓名，记得自己是谁，自己从哪里来，至于后面的事情都会忘掉，连自己的家住在哪里都不记得。最后这一点我的感受尤为深刻。

在一次回家乡的时候我拜访了一位隔代长辈，他年轻时精明能干，是家里的顶梁柱，然而我见到他的时候，他已基本失智，记忆力完全丧失，他看我的眼神就像在看一个陌生人。聊了三分钟，又问你是谁，你从哪里来，然后过一会再重复一遍，就像磁带卡住了，反反复复重地播那一段，一直持续到我离开。你要是经历过这种情景，就会真正感受到什么叫作“老”。——再英明强势的人也逃脱不了自然规律，也会老得一塌糊涂。

（五）失能型长者——“老婴儿”

失能型长者是最令人揪心的一种，吃喝拉撒都需要有人去伺候，基本上无法自理。

---

① 阿尔茨海默病（AD）是一种起病隐匿的进行性发展的神经系统退行性疾病。临床上以记忆障碍、失语、失用、失认、视空间技能损害、执行功能障碍以及人格和行为改变等全面性痴呆表现为特征，病因迄今未明。65 岁以前发病者，称早老性痴呆；65 岁以后发病者称老年性痴呆。

我们都曾被那些美德、真情和亲情打动，自古以来华夏文明强调“孝义”，以孝治国也是历代统治者最常用的治国理念，到今天“孝”依然是我们珍视的美德。但人的力量毕竟是有限的，再坚强的人，面对这样的事情，都会感到巨大的压力。照顾失能老人，需要的不仅是体力，还有经济和时间，尤其是漫长的时间，是压垮子女的最后一根稻草。所以我一直强烈地期盼并建议，从现在起直至未来，社会各界和个人持续不断地努力，打造社会化系统和职业化的方式方法，来解决老人的护理问题。我们不能把一个“孝道”的帽子扣在子女头上，让所有失能型老年人的子女去面对照料老人的身体、心理双重压力，和未能照料老人遭到的社会谴责，无论是前者还是后者，这种种压力都令人不堪重负，也都不应该由个人来承担。

退一步说，就算你有时间有精力照顾，也不一定做得好，因为你没有接受过专业的护理训练，你的方式方法不一定正确。你要知道，“护理”是一份极其专业的工作，它既不同于护士的工作，也不是简单的日常照顾。护士是以疾病的救治和康复为导向，她们基本上是按照医生的分配来做各种配合工作。而护理是以生活完成为导向，更多的是过程——协助或代替对象完成生活行为，并辅助训练对象提升身体机能或某项技能。因此，我希望未来的社会能够走向职业化护理，并给予从事护理工作者最高的待遇和最高的礼遇。

我们有必要重新认知一下未来社会，这与我们每个人息息相关。未来的社会结构是一个超老龄化社会，超老年型国家，“银发经济”遍地开花，为什么？因为老年人“漫山遍野”，整个社会的观念和社会供给生态都要围绕着老龄化的特征展开。以前的时代是青年人、中年人的时代，未来是老龄化的时代。不仅未来的中国是这样，发达国家更是如此。

四、老年群体的最大痛点及核心需求

想从事养老事业也好，想搞养老产业也好，首要的研究应该是老年人的最大痛点与最核心的需求。应该了解让老年人最害怕、最担心、最无奈的事情是什么。不了解这些核心痛点，就不算真正了解老年人，就不能把握老年人的核心需求，又何谈打造适合老年人的产品？

（一）怕孤独

1. 退休老人群体的孤独感

无论是年轻人，还是老年人，孤独都是可怕的事情。有一种心理疾病叫“退休综合征”，得病的一般是退休前在单位里担任领导职务的人，习惯了在职的时候运筹帷幄、前呼后拥，退休之后一下子没人搭理了，没有鲜花、没有掌声，百无聊赖，那种冷冷清清的生活令他感到非常地失落，心理就出了问题。这个“退休综合征”是初级的孤独感，不过，只要不是生活在空巢中，这种失落会渐渐地在含饴弄孙的乐趣中被消解。但是，中国约有1.2亿的独居和空巢老人，他们独自在家，又该是何等的孤独呢？

2. 丧偶老人群体的孤独感

丧偶老人的孤独感在老人中是最强烈的，他们也最需要关怀。丧偶老人在老年群体中比例很高，65岁以上的老人中有38%左右是丧偶的。“少年夫妻老来伴”，老伴的存在是非常重要的。我们看到很多老夫妻，老太太走了以后，老头看似很倔强、很强悍，其实连吃饭的米在哪儿都找不到，很快就离开人世了。有的是老头走了，老太太每天坐在窗子边往外看，整个人基本上没有任何生命力可言，子女在外边又很忙，何谈幸福感。

我们看到过很多感人至深的公益广告片、短视频，都是这类题材，因为容易触动观众的心弦。对于“孤独”的恐惧是扎根在我们的基因里的，是在漫长的进化过程中形成的，蛮荒时代孤独就意味着不能获得食物被饿死或者被野兽吃掉。进入文明社会的几千年里，人类也从未像今天这样孤独过，科技与文明都使得人类第一次可以不需要他人的协助而生存（因为社会化分工与协作），于是独自生活成为“常态”，子女对老年人的赡养在许多时候也不再是面对面——以前是拿钱回家，后来是汇款，现在是微信支付宝转账；以前要经常买米、买油，今天某东某宝下单直接送上门……老年人与子女见面的机会少了，尤其当老伴离去之后，孤独感就被无限放大了。当一个人感觉到整个世界都在远离，自己被边缘化在角落里，那种深深的孤独感，非常煎熬，折磨得人痛不欲生，秉受着巨大痛苦的老人非常地可怜。

3. 老年求偶遇阻碍带来的双重打击

在马斯洛需求理论里讲道，人在解决了生理需求、安全需求之后，就需要社交需求、尊重需求和自我实现需求。人们需要沟通、交流、情感的慰藉，这一点无分年龄与性别。

说到这个话题，我最想给年轻人的建议就是，如果你的父母或配偶的父母，或任何一位家族中的长辈亲人，有一位老人先走了，你一定要鼓励健在的那位再找一个老伴儿，即使暂时找不到，也要劝导他积极走出去，多交朋友，多找人谈心。老伴老伴，老来有伴，你不要让老人独守空房。我之所以郑重地说起这件事，就是因为很多年轻人并不理解、支持这一行为，相反，百般阻挠父亲或母亲再婚。

每个人都会离开这个世界，没有人可以永生，也没有人可以永远年轻。今天的年轻人不应该这样自私、自我，你天天觥筹交错或者风花雪月，你感受不到什么是孤独，但请试想一下，在你老年之时，你身边一个人都没有，会是什么寂寞光景？我建议今后各地应该持续地举办老年相亲活动，不要都是年轻人，全社会都是支持年轻人找对象的，年轻人着什么急？反倒是孤独的老年人最需要伴侣，却不被理解。最糟糕的是，老人不仅得不到子女的支持，社会对此也并不宽容。本来失去老伴已经是一次折磨，好不容易鼓起勇气想要再找一个伴儿，又遭到子女和社会的白眼儿，双重打击下老人还有勇气好好生活吗？

我觉得真的需要掀起一个老年相亲的风潮，并且持续进行关注。人老了，应该解开束缚，真正为自己而活。哪怕风烛残年，也应该如老骥伏枥，珍惜自己的每一天。去找一个暖心的伴儿，做做饭，看看景，走到哪里都是互相搀扶，不是很好吗？

（二）怕疾病

一般年轻人见到医生都少有敬畏之心，吃饭的时候碰到有人递名片说“你好，我是医学博士，在××医院担任院长。”年轻人接过名片，随便放进名片盒里，过一阵儿甚至可能忘了这个人的存在。但假如座席中有老年人，接到这样的名片，他一定惊喜不已，心想“说不定未来哪一天，会是这个人救我的命啊！”年轻人不在乎，是因为年轻人认为自己身体强健，不需要医生。老年人却早已感受到了岁月带来的压力与折磨，所以对医生恭敬有加。

你去过医院吗？看过大小便不能自理的人吗？看过那种在病房、在病痛面前一个人的尊严被瞬间抹杀掉的场景吗？

又如果，你去过养老院，就会看到另一种凄凉的景象。你会看到老人们在那儿发呆，你跟他问话，他一概都说不知道，对一切都毫无热情，处于没有任何反馈的麻木状态。之所以会这样，是因为他们在忍受着心理和生理上的各种病痛。如果没有去过这些地方，你就永远不知道人间的疾苦。

很多人经历得太少，或者思想深度不够，不能够设身处地地去感受他人的痛苦。如果你有这种经历，你就会知道一个人感受过病痛之后，对健康有多么强烈的珍惜。这也让我们感觉到，给予病人心理和生理上的照顾，是多么崇高的一项事业。但我们都知道，当下的医疗体系中还有各种“瓶颈”需要我们去克服，每一项都不容易。

（三）怕死亡

天下有谁不怕死？人人都怕，你要是问我，我也怕。但是最怕死的是老年人，尤其是年长的老人，他们分分秒秒会联想到自己要走，所以最害怕。按说他们已经活了 80 岁、100 岁了，怎么还怕死？他们不是已经活得“够”久了吗？

其实，活得越久越怕死，越没有生命力越怕死。老年人都特别怕死，为什么？这个在心理学上叫“终点焦虑”，——走完这一遭您就要下车了，又不能回头再上车，人生旅程只有一次，所以特别焦虑。

想一想，临近死亡，您要割舍掉没花完的钱，您要割舍掉喜欢的人，您要割舍掉您喜欢的这个世界。如果您是一个收藏家，回头看一下自己几十年收藏的千年百年的宝贝，明天就看不到了；如果您是一个音乐家，您再也不能碰喜欢的钢琴、小提琴，再也听不到动听的旋律了……明天您要走了，有多少复杂的心情，要到那一刻才能真正体验到。人都是死亡之前才知道“死亡”意味着什么，无可逃避，万分痛苦，万念俱灰，而且这条路只有您一个人走，跟别人没关系——这种对于死亡本身的恐惧会产生强烈的心理焦虑，所以有人说，“死亡不可怕，怕的是等死”，这种“等死”的恐惧，会让老人变成惊弓之鸟，一点小事儿就能联想到自己快死了。

为什么老人常常上当受骗？那些推销、传销的一张嘴，一边从情感上拉拢老人（老人本来就孤独，推销往往装出一副关心的模样），一边用“死亡”恐吓老人——“大叔（大妈），您这种情况如果不早预防就不得了，会死掉！”有几个老人能经得住糖衣炮弹加无常的威胁？所以纷纷买买买，买了很多无用无效的东西，就是因为怕死，哪怕买一个安慰也好——其实那真的就是一堆安慰剂。

（四）缺乏死亡的尊严

前面说了死亡，这里为什么要提出一个“死亡的尊严”呢？

从字面来说，“死亡的尊严”既包括死亡时的尊严，即有尊严地死去，也包括死亡之前有尊严地活着，以及选择死亡的权利。最核心的就是临死时的尊严——死亡之前不害怕，死亡之时无痛苦。许多对于死亡的恐惧，实际上就是来自对临终前肉体上的极度痛苦的恐惧。

“有尊严的死亡”，就是帮助人们摆脱死亡之前的恐惧和死亡之时的痛苦。中国缺乏对于死亡的认知和教育，我们的文化都是乐生、恶死，这让我们永远习惯性地回避“死亡”这类话题，好像不说，死亡就不会到来。在老人生前没有好好地规划，没有提前做好安排，当死亡来得猝不及防时，让老人在痛苦与牵挂中匆匆离去，走得很不安心。

“死亡”“尊严”“生命”，让我想到西方哲学三大永恒问题：“我是谁?”“我从哪里来?”“我要到哪里去?”前两个问题，还算比较好回答，第三个问题呢？我们自己知道要往哪里去吗？回答不了。宗教的回答是往天国去，往极乐世界去，你往天堂去，这样会给人的“现世”以极大安慰。宗教存在的作用之一，就是解答关于存在的终极命题的。对于没有虔诚信仰的人，如果抱着美好的愿景，相信自己会去天堂，也可以给他一些安慰。

我不知道你是否去过火葬场，火葬场的流程基本上是在催促声中进行的。“快点，快点，排上队!”“哭丧的，你们不要磨蹭了!”，亲友们都在露天的空地上站着，顶着烈日或者冒着风雪，现场没有秩序，更没有服务，人人都非常狼狈。有时候火化也要排队，在那片空地上就会有几家的亲友挤挤挨挨，放鞭炮的、哭泣的、争吵的，乌烟瘴气。等到火化结束，火葬场的工人又会催促家属快把骨灰领走，因为下一个要开始了……我们想象中把亲人安安静静地送走，几无可能。

像电影中看到的那样——“死亡是最美丽的旅程的起点”，人们给亲人打扮得漂漂亮亮，化上精致的妆容，穿上亲人生前最喜欢、最精美的那一套衣服。一群优雅的绅士、淑女，出席穿着合乎礼节的服装，安静地、礼貌地、温柔地把亲人送走，没有人号啕大哭，没有人摔筷子、摔碗，亲人平静安详地走入另外的世界，被安葬在一个四季如春、如诗如画的墓地里，与白云鲜花、小鸟蝴蝶做伴儿。这个景象很美好，对不对？但事实上绝对不可能，伴随着整个送别过程的只有工作人员一直的催促、驱赶。失去亲人的悲伤还没来得及平复，你又被现场的嘈杂喧嚣搅得心烦意乱，而刚刚高价买的墓地，可能在你本不宽裕的计划中又增添一笔沉重的负担。

“死不起”的话题随着老龄化社会的到来，就一直没有平息过，什么墓地太贵，火葬场排队，鸡飞狗跳，一片狼藉。

我们今天怎么看待生命的终极关怀？终极关怀，其实也包含两个方面的内容：一是去世之前的“临终关怀”；二是去世之后的送别过程。“临终关怀”受益的是要离去的亲人本人，而“送别过程”安慰的是在世的亲人，同时也给了世人一种安慰和寄托。当看到亲人被体面、优雅、温柔地送走，那么活着的人也会安心——“将来，我也会这样被呵护、被好好地送走的。”有了这种自我安慰，死亡变得不再可怕，于是就可以更加勇敢、更加坦然地活下去。

做好“终极关怀”，是不是可以考虑植入到你的产业中去？无论政府还是企业，如果做好这一点，那将是整个社会文明的巨大进步和发展，也将会在极大程度上改变社会的生命观和文明生态。我们的社会太需要这个了，我们的人太需要这个了。读到这一章的企业家们，有没有想过好好把这份事业做下去？

当我看到电影《入敛师》① 的时候，我被深深打动了。我在想，我们的文化中，对于生命的尊重与死亡的敬畏，是不是太少了一点？

五、成功的养老地产项目该如何打造

（一）构建中国特色的养老产业链

如果你是做养老地产、养老事业的，你下了多少功夫来了解老人，了

① 《入殓师》是2008年上映的日本影片，由泷田洋二郎执导，本木雅弘、山崎努主演。影片通过一名入殓师近距离接触生死，引导人们去深入地了解生命的意义。

解养老的真正含义？你又会花多少时间来构建一个系统，一个包含了老人从生理照顾到心理抚慰、从衰老监测到终极关怀全过程的系统？比如，如何让老年人克服孤独？你对他病痛的护理到了什么程度？对他的临终关怀有没有计划？

其实，如果你真正思考过，就会明白，这已然能够构成一个养老生态产业链，从活跃型长者—独立型长者—协助型长者—失智型长者—失能型长者，到临终关怀，一直到“送别仪式”，是一套完整的产业链。

这个产业链若是建立起来，基本上就达到了一个高度成熟的生命尊严和死亡尊严的优质文明阶段。而且，我们还可以做得更好，做到有自己的风格和特色，打造中国特色的养老生态产业链。我们非常期待那一天的到来，让所有的老人不再恐惧、不再孤独、不再那么痛苦。那一天，人们才会真正不再害怕死亡——心理上“不孤独”，身体上“不疼痛”，死亡，才会是另一段美丽旅程的新起点。

我们把目光转向现实，目前做养老地产项目的公司有几家是奔着上述的目标去做的？

现在的养老地产，万科在做、保利在做、绿城在做，还有很多保险公司也在做。这些地产项目我基本都了解过。在养老地产的模式上，一家一个说法，十几种之多，各种措辞，各种花哨。

其实，我认为真正的养老地产模式只有两种。

（二）社区养老模式

社区养老，我们简单地用一句话给它定义，是指“集成养老系统的嵌入或者输入”，它包含下列三个模块或元素。

1. 完善、改造“适老设施”

人老了，哪也不想去，就想在自己熟悉的家里待着，可是家里没有适老设施或者硬件没有办法匹配适老设施。比如，老年人现在不能独立行走，需要坐轮椅，家里面的门宽度够轮椅直接通过吗？不够。老年人需要推着轮椅在家里走一走，错层的、有楼梯的房间能走吗？不能。老年人睡的床边有扶手帮助老人慢慢躺下或起床吗？没有。老年人万一在厕所里摔倒，有一键呼救和报警吗？没有。这一类的设施设备都叫“适老设施”，有老人的家庭需要进行这方面的改造，否则你们家就不符合社区养老标准，就不是养老，这是“牢”养。住房在建造的时候一般都不可能预装这些，所以当有了老人，就需要改造。

2. 植入软性服务系统

硬件改造完，就需要植入软性系统。年轻人，你能在家里24小时端屎端尿尽孝道吗？如果不能24小时待命，老人也不是生病住院，这个家就需要引入一个专业机构输入给你专业的服务人员，由子女支付服务费让他们帮你照顾老人。这些机构负责培训和管理专业的护理人员——他们要精通护理技术，遵守职业道德，并具有良好的职业态度。这样的专业人员替你护理，可能比你亲自照顾老人效果还要好。你下班回家，就好好陪老人说说话，做好精神赡养。专业的事交给专业的人去做，不是皆大欢喜吗？

3. 智能设施的镶嵌植入

老龄化的智能设施、智慧设施能够构成养老的保障系统，并提供便利，带来舒适感。这一类的设施包括监控系统——空间智能监控、脉搏监控、室温监控等；报警系统——摔倒报警、闯入报警、火灾报警、触电报警等；陪伴系统——电脑、电视、智能音箱、智能冰箱，未来还会有AI机器人（可对话、按摩或其他服务）。这类监控、报警和陪伴智能设备，分别与社区医院、物业、安保、消防等各部门相连接，而你自己在办公室就可以随时看到家中老人的情形，并对发生的任何情况作出及时的判断与处理。而当你专心办公，无暇顾及家中情形时，所有的智能设备会替你做好相应的保障与服务工作，你完全不必时刻挂心。通过类似智能模块的植入，将你的家改造成一个适合老人生活的安全舒适的家，这就叫智能模块集成和镶嵌植入。

我相信在这个领域，在不久的将来就会产生巨型公司——一家关于开发设施设备，更善于整合资源的公司。它需要创建系统，融合与集成各种智能智慧设施、人工智能、装修改造工程，以及人才培养和服务标准的制定。这家公司一定会相当厉害，因为不久后这些业务就将是绝对的大买卖——2050 年时的老人，消费观念已经与以前的老人大相径庭了。以前的老人舍不得花钱，既是因为他们经历过贫瘠的年代，形成了节俭的习惯，也是为儿孙攒钱。现在的老年人不一样了，他们年轻的时候已经为子女打好了基础，又或者本身就是丁克家庭，所以舍得花钱。老人会想，“我有钱，我希望你把我家装修得周全一点，把我照顾得周到一点，让我有尊严，让我减少一点孤独感，减少一点病痛”。所以能够做到上述保障与服务的公司，绝对会是一家“巨无霸”。甚至会诞生一批“巨无霸”。

这些都需要有人去做。这个模式基本上就是靠服务和保障来实现盈利的。

（三）养老社区模式

我对“养老社区”的关注比“社区养老”更多。因为养老社区才是房地产商的重头戏。

养老社区怎么定义？用一句话概括，就是专业集成的集中式养老社区形态，意思是整个社区就是为老年人养老而建造的。这与社区养老不同，“社区养老”是把系统植入到个人家，是分散式的，而“养老社区”是为老人量身定制的——整个社区都是老人，集中式养老，专业化服务。房地产商在这里才有所作为。

我们知道，在中国，大量的平台服务型行业基本上被房地产商所占据，养老板块也不例外。到目前为止，中国养老板块的事业有半数以上是由房地产开发公司在操作。为什么会出现这样的情况？原因在于房地产公司盖了养老设施。养老这个板块最大的投入肯定还是不动产，很少有哪个行业的投入额度会超过不动产。当养老社区建起来以后，这些养老地产商率先承担了对养老事业的整合和探索。

所以，我们不能无视这些地产商在这个领域的探索和努力。接下来重点谈一谈养老社区，它应该在哪些维度上做建设，才能形成一个成功的养老生态。

1. 软硬件系统细节上的设计与考虑

（1）通道设计上的考虑

我们做一下设想，如果决策者从一开始就料事于先，量身定制养老设施，那么它们就可以在后续的提供保障与便利方面做到更好。比如说，无论是晴天暴晒还是阴天下雨，老年人走到社区的任何地方，哪怕是室外活动，都可以就近到达藏身之处。即使一整天都下雨，老人也可以四处走动而不被淋到。这就需要分析社区的动线和老年人的活动特点，在社区中建好凉亭、长廊等。又如，坐着轮椅的老年人也需要四处活动，他们要在整个社区里通行无阻，所以所有的通道包括进楼的门廊、出入系统、电梯等，都需要在建设之前就设计好宽度、坡度，保证轮椅的畅通性。电梯、楼梯等设施，还要考虑出入担架的方便；而大门及主通道，还要考虑救护车出行通畅。这是普通的小区不会考虑的。

（2）窗户设计上的考虑

房子窗户的设计也要为老人量身定制，提前做好分析。比如，老年人可能不喜欢落地窗，会产生眩晕，没有安全感。但如果窗户太高又太小，坐在轮椅上看不到外面的风景，又会憋得慌，所以设计之初，窗户的高度就应该按照老年人坐轮椅时的视线高度来设计。通常情况下，普通住宅不会有这么细微的考量，但养老社区就必须有这样细致的、体贴的心思。所以说，做养老社区，需要人文关怀、需要有人性的关切，需要非常用心地去做好点点滴滴的营造，甚至是举轻若重、小题大做。

（3）噪声设计上的考虑

老年人多半怕噪声，那么养老社区的选址最好不能靠近主干道，小区中禁止鸣笛。小区池塘中也不能有青蛙——“稻花香里说丰年，听取蛙声一片”意境很美，可是在深更半夜的小区里蛙声虫鸣一片，你觉得那些睡觉本来就很浅的老人能够安眠吗？何况有的老年人本来就有神经衰弱，轻微的响声就可能让他们睡不着了。绿化可以很漂亮，水系也可以很“江南”，但不能有青蛙。这些事你都需要考虑到。方方面面，事无巨细。照顾老人，就要拿出照顾婴儿般的细致。

（4）植入智能系统的考虑

养老社区植入智能系统，可以让老年人随时随地跟急救中心和其他相应部门挂钩。这需要从开始设计、建造，再到资源整合，打通整个产业链。这一点与居家养老的智能体系比较类似，主要的区别在于模块的搭配和终端的管理。养老社区需要有一流的软性保障、一流的护理人员、快捷的医疗通道，可以快速解决老人急救问题的能力，以及随时随地的各类需求，包括长期的护理。这些都需要精心设计和合理建造。

2. 为老年人营造一个充满活力、轻松愉快的文化氛围

社区硬件有了以后得有文化氛围，老年人需要好心情去消磨时间。所以他们希望在开放、轻松、欢畅的氛围下生活，而不是被约束和说教——现在“说教”型服务太多了，老年人整天跟小孩子似的被养老组织或子女不停地说教，老年人如果年轻的时候就不上进，老了就更不会奋发图强了；又如果老人已经开始忘事，开始痴呆，那么“说教”就更没有意义了。你就让他放松一点，他想找老伴儿你就帮他牵个线搭个桥，或者鼓励他自己去找。他想谈恋爱你就让他谈恋爱，他想不结婚就不用结婚，有什么不可以？他娱乐你就让他娱乐，只要合理、不失礼就可以。不用营造教条式的氛围。

六、养老地产项目该如何设计盈利模式

盈利模式是目前所有养老地产项目的痛点。我没有看到任何一家公司

有优越的盈利模式呈现，基本上是卖房子、租房子的居多，后续内容也乏善可陈，修了一些高级医院摆在那里，巨额成本不知道什么时候能释放。

我们根据上文所说的“义”与“理”，再结合一些养老地产项目案例来做探讨，或许能够触发一二，供当下及未来的养老地产做参考。

（一）目前养老地产项目的常见盈利模式

1. 卖房地产和产权

比如绿城的养老地产项目，就是典型的“养老为轻，地产为大”——可以说就是在卖房地产，并且是连同产权一起卖掉。当然，他们在硬件上的投入，我很赞同也很喜欢。在中国房地产圈里，论住宅的品质，绿城当之无愧在最优秀的阵列中。但是房子盖完以后基本上就是用产权的形式卖掉，谁来买都可以，没有门槛，卖给你以后你怎么住、怎么整，都随自己意。

2. 卖使用权

有一些公司就相对往前走了一步，他们采取的是使用权的销售。比如，万科卖的就是使用权，把房子卖给老人 30 年、40 年，老人如果 30 年、40 年之内离开人世，这个房子就给他的继承人继续使用，直到年限到期再收回。如果到期了老人还健在，那就让他免费一直用下去，直到离世。这至少还叫保留集中产权，只做使用权的销售，它不是赤裸裸地去卖一个房地产的产权。这种形式相当于长租，通常会打个折，后续还要依赖一些运营。这一类算是很好的了。

3. 高消费高附加值的医院

这种模式比较突出的做法，就是建一所国际医院摆在社区，提出精准治病、高级理疗概念，实际上这些服务的消费都很高，不接地气。我们目前真正需要解决的老年人的病痛，还是那些常见的大的病症，主要还是需要通过大型医院来做治疗。社区里面那些高消费高附加值的医院，相对来说很难吸引老人去消费。因为很多服务项目都是表面功夫，中看不中用，一时半会解决不了根本需求。这就是在盈利模式上的单薄和乏力。

（二）可用黑发经济思维来做服务运营

我们前面说了这么多“生命”和“尊严”的话题，说了这么多关于“人”本身的需要，那么，我们可以围绕着“人”来做服务并实现盈利吗？当然可以。

首先养老服务上，老年人需要护理，有供给需求关系，而现在的情况是基本没有形成护理的能力标准和服务体系，护理效果并不好，消费也就没有形成风口。如果通过其他的增值服务和扩张来盈利，就只剩下了一条路，这条路很重要，也是我最想给准备做或正在做养老地产项目的企业和公司建议的路。

1. 老人是流量引擎

你没看错，老人绝对是可能带来流量的。任何一个看起来孤零零的老人，都不是完全孤独存在的个体。一个老年人平均能带来 5 ~ 10 个人的流量，因为他有亲友、同伴还有自己的子女和晚辈，他们会定期或不定期地来看他，这里就是他的家。来看老人的这些人需要有个休息的地方，需要吃喝玩乐，如果你这里的商业做得好，有特色，说不定他的子女、亲友就会增加来看望他的频次，并延长每一次看望的时间——假如到了养老院坐没坐处，吃没吃处，最多说上几句话，放下东西就走了。那么反过来呢？你这里要风景有风景，吃喝玩乐样样不缺，那么亲友、子女可以待得很舒服，你说他们会不会多做停留？他们自己享受了，也增进了与老人的情感交流，何乐而不为？

所以，你要把老人当作一个流量引擎来设计经营模式，来做特色商业地产。实际上这个商业地产项目就是“特色商业消费目的地”。

2. 围绕老人的儿孙辈做配套旅游建设

这是对上一点的精确进化——有目的地去做配套。

如果你去过养老院就知道，实在不忍心在那里多做逗留。标准间，一个屋子一张床或两张床，一张桌子，两把椅子，小小矮矮的窗户（有的养老院防止老人翻窗出走，又或是预防上吊自尽，所以窗户都很小、很矮）。也许有过很多老人在那个房间住过，走的走，来的来。那个养老院的房间，只是一个冰冷的“收容”空间，丝毫没有家的感觉。如果你是子女去看望亲人，你最多在那里“呆”半个小时就想走了，没有办法待下去。那是什么样的环境？暮气沉沉，冷冷冰冰，俨然就是“准坟墓”，子女再亲，也留不住的。

那么，有没有可能建造一座欢乐温暖的“老人城”，让子女们看望老人的时候，不由自主地想在这里多逗留几天，多陪伴老人一下？

这个可能性不仅有，而且不难实现，如果将养老、度假、康养、旅游、亲子做一个集成，就有这个效果，这个板块实际上就是上面说的“特色商业消费目的地”。子女们来看望老人，这里有的吃、有的住、有的玩，顺便再把下一代也带来，三代同堂，好好欢聚，该是多么大的欢喜。这个集成只要实现，老人就会吸引源源不断的流量，而这个流量就能够创造商业消费和商业运营的收入。并且，这一块的运营，完全可以用商业地产的思维、地产化的操作模式去操作，对于广大的地产商来说就是驾轻就熟。

3. 理解养老地产收入板块的关系

养老地产的收入，有短期、中期和长期三个层次，我们来分别分析。

短期收入，基本上是通过卖使用权或者是卖产权——比如绿城就是卖的产权。反正整个都卖给你，之后一切与我无关。这个有点简单粗暴。

中期收入，靠特色商业和不动产的运营产生收入，比如流量的增加带来的收入。

长期的收入，则来自老人的专业护理、长效的服务带来的收入，这属于专业化深耕收入。这个护理产业生态的成长很漫长，需要十年八年的时间去运筹、孵化、培育，要不然成长不起来。现在的状况是没人才、没技术、没标准，一切从头开始。

所以，在这种情况下，你就需要把老人看作一个流量引擎去开发，并围绕这一点作出特色商业，好好去运营商业不动产。不要只是把老人看成一个买房子的对象，这个太浅显。

（三）塑造充满活力的养老社区文化氛围

1. 充满活力的养老文化氛围更贴近老人心理需求

在地产养老界，有两个非常有趣的例子，一个是万科，另一个是绿城。万科是邻里型养老，绿城是学院式养老。这两个地方我都去看过，尤其是绿城，我去过两次，表示惊叹。

绿城的“学院式养老”，基本上是教条、照本宣科，非常强调文化情操，注重“高大上”的形式，但实际上没有真正解决好服务痛点。我不知道是不是宋卫平先生自己特别有文化情操、文化情怀，所以就搞了一个“学院式养老”。我理解的“学院派养老”，就是照着养老教科书去照顾老人，就像“学院派育儿”是照着教科书去养育婴儿一样，所以才有生二胎的调侃“老大照书养，老二照猪养”——它应该具有科学精神、管理与服务符合老年人的生理与心理特点，可事实上这个“养老学院”只是给老人做了许多规定，让老人谨守教条，清心寡欲，既排解不了老人的孤独，也缓解不了他的病痛，还减轻不了他怕死的心理，所为何来？

“学院式养老”基本上是苦修僧的画卷，越搞越孤苦，一群老年人在那默默无闻地耕耘文化，还哪有什么文化情操。文化是什么？艺术是什么？浇灭了心里的火苗，压抑了俗世的欲望，哪来的灵感，哪来的文化？一个个死灰槁木，哪里还有半点烟火气？这不是养老，这是修仙，而且不是乐修，是苦修。老人身体已经衰退，本来就没有什么欲望了，如果连想象力和基本的需求还要压抑，那就太苦闷和委屈了。老年人的痛点本来就是孤独、病痛和怕死，在清心寡欲的环境下，孤独感只会越来越强烈。一个人在那儿吹笛子，一声幽怨的曲调传来，老人一听眼泪都要下来了，你再吹吹，再吹吹，老人扑通跳河里去了。

为什么不营造活力养老的文化？难道充满活力与欢乐就没有文化了吗？你应该搞活力式养老，让老人们开心起来。他们需要感情交流，需要温暖陪伴，需要在观众面前表现两把，也爱在人群中吹吹当年，就让他们去交流，去陪伴，去表现，去吹牛。那个热闹、丰沛、丰满的养老画卷，才是真正有烟火气的、有活力的养老生态。我们要鼓励每一位老人活出自我。

2. 帮老年人营造心理抚慰乐园

老年人看似需要清静，实际上更需要的是热闹。

比如，老人最喜欢的是孩子，人老了，最亲近的是孩子，所谓老小老小，就是越老越小，你要不要在养老社区旁边建一个特色的儿童教育小镇，这样一来“朝夕结合”，孩子们可以到养老社区去看望老人，可以当作他们的“公益”实践，既化解了养老院沉闷的氛围，也为孩子们提供了生命教育的课堂，难道不是两全齐美吗？老人越是“夕阳西下”越喜欢看到孩子，因为孩子焕发的生命活力让他们看到了未来，看到了对生命新的寄托。

让老人们天天生活得热热闹闹的，舒心欢畅，让我们这些子女后辈远隔千里也很放心，这是为人子女最大的心愿。我们得知父母在那里很热闹，那里的文化氛围包容开放、热情洒脱，该是多大的欣慰。我们不要父母去哪里修仙成佛。

3. 多尝试适合老人的新配套系统

尽可能在一个大产业链上去展开配套系统的尝试，例如大健康、大医疗上的尝试。但我建议大家也不要全部盯着“高大上”的系统，而是要让它接地气，让更多的人去参与。其实，那些“高大上”的系统到最后市场非常小。我们真正要解决的还是根本性病痛的问题，以及临终关怀和送别的过程，把这些全部打通。

老人只要进入你的养老平台和通道，就能够得到生命的尊严和死亡的尊严，活着的时候没有孤独感、没有病痛，死亡的时候没有恐惧和痛苦——这些都解决掉了，你就成功了。你将在中国迎来一个无限广阔的大市场。人们以走进你的社区为荣、以被你送走而骄傲，他们的子女甚至提前在你这里预定三十年后的床位——你会有赚不完的钱。

只知道粗暴地卖房子、卖产权，只知道粗暴地卖资源，这条路走不远，养老不是这么简单的事情，有许多人文关怀的层面。

真的想要走下去，任重而道远。

我相信大家都有这个情怀，我这里提供思路和方向，供大家做一下多元的参考。

七、养老业急需跨越的“三座大山”是什么

当前中国的老龄化趋势日益明显，养老需求也逐渐加剧，如何解决“老有所养”的问题亟待破题。当下就有“三座大山”横亘在中国养老地产和养老事业面前，我对此有一些研究，并有自己的建议，期待可以给社会与国家一些启发。

（一）亟须解决养老护理专业人才空缺问题

建议建立老年陪护大学，培养专业人才。

中国目前有失能老人4000多万人，接近5000万人，未来还会呈现爆发式的增长，他们需要护理和照顾。如果5000万的老人，每个人都需要24小时的陪护，那么这需要多少护理员？没有5000万人能搞定吗？未来的失能老人可能会涨到8000万人、1亿人，这么多人谁来照顾？

如果护理人员没有接受过专业训练，你敢让他们护理吗？如果没有很好的职业系统、职业体系，没有经过职业道德的考验，没有职业监管系统的监督，你放心把老人交给他们吗？——或许到那个时候，你也已经老了，也需要护理了，你敢安心地跟他们在一起吗？——如果这帮家伙虐待老人、打老人怎么办？他或许不动手打人，可是语言暴力，你怎么办？这

跟在幼儿园老师打小朋友是一个道理的。老人失能了连话都讲不出来，只能被他们欺负。请问，5000 万名让人放心的专业护理人才在哪里？

国家应该有一所老年陪护大学，校区可以在全国分布，分城市建立起来，国家建立统一的管理与考核标准，工商劳动等部门也要制定相应的企业准入和个人的资质认定——这样既有统一管理，也可以分城市实施，形成一个大的工程。中国有 550 多个地级市，应该在各个地区分布，建设老年陪护大学，来培育一批这个行业的专业人才。大叔也好，大妈也好，年轻人也好，严格考试，严格培训，合格之后给高收入，给好待遇，给尊崇的礼遇——一切都要围绕培训出最好的人员做护理。

中国将来面对的是 4 亿的老年人，绝对需要一支庞大的服务军团来为他们做服务保障，这样子女才能放心，社会才能安生，才能激发全社会的创造力与活力。与此同时，这些护理专业人才掌握多项技能，他们在未来促进的不仅仅是老年人的陪护，而是护理和医疗方面整体水平的提升，包括家政服务水平。

如果一个护理人员将家中的老年人护理得很好，那么照顾整个家庭的健康就是轻而易举的事，这个护理人员就不仅是老人的护理员，他（她）还可能是这个家庭的健康管理员，他（她）可以指导家庭成员学习基本的护理知识、健康知识、营养知识，共同打造一个健康、和谐、欢乐的养老家庭。这是服务文明升华的一个新阶段。我们现在的方式太粗暴、太野蛮了，还是原始等级。比如某个阿姨、某个大妈，只要心地稍微善良一点，态度和蔼一点，就基本全交给她了。这是胡闹！要知道对老年人的照顾不仅要细微，而且需要专业知识。比如老年人病痛的时候翻身，从左还是从右都是不一样的。如果她不够专业又没那么细心、不讲职业道德、缺乏职业技能，怎么办？

所以第一个缺口就是人才。我建议建立老年陪护大学，培养专业人才，尤其是那些有爱心的大叔、大妈、待业的人，把这个作为事业，会大有可为。当然，这一行的精英肯定出现在年轻人身上，只要让他们感觉到有地位、受尊重，有待遇，就会有优质的年轻人加入。

（二）亟须实现养老保险全国跨区域统筹问题

建议打破中央和地方之间在养老金、养老保障上的权限，实现全国跨区域统筹报销。

针对养老就医的保险，我国目前还是有地区界限的，给异地养老的人就医带来很大的不便。我们希望它能够快速地实现全国跨区域化统筹报销，或者叫无区域性统筹。比如，一个北方的老人到南方养老，生病以后，如果在南方城市报销就会非常麻烦，甚至大量的医院不能直接用医保卡就医。如果全面统筹了，老人就可以在全国任何一座城市看病，不需要折腾。否则，老人在南方住得挺好，一旦生病或发生什么小意外，就得回北方治疗，说不定很多人经不起这个折腾，小病折腾成了大病，这得多遗憾。

而对于热爱旅游，希望实现“候鸟式”、全国循环养老的人来说，医疗困住了他们的身体，也困住了他们的心灵，这也是个遗憾。

这个问题讨论了许多年，到现在还是没有实现完全无障碍。我们需要快速统筹，打破中央和地方之间在养老金、养老保障上的权限壁垒。这个需要迈出一大步。我们满怀期待。

（三）亟须解决民营养老的法律权责问题

建议建立养老行业规范的、有人文关怀的法律法规。

这一点主要针对养老生态上的两个板块。一个是针对民营养老院的责权利，应该尽快出台相应的法规政策，做好全面的行业规范，以指导这个行业的健康发展。我走访了一些民营的养老院，那里挂条幅的情况很多，老人和家属说院方不负责任，院方说他们是碰瓷的——产生了各种纠纷，非常棘手。这方面不规范，不形成明确的法律制度，就很难形成行业健康生长的生态。只有制定了规则，社会达成了共识，那么服务方按章办事，就可以放开手脚去经营和发展。至于需要更严谨一点，更多地体现人文关怀，则是企业文化建设和形成核心竞争力的事。想要发展得好，自然要再苦练内功。

我们都知道这个产业短时间无法盈利，需要金融扶持和长期的资源支持。社会养老生态的成长也很慢，那么，需要政府及行业在金融和政策上作出大幅的促进。

解决“三座大山”是个大工程，任重而道远。如果这三座大山都解决掉，人才有了，整个保险和医疗无区域限制，整个法制规则的健全以及在金融和政策上有大幅的支持，我相信一定会有一些公司，为了商业利益和事业理想，而快速投身到养老事业的开发中去，这样会很快建立起属于我们中国自己的养老系统、养老模式和养老风格。那时候我们就能实现老年人老有所依、老有所养、老有所乐。儿女也不用担心不能亲自去照顾，也不用担心老人得不到很好的照顾，他们可以安心地抽出更多的时间来更好地工作、学习、创业，也会有更多的时间来跟老人团聚。所以，养老产业，不仅是解决家庭问题，更是解决社会问题，解决国家的大事。

当然，这个也是重大挑战，整个社会现在也为这个而烦恼。

还是那句话，任重而道远。

最后，我想给老年人和年轻人提点建议。作为晚辈，我希望老人们要放开心态，开心地活着，活出自我，不要把注意力和心思都放在子女身上。你要有“自己”，不要有文化的禁锢和习俗的束缚，不要有思想包袱，让自己的老年生活过得更开心、更自我、更有活力。针对子女，我的建议就是让你的父母去追求自己的快乐，解放思想，不要有任何的不快或不满。父母养育了你，他们有权追求自己的幸福生活，他们不是你的私有财产，也不是你的雇用工人。不以爱的名义去绑架另外一个人，这才是真爱。

希望全社会都来重视老年人的孤独、病痛和对死亡的恐惧心理，并围绕这些问题给予关怀、关爱。也祝愿我们的长者能在中国感受和享受到前所未有的生命的尊严和老年的快乐，希望他们在离开人世之前能感觉到生命的温暖，对自己可以体面地离开持有毫不怀疑的信心，也愿老人怀着去天堂的期待而安然离去。那是一件美好的事情，是一个新的开始，而不是意味着结束。

/ 第三章 /

旅游业——摘掉“旅游”标签，才是最好的旅游

为什么说游客被“宰割”是命中注定的？

为什么说旅游业的创新科技都是小儿科？

为什么说绝大多数新兴的旅游业项目只爱玩概念，不善挖本质？

今天我们来聊一聊商业地产中争议最多的一个领域——旅游产业。

提到旅游业，似乎人人都有话说，说得最多的还是游客，毕竟在旅游相关的角色中，只有游客是被动的，是消费者。当你作为一个游客时，有没有碰到过被导游强制性消费或被“仙人跳”① 的经历？如果有，那不奇怪，因为那是商家的本能；如果没有，你要感谢你的旅游目的地有良好的管理，他们用现代的服务文明和法制规范限制了人的本能，给你带来了良好的旅游体验。

---

① “仙人跳”是指一种利用猎艳心理给人设计圈套，骗人钱财的行为。此语出自凌濛初《二刻拍案惊奇》卷十四。诗云：“睹色相悦人之情，个中原有真缘分。只因无假不成真，就里藏机不可问。”大意就是说世间的男欢女爱原是人之常情，但有些奸诈之徒故意借此设计成圈套，诈骗大笔金额，谓之“扎火囤”。到了清代，才正式有“仙人跳”这个名词诞生。

一、旅游从业者与游客是什么样的角色关系与心理关系

（一）旅游从业者与游客的角色关系

按照人性本来的规律而言，每一个人都活在自己角色的囚笼之中，每一个人都是自己角色的囚徒。

1. 客观规律造成的“屠夫”与待宰“羔羊”的角色关系

说到角色关系，先讲一个实验。美国斯坦福大学有一个斯坦福监狱实验，号称“死亡实验”。这个实验随机抽取一些同学，分成两组，一组扮演狱警，另一组扮演囚犯，然后把他们放在一个模拟监狱里，让他们“自生自灭”——各自适应环境，主动或被动产生人际关系和人身关系的互动变化。

后来由于事情的发展严重失控，出现了令人难以接受的恶劣情形。扮演囚犯角色的同学和扮演狱警角色的同学一开始和平相处，但很快就产生了对立关系，以致发生了暴力冲突。狱警组的同学产生了特权心理，表现强势，囚犯组的同学也不自觉地产生了囚徒心理，大部分对狱警的强权表现出反抗，少部分害怕冲突和迫害而表现出顺从和沉默。在对抗的过程中，冲突不断升级，狱警与囚犯的角色心理在两组人中不断得到强化。最终狱警组的人因为权力欲望的膨胀，开始虐囚、施暴，最后变成了杀戮的狂欢。实验被迫停止。

这个案例告诉我们，每个社会群落之间都有既定角色，每个角色都像一个囚笼一样将这个人锁定，而这个人则被“困”在既定角色之中不能自拔。游客和旅游服务的商家就是如此。

2. 从“双规”到“三规”，临阵坐地起价

“双规”就是规定时间、规定地点，等于把一个人的“物理属性”给控制了。“三规”则是在“双规”的基础上再加上一个心理控制。当游客被限定在了一个离家千里的陌生空间里时，这叫规定地点；而自到达的时

间到约定的时间止，游客与商家表面上是协商的平等关系，但实际上时间由商家单方面决定，这叫规定时间；面对态度恶劣的服务甚至语言暴力，游客处于弱势，委曲求全，这叫心理控制。

旅游者旅游，是为了寻开心，寻找新奇特的体验，否则也不会千里迢迢地从家里来到一个陌生的地方游玩，他们会本能地期待旅途中的美景、美食与美好的服务。然而有些商家却仗着是在自己的地盘，隔壁邻里也都是自己人，认为这是他的王国，由他做主！主观上这类商家认为来游玩的游客都应该“入乡随俗”，在他们的“势力”范围内，游客必须无条件地接受他们强行推送的旅游产品；如若不然，他们就会采取相对粗暴的手段强行销售。

“雪乡宰客”就是一个比较典型的例子。2017 年冬，一位游客提前在网上为家人订了雪乡某民宿的一间三人火炕房，并支付了两晚的房费。谁知到达该民宿后，商家告知只有第一天可以住预订好的房型，第二天要睡很多人挤在一起的大通铺，并表示当晚没有让他们补差价就不错了。若不同意，商家可以退款把人赶出去。在这个时候，冰天雪地加上昏天黑地，人生地不熟，你叫人家到哪里去找住处？即使网上搜到了，天寒地冻，没有交通工具，怎么去？游客别无选择，碰到这种情况你能怎么办？即便心中感到委屈不公，多数人也会忍下来。

宰客，坐地起价，这种情况在很多行业都存在，只是在旅游圈中表现得更为突出，尤其是“关门宰客”，不仅利用时间和空间的约束，而且从心理上控制游客，从“双规”到“三规”，是商家与游客的博弈游戏，社会心理学已经揭示了这个规律。

3. 社会关系锁定角色面貌

2019 年西安奔驰 4S 店事件，也让人们感叹“游戏规则”带来的无奈。一位女士在奔驰店买了辆车，还没有开多远就漏油了，她要求 4S 店给她退换，结果 4S 店根本不予理睬。女士一开始彬彬有礼，她期待的是正常秩序下的公平规则，谁知4S店蛮横无理，完全不讲服务文明，不按市场规则出牌。女士无奈之下，坐到车盖上与商家理论，把这一事件闹得人尽皆知，赢得舆论上的关注来维护自己的权益，一位淑女被逼成泼妇，颇令人无语——一边是温文尔雅的绅士淑女，一边是据理力争的悍妇，这之间神秘的触媒就是“规则”，被“规则”控制的是角色。

在这个对立角色关系中，你会觉得4S店毫无人性，简直罪大恶极。其实这个现象只是揭示了“角色锁定”在社会关系中的作用，确切地说是“角色锁定”导致了上述情形。试想有一天，在旅游景区宰杀游客的商家变成了游客，他也一样会被宰。角色转换，规则不变，这就叫作屁股决定脑袋。

4. 可通过社会管理规避人性弱点

社会管理的存在，就是为了规避这种由“角色”属性带来的牢笼和对人性的异化。社会管理通过三个维度，一是法规，二是利益——持续性的盈利和利润预期，三是良好的社会关系——借助信任关系产生的更长远的利益关系，来实现诱导和强制性干预，从而改变这种人性心理的恶性循环问题。简言之，通过有效的社会管理来规避人性弱点。

（二）旅游从业者与游客的心理关系

1. 旅游生态中存在三层鄙视链

外出旅游的时候常常会遇到各种歧视现象。“顾客就是上帝”只是一句说给顾客听的谎言。顾客（游客）是在所有的消费者中遭遇最多歧视与不公对待的一类。在旅游生态中有几种鄙视，我们把它称为“鄙视群”。

（1）地域鄙视。

在地域鄙视里有一句潜台词——外来者就是入侵者，本地人认为外来者占用了他们的资源，扰乱了他们的秩序，所以产生了地域鄙视心理。

有一句话说得特别有趣，当上海人在上海的时候是特别容易令人不快的人，但当上海人离开上海以后，就是最可爱的人。这显示出了群体与个体和地域的微妙关系。很多人都会吐槽上海人排外，当你置身于上海的时候，这种感觉尤为明显，连张爱玲都说上海人排斥外地人。举个例子来说，如果你坐公交车的时候是面朝窗户侧身站立，上海人会觉得你是有素质的人；如果你朝向车头正面站立，这个时候上海人很可能会叫你一声“小赤佬”——因为你的肩膀占了过道。“小赤佬”在沪语中就是骂人的话，叫人“小赤佬”就是一种歧视行为。

记得前年有个东北女孩游丽江，因为几句家乡话给自己招来了无妄之灾。这个姑娘讲了几句东北话，可能某些当地人对东北文化或东北人形成了偏见，不由分说，把东北女孩暴打一通，致使女孩毁容。这件事最后被全网热搜，女孩的男友跟她分手了，她的生活几乎都被毁掉了。

为什么那么多人来深圳，因为深圳没有地域歧视，深圳有一句 Slogan：“每一个人都是深圳人。”只要你来了，你就是深圳人。没有原住民与外来者的区别，没有地域对待上的差别。

消除地域鄙视，单一的法规或行政手段都是没有用的，只有通过管理、教育引导和利益诱导，才可见效。管理指建立服务文明体系，而且尽可能量化和可操作化。教育引导指整体教育理念的建设，使人们打开眼界、学会换位思考，从而明白外地人来旅游，可以为城市经济发展做贡献。利益诱导，举个例子，韩国布置“萨德”，中国人都不去旅游，韩国的景点和店铺几乎空无一人，在中国境内的“乐天”也一家家关张；又如香港人鄙视内地人，这几年内地游客赴港人数骤降，香港经济急剧滑坡，就是这个道理。

（2）消费鄙视。

消费鄙视也可以称为钱包鄙视。作为一个店家，永远都不会满足顾客在他店里的消费额度。你花多少钱店家都觉得你小气，你花了 100 万元，店家还想让你花 200 万元。所有的宰客行为，都是店家对游客毫无怜悯之心的表现。比如，青岛大虾挂在水牌上是 38 元一盘，吃完结账却变成 38

元一只。再如你去一个场景中消费，因为顾忌店家的消费鄙视心态而左右为难，因为选太贵的东西觉得不值得，选太便宜的又觉得太低端。

这种鄙视行为深入人心，导致很多国人都有这种弊病。很多人去餐馆点菜，一点就是一满桌，只是顾忌服务员和餐厅对你的消费鄙视，担心他们觉得你点得太少而面露不悦或言语不恭，于是一定要硬着头皮搞个七荤八素六菜一汤，明知吃不完。

商家在经营上能否有持续的良好收入，与消费者之间建立的持续性关系不是定向关系。在这种基础上，商家对异地来的游客的消费期望值就特别高。他们认为游客都是大户，同时该目的地对于游客来说也非常规活动范围，游客一定会疯狂消费，那么这种销售就是所谓的“一锤子买卖”，商家期望过高，也无同情之心，恨不得把每个游客“宰秃”，把口袋掏空才好。如果游客从口袋掏出的钱很少，商家马上就会表现出不屑。这种现象充满了歧视色彩。

商家想要良好的持续性收入，应该避免“在一只羊身上薅羊毛”的心态，就好比小品中的“薅社会主义羊毛”，你总是抓着一只“羊”薅，你当人家傻呀，等着被你薅秃。商家应该转变思维，打造一种固定的平台，在赢得所有消费者信任和喜欢的情况下，产生一个大循环长期经营，创造良好的旅游生态。变“宰客”的偶然行为与点状事件到平台引流与客流带来的持续收益的线性事件，相当于打造一个长线品牌。你想想，当你的店成为游客必到的打卡之地时，当所有的游客提到某地就会少不了到你的店时，你还怕生意不好吗?

（3）行为鄙视。

说到行为鄙视，客观来说，并非都是来自外界“抹黑”，有时候也是自己不够检点，招来别人鄙夷的目光。比如，一些中国大妈在游轮上吃自助餐的时候，一股脑儿地扑到海鲜取餐区装大虾，一盘接着一盘地“铲”，吃得满目狼藉，如果都吃了，就算吃相难看，也还好说，问题是装了一盘又一盘，又剩下一盘又一盘，这种肆意的浪费与粗野的行为，很难不被人鄙视。还有中国游客被吐槽在外面大声喧哗、乱扔垃圾、不排队等，这些不守规则的行为与礼仪之邦之名相去甚远。还有一种行为，却把事情变得复杂。据说有中国游客在日本等飞机的时候，因为飞机晚点——正常晚点，就有游客组织大家一起唱国歌表示抗议，同时昭示自身的“强大”，好像在说，伟大的祖国是我们的后盾，对航班晚点表示非常不满，我们现在要维权。换位思考一下，日本游客在中国遇到飞机晚点，他们一起在机场唱日本国歌。中国人会怎么看？常规的商业与服务，就按常规的商业与服务规则来。真被欺负了，祖国妈妈不会不管的。

一些香港人对于内地游客最大的不满，主要来自水客在抢货时表现出的狼狈相和舍不得消费的“小气相”。很多水客带货，抢“摊”时英勇非凡，省钱时“因陋就简”，两面都做到极致，那场面实在不是很好看。比如水客为了省钱，不去买人家当地的小吃，直接泡一桶方便面坐在地上吃，吃完面桶随地扔。这种行为一旦被放在媒体上，稍微推波助澜，就会在各国形成一种整体性认知，认为中国人普遍如此。这样就变成了一种行为歧视。

其实也不要光吐槽国人，全世界的游客都有同样的问题，中国的长城上也被刻了很多文字，如露西、杰克之类。人类很多行为是有共性的，这种行为一旦形成群体性和重复性，就会给外界产生刻板印象，就产生行为歧视了。

外出旅游，无论国内国际，都不仅是简单的浮光掠影、走马观花，还有一种人文体验。出发前稍微做点功课，对当地的人文历史和风光特点有一点研究，做个小攻略，都会大大提升旅游的价值。同时，了解一些国家与城市的禁忌，知道一些文化的常识，也会避免许多不快和误会的产生。比如，你去一些城市旅游，有些地方手势是不可以乱比的，有些行为不仅会被鄙视，还有可能是危险的，尤其是宗教性质的手势和肢体动作。所以，旅游前做一点准备工作，旅游中入乡随俗，才是避免行为歧视的有效手段。

2. 游客的悲哀

许多旅游的供给生态就是给游客贴标签，贴上“游客”标签的你，就进入到“三规”的作用场——规定时间、规定地点、规定状态。当你被定义为“游客”，就已经成为待宰的“羔羊”，而商家则相应地化身为一个刽子手，为你编织好一切“套路”。这个过程是一个“宿命”的达成，游客基本很难逃脱。这种被贴“游客”标签的乏味旅游，是最糟糕的体验。

难道旅游界都是这样吗？

二、旅游业有哪些科技创新方向的新花活

旅游业一向欢迎创新，甚至标榜自己走在创新的前沿，如果没有新花样，怎么吸引游客呢？我们梳理了近年来各地采用的一些创新手段，发现不过是一些天真浅薄的新玩法。

（一）技术创新：在旅游上应用全息投影

福建土楼梦幻剧场是全球首个采用全息投影技术的旅游演艺剧场，它以现场电影的概念，添加了夜间全息投影技术，游客可以在现场进入虚拟世界“直接”感受电影，较之传统电影有着迥异的真实感和切身感。究其实质，这个就是以前大剧院里剧场秀的衍生品，传统的剧场秀是由真实的演员演一段故事，现在通过全息技术将其形式做了技术性转化，对繁荣夜间经济有一定的促进作用。不过，这种猎奇的东西虽然有新鲜感，但是很难吸引观众去反复观摩。

（二）角度创新：AI 旅游与 AR 旅游

AI 旅游，也称人工智能导游、智慧旅游，只需一部手机，所有城市、

景区的吃、住、行、游、购、娱信息全有，甚至包括厕所的具体信息。目前百度、高德都在做这方面的探索，的确给广大游客带来了方便。

AR智能旅游，是指旅游的个人体验方面的创意。你在某个特定的环境中，戴上特定的眼镜，透过屏幕和画面可以俯视整个景区，可以在屏幕上从武当山飞到五台山。这个项目听起来很创新，但是对于有行动力的游客来说意义不大，这和在家戴着VR眼镜透过屏幕以上帝视角俯视世界有什么不同呢？当然，现在的AR内容还不够充分，在家可能买不到每个景区的作品。但是有什么意义呢？除极少数像美国大峡谷这种特殊的地形地貌，在AR体验中有着惊心动魄的感受以外，绝大多数的景致并不能透过AR旅游的俯视视角去领略其美好境界，就好比你在飞机上从高空俯视，就算知道地面上有个美女长得极其漂亮，你也只能看到她的脑瓜顶，意义不大！

对于老年人和行动不便的特殊人群，这种“坐地日行八万里”的时空穿越感和“窗含西岭千秋雪”的画面美景，还是有着重要意义的，身不能至，心向往之，这种方式满足了他们对于旅游的需求。毕竟不是所有人都可以随时来一场说走就走的旅行。不过，即便有这样的市场，也不是仅仅一个360度的俯视图就可以满足的，也需要庞大的数据支持与技术上的不断创新。

（三）形式创新：1人带10万人，线上直播共享旅游

共享旅游跟直播旅游的区别在于，开直播的是导游，而不是普通的游客。导游在线上开一个直播，电脑面前的10万人跟导游一起旅游，说白了就是你坐在家里，看人家玩，假装自己也在玩。这个跟看吃播有点神似，不同点在于看人家胡吃海塞你可能会有食欲，也可以在屏幕前跟着吃，但这个旅游嘛，你看着人家蹦高爬低游山玩水，你能跟着玩吗？有的公司在发布会上大肆推广此类项目，说旅游业的未来就是足不出户游天下。在这个电脑“建造”出来的3D空间中，只需要在屏幕面前坐着，听导游讲着，不出门也知道世界各地的景观，饱览大好河山。可谓“名副其实”的“卧游”了。

旅游是什么，是体验，没有什么东西能够真正取代体验。如果你没有去过沙漠，对你而言沙漠只是成片的沙子，根本无法感受诗人笔下的“大漠孤烟直”；没有亲眼看到过壶口的黄河，也就无从知道什么是“黄河之水天上来”；没有站在大瀑布前，你对“飞流直下三千尺”的理解只是停留在一种夸张的修辞手法这种程度。

不身临其境，就感受不到什么叫凄美，什么叫苍凉，什么叫辽阔，什么叫辉煌。

旅游本质上是体验，而体验需要成本——时间和金钱，随着体验的升级还有智力成本。凡是以取代体验而试图达成某种满足的技术都可以归类为屌丝的“意淫品”。就像拿水泥做几根竹子刷上绿漆叉叉丫丫地斜靠在墙边上，假装是潇湘馆的曲径通幽，仿佛就看到了林妹妹的风流婀娜——这种“旅游”得到的是信息不是体验。

上述这些创新对于旅游而言，都属于小儿科，总之是小技术，旅游界的调味品。作为游客，偶尔当个小消遣，满足一下好奇心可以，要旅游还是攒点时间、攒点钱到现场去玩去看吧。作为旅游经营者，少玩一些套路，否则被限制不能自拔，也就走不远了。

三、旅游业相关者有哪些限制与困局

（一）格局太小，不能做取舍

很多旅游经营者割舍不了眼前的小利益，一直靠老天爷恩赐景观吃饭，过于依赖门票经济，习惯了饭来张口也就失去了觅食的能力和欲望，发现守株可以待兔就干脆放弃了开垦土地，总之，旅游经营者没想过去主动拓展新的服务供给，结果就是商家想要转型却找不到方向。

云南丽江就是一个比较典型的案例。丽江是闻名遐迩的旅游胜地，每天都有五六万人在城中漫步消遣，经营者发现有利可图，于是从上午就开始收门票——就图那二三十块钱的门票，导致整个丽江古城上午一个人影都见不到，店铺商户的经营受到严重影响。在门票这一问题上，店主们与管委会僵持不下，店铺商户认为应该放开门票，免费让更多的游客进来，以消费带动经济发展，但景区管理者认为门票收益不能割舍。其实景区经营者如果放开门票，借用庞大的客流量带动餐饮住宿、娱乐消费的发展，绝对是舍小做大，一本万利。可惜，经营者即便认可流量经济，还是割舍不掉门票经济，也许他们信奉的只有那句“两鸟在林，不如一鸟在手”。

黄果树大瀑布，门票 200 元，除了瀑布尚有看头，娱乐、住宿、消费体验皆乏善可陈。游客最多来看一次，知道是那么回事，以后也就不会再来了。游客到一个地方，吃、住、行、游、购、娱，每个方面都不可偏废，可以有一个或两个元素突出，其他方面配套，逐步跟上，以点带面，最终全面推进，但绝对不能只有景观一个点。观景也许是旅游的核心元素，却绝对不是旅游经济的全部。

以流量取胜的例子也不少，杭州西湖是最典型的一个。2002 年，西湖免费开放门票，在中国的 5A 级景区中是第一个。从那以后，西湖景区的收入每三年翻一倍，到现在已经翻了四倍之多。免费开放门票这一决策，引入了巨大的客流量，同步孵化起来的还有餐饮、住宿、娱乐和消费，各个产业与各种门类的生意风生水起，整个景区成为中国 5A 级景区中最热门的一处。有的经营者说杭州西湖景区在市区，地理条件好才把经济带动起来。其实就算在郊外，经营思路对了，也可以一样红火热闹。如果在郊外可以打造一个城外之城，游客说不定会更喜欢。游西湖，游客在市中心住三天可能很困难，但如果西湖在郊外，就可以把居住这一功能包含进来，满足游客住在“仙境”的需要，愿意住多久都可以——住在仙境里，吃是游，玩是游，睡觉也是游，何乐而不为？另外，景区位于市中心，方便的只是本地居民，对于外地游客来说，景区是否位于市中心，差别没有那么大。

（二）经营者短期逐利，经营方式野蛮

有些商户常常会追求全面而“正确”的理念，一开口就是大健康、大旅游、大生态、大消费，却忽略了旅游最核心的课题——景区该怎样才能留住游客。

如果连游客基本的需求都不能满足，不能让他们有更好的体验，怎么可能吸引源源不断的游客并发展出更好的旅游业态？商户应该首先注重提升游客的体验感，让每一个游客都能感受到这个景区的美好，比如风景、景观与环境基本符合他想象的样子，服务体现了较好的文明程度，条件与设施可以满足基本需要，人待在这里感觉到舒适与被尊重，自然就会产生归宿感与向心力——当人们想要有一个美好的环境去放松的时候，下意识地就会想到这里，这样就会产生良性循环。反之，旅游从业者无视游客的需求，只把游客当“肥羊”，就会产生恶性循环，旅游经营者终将自食其果。

旅游产业经营者野蛮、无礼不说，还开黑店、搞“仙人跳”，种种宰客现象层出不穷，难道他们生来就是恶人吗？不是的，他们只是处在了“生物链”的一个节点上，导致“良性”态度无法生存，“恶性”态度可以持续的生态与局面。

这个根源在于供给侧不足。我们以餐饮为例做一个说明。比如，景区在规划时对服务的前瞻性不足，或者不够重视，没有配备足够的餐饮业，只开放了几十家商户，而且这几十家能够进驻的商户基本都是通过非市场渠道进来的关系户，他们往往并不是这个行当里最优秀的经营者。商家或因不懂经营，或因没有拳头产品，总之没有持续性的收入，于是面对偶尔才来景区玩一次、不会长期驻扎的游客，他们当然会认为这是千载难逢的赚钱机会，于是使出浑身解数宰客，毕竟错过了这只羊还不知道下次能不能吃到鸡。行业的游戏规则不够开放，导致商家通过正常运营赚不到钱，

游客就变成了商家眼中的唯一财源，磨刀霍霍向“羔羊”。

行政管理体系的不健全与不作为，对宰客现象起到了推波助澜的作用。云南香格里拉的旅游管理部门就树了这么一个负面典型。有一位女性游客在香格里拉被“仙人跳”后向旅游局投诉，不料旅游局的执法人员不问青红皂白，上来就是一顿辱骂：“像你这样的滚蛋！永远不要来香格里拉。”何其凶横，何其无知。当地执法机构的不作为与助纣为虐，助长了商家野蛮的风气。有这样的行政管理机构做保护伞，商家们不把外来游客看成一只只待宰羔羊才怪！

（三）有些国人不会玩，出门来去匆匆

有些国人旅游特点，最明显的有两“紧”：一是节奏紧；二是钱包紧。

我们先说说节奏紧。不管在哪里看到一些中国游客，都是一副急吼吼的模样。每到一个景点，大叔大妈，男男女女，叽叽喳喳，成群结队、赶班赶点、争先恐后，像背后有无形的狮子驱赶的羊群——那种紧张感实在不像在旅游，倒像在赶集，又或者是逃难——下车像赶集，上车像逃难。这种节奏上的紧张感，根源在于国人“怕吃亏”的心理在起作用：下车晚了，好东西没了，吃亏；上车晚了，好座位没了，吃亏。这个“怕吃亏”，把国人逼得太紧了。

再说说钱包紧。一些国人出国旅游背着方便面、咸菜，可以买各种假冒伪劣旅游纪念品，却不愿意去吃人家货真价实的热乎饭。背着名牌相机，穿得五彩缤纷，然后，一人一桶方便面……有时候该花的钱还是要花的，钱包捂得不是时候，也会降低我们的幸福感与获得感。

想想大唐，长安水边多丽人；想想魏晋，曲水流觞；想想两宋，绿肥红瘦，咱们古人是多么会闲适地玩乐啊。咱们是什么时候开始不会玩了呢？我们不仅忘了日常生活怎么有趣地“活”，还不知道旅游应该怎么“游”。旅游本来应该是去享受的，我们却每每是去完成“旅游”这项任务。

除了意识方面的问题，还有素质方面的问题。通过种种的碰壁和反馈，我们可以看到许多素质上的问题，道德素质、文化素养，等等。有学者提出了“旅商”这个词，来指称一个人在旅游过程中表现出来的综合素质和获得满足的程度，我觉得很有意思。在文旅结合的今天，是时候把提高国民的“旅商”当作一个课题了。

围绕着旅游产业的各个群体与端口——从产业的经营者到商户，再到旅游群体，都有自己的成长空间，也存在发展的机遇和制约的“瓶颈”。利用机遇，克服“瓶颈”，不断触及和扩大发展空间，就是我们今后奋斗的目标。

四、如何更简单地定义旅游

我们聊了旅游业的种种问题、种种现象，接下来谈谈“旅游”到底是什么。

（一）旅游是体验，不要给游客贴“游客”标签

游客，顾名思义，一个去旅游的客人。游是体验——游玩，客是身份——外来者，游客只是单纯地到新的城市或乡村去体验风土人情，“顺便”给当地带来经济收益，推动当地旅游业发展。商户不要给游客贴上“游客”标签，不要再围绕着“游客”标签（待宰肥羊标签）去做“双规”“三规”性的歧视性供给。我们应该消灭给游客贴上标签的旅游。

作为游客来讲，最大的悲哀就是去到一个陌生（新奇或新鲜）的地方，满怀着对当地风土人情的憧憬，结果还没感受到这个地方的魅力，就被商户给设计了——那些设计全是给外地人设计的。举个例子，你到了杭州问“楼外楼”好吃吗？当然好吃——“山外青山楼外楼，西湖歌舞几时休？暖风熏得游人醉，直把杭州作汴州。”到“楼外楼”吃一顿，是许多游客向往的体验内容之一，毕竟周总理也在那里招待过贵宾嘛。其实杭州本地人很少去“楼外楼”，那里的装饰设计与菜式都是给游客准备的，当

地人都去“山间老馆”吃杭州真正的地道风味。

整个旅游产业链所有的恶，都来自管理者和商户对于产业运营的忽视，而把游客的（一次性）消费当作唯一财源。而恶感的根源，就来自商户对游客做的单方面规定——他们给游客规定了时间，规定了地点，规定了游客的角色，这些规定在自己和游客之间架设了唯一的、狭窄的单通道，游客不得不按照规定的路线“行走”——于是产生了种种不愉快、隔膜与矛盾。

（二）准确把握旅游供给的核心价值

下面我们来透析一下旅游产业中“旅游供给”的核心价值到底是什么。概括起来，就是以下三项。

1. 好看

好看，不仅是视觉上的冲击力，而且包括资源的稀缺性带来的心理感受，比如自然奇观、历史人文的景观，或者某位名人曾经停留、居住过的地方等，这些都是好看。具有视觉形象的文化符号与风貌，是吸引旅客的首要条件。

2. 好玩

好玩，重在参与和体验，具有与日常生活不一样的身体感受和新鲜的感官印象。商户推出的旅游产品中如果有互动体验内容，如骑马射箭、蹦极跳伞、穿洞爬山、漂流冲浪等刺激性强的体验项目和游戏，就会吸引更多的旅客——这算是一种尖叫经济。

3. 好消费

游客到新的城市或景区游玩，不只是单纯地看风景，吃、住、行、购，一样也不能落下。在这个过程中，商户要为游客提供非常丰富的供给，给各个阶层和各类人群提供尽可能多的选择。比如，无论游客是想住民宿、豪华酒店，还是想住农家院，都是游客对体验的需求，商户应该做好足够的供给。

（三）转变经营思维：从“有目的”留客到“无目的”经营

如果商户用“三规”来制定业态为游客提供供给，这种局限的思维会破坏游客的旅游体验感，使得外地游客最多到这里玩一次，以后绝不再来；本地人也知道都是宰客，谁来谁傻瓜——“三规”与其说是经营之道，不如说是把游客“圈”起来“宰”。换一种思维，旅游业商户其实只需要提供好的产品、打造好的经营模式，完全可以变“季节性”收获为常态性收获，因为这种经营并非只为游客而设置，而是对外地游客和本地人一样有吸引力——用好的产品吸引游客，用本土特色的经营模式吸引本地人。要知道，本地人也一样需要消费和娱乐，商户完全可以做到兼顾，并不需要执着于给游客贴上标签。

如果商户都把经营变成一种常态，兼顾时间和空间上的体验覆盖，这样的经营模式与理念，还愁自己的景区不能变成“杭州西湖”吗？到西湖旅游的人不会认为自己是游客——在那样一个开放的环境里，游客会认为自己只是到一个新鲜的、风景优美的地方走一走，或者在熟悉的地方待腻了，换一个新的城市走一走。湖畔来来往往的人，彼此都是一样的，没有人在意你是出差还是旅游，也没有人戴着有色眼镜，看一个个游客仿佛一只只待宰的肥羊。

旅游业经营者应该主动转变思维，不要给自己制定目标，比如在什么季节、完成多少流水等，而是把销售旅游产品变成常态经营，因为真正的旅游本来就可以假定为无目的性，是短暂的一个生活场景切换，体验感最重要。这种常态经营模式，带给游客和本地人的是一种舒适（舒心）和安全（消费的稳定性与透明性），必然有助于打破淡季旺季的界限，将以景观为主导的旅游场景，变成以景观为引导、以体验为主导的常态旅游。这种无目的性的旅游业态，才是真正的、健康的、有活力的、持续发展的业态。

五、旅游业供给现状有哪些矛盾

聊完了旅游供给的核心价值，接下来我们谈一谈现在的供给现状，总体来说，乏味牵强的供给现状是主要矛盾。

（一）旅游商品：千篇一律的珠珠串串

去埃及旅游，买回来一个小玩意儿，一看是义乌生产的；去法国旅游，买了一条领带，一看是温州生产的；去俄罗斯旅游，买回来一个套娃，一看是哈尔滨生产的。全世界的旅游纪念品中，有多少是中国生产的，目前并没有精确的统计数据，但国内旅游纪念品的高度同质化，却是有目共睹的，其中最没有新意的就是珠珠串串。在我国，绝大部分景区的旅游纪念品中都有珠珠串串，小摊上有，商店里有，甚至商场里也有，单调乏味不说，也丝毫不能体现景区的个性与特色。造成这种同质化、低品质供给的核心原因就是商家单方面为旅游群体做假设，他们认为游客会喜欢这些 blingbling① 的东西。实际上这些华而不实、粗制滥造、毫无个性的产品，并不是游客真正想要的。

事实上，现在的商品设计、生产能力如此强大，物质供给如此充沛，商户完全可以借助社会化大生产，去创造新的独特性的产品，打造自己的核心竞争力，为外来的群体和游客构建一个旅游商品供给的常规化消费生态。比如，杭州灵隐寺旁的星巴克，就是一处让人愉悦的存在。人们去旅游不一定需要珠珠串串等旅游商品，但需要放松身心、寻求舒适和安逸，哪怕是片刻的安逸，也会提升旅游的体验感。星巴克名气很大，环境也不错，去灵隐寺之前进去充个电，看灵隐寺出来再进去歇个脚，会在很大程

① blingbling 一词是 20 个世纪 hip – hop 艺人创作的一首歌曲。原本作为拟声词的 blingbling，后变成了流行用语。很多首饰戴在一起会发 blingbling 的声响，所以 blingbling 代表了造型夺目、闪亮、炫丽、夸张的首饰。尤其强调其闪闪发光的样子，有廉价之意。https：//baike. baidu. com/i-tem/blingbling/14891061？ fr = aladdin.

度上提升这一景区的观景体验。这就是一种有效供给。

（二）旅游餐饮：本地人不屑吃的伪“农家乐”

所有旅游景区门口的农家乐，本地人都不会去，因为这些地方是为游客打造的——基本上都是有点关系的商户糊弄游客的“站点”，味道不够地道，没有本土特色，本地人不屑于去吃。

这种现象源于商家筛选机制和平台搭建的生态环境出了问题。因为景区搭建的平台供给太小，导致只有一小部分的餐饮店和屈指可数的几家农家乐可以参与经营，这一部分的经营者都是利益者的关系户——他们不是这个行当的佼佼者，经营与产品都乏善可陈，光靠经营收入当然不太可能持续，只能把目光聚集在外来消费者身上，碰到一个宰一个，碰到一家宰一家，以此牟利，形成恶性循环。这涉及游戏规则平台的搭建，涉及招商的能力，当平台不够大、招商不够活、管理不够细的时候，就会出现上述局面。想要改变这一困局，需要景区景点开放平台、开放心态，打造新的供给模式，总之要让真正优秀的经营者进入，共同完善和激活旅游产业链。

（三）旅游经济：经营者高度依赖门票经济

景区经营者如果一直放不下短期利益，死盯着门票不放，就永远看不到门票后面潜藏的繁华盛景与广阔财源。实际上，经营者应该树立一种正确的认知：门票是流量的引擎，不是赚钱的工具。利用免票或优惠票价把游客引入之后，通过服务、商品和文化把人留住，让消费者逗留，在这里吃喝玩乐、购物消费，这才是赚钱正确的方向。门票只是1，而门票后面却是2，是3，甚至是10。要芝麻还是要西瓜，经营者要想明白了。

（四）旅游服务：经营者的宰客之风屡见不鲜

全世界都发生过游客和店家之争。店家经营不善，把目光投向外来的游客身上，用这种急功近利的、杀鸡取卵式的方式生存。他们觉得反正是

“一锤子买卖”，现在不宰，更待何时，天知道你这辈子还会不会再来。游客在这个过程中完全处于被动地位，唯一给得出来的“报复”手段，就是以后再也不来这个地方旅游了——焉知你的报复手段正是店家宰客的逻辑起点和行为终点。

旅游业正常的产业生态应该是打造持续性盈利的经营环境。整个景区的经营平台搭建要走向开放化，把门票降下来甚至免除门票，丰富与完善整体的服务供给，让经营者能够持续不断地有收入，自然就不会再穷凶极恶了。所有的经营者都要明白，要赚源源不断的钱，就不能采取粗暴的方式透支这个地方的声誉了。否则就像雪乡，一次宰客，凉了无数游客的心，去过的不会再去，没去过的也不想去了。而且这种相对偏远的旅游点，一家宰客，全村遭殃。不爱惜“羽毛”，真的会被冻死。

（五）旅游娱乐：缺乏社交场景，精神娱乐供给匮乏

当下，绝大部分景区的娱乐设施都是缺乏的，即使有，也不过是花架子，只能看，不能玩，全靠游客脑补。可是脑补也需要基础，否则游客干吗千里迢迢跑到你这里来演内心戏。

社交场景与精神娱乐供给，相对来说，做得最好的是丽江。丽江不仅把整个古城变成了一个“场景”，而且着实提供了足够满足想象与体验的设施和环境。有很多诗人和作家对“旅游”这一词语下过定义，其中有一句话说得很好——“旅游就是一场艳遇”。不要把“艳遇”这两个字理解得那么狭隘，就好比“惊艳”也不光指美人，碰到大山大水很奇妙，看到风花雪月（大理四景）很怡然，看到日出星辰很震撼，都是人类的正常情感。遇到美人美景而心旷神怡，都是美好的艳遇。

社交在旅游过程中是一个“刚需”，到目前为止，旅游业界与学界对这一点的认识与重视还不够，大部分还停留在观景与个人体验阶段。实际上，每个人在旅游过程中都会遇到“瓶颈”期，不管到哪里旅游，都会有无聊的时候，除看景拍照以外，与人分享和交流，尤其是现实场景中的交流，不仅可以打发时间，还可以提升旅游的体验感与获得感。对于游客的这种需求，景区和旅游经营者需要构建恰如其分的社交生态和场景，以丰富而生动的内容和深厚、温暖的人文，来消除因社交缺失而导致的枯燥现状。不管中国外国，只要是旅游经济体，概莫能外。

六、旅游业供给矛盾的解决思路是什么

想要改善旅游供给的种种不成熟，以下几点是打开局面的有益方向。

（一）认识门票的流量引擎作用，而非赚钱工具

经营者应该打开思路，把景点门票作为流量引擎，以低价或免费门票导入客流量。功夫不要用在门票上，而要做好服务上的供给，应该通过服务和深度开发的产品来赚取收入。只要服务到位，产品丰富，消费者是愿意消费的。一句话，赚钱要靠消费生态，不是靠门票。

（二）建立全面覆盖的供给机制，形成良性循环

整个旅游产业链的搭建，需要从景区到商户建立起全面覆盖的供给机制，以服务的细化、量化、标准化，到产品的多形态、多品种，填满游客的多维需求，形成良性循环。

（三）景区经营相关者要对外来者去“游客”标签

商户不要再给外来者贴“游客”标签，不要再使用那么狭窄的定义来设计服务路径——把游客限定在“一线天”的过道上宰割，是绝对要摒弃的做法。应该将外地游客与本地人一视同仁，用服务供给来覆盖全部人群，既让游客喜欢，也让本地人喜欢，这才是成功的服务供给，这样的旅游也才是真正让人放松的旅游，也是“宾至如归”的真正含义。

（四）慎用“高大上”概念，多研究消费者的细微体验与偏好

旅游经营者应该避免一股脑儿地追求“高大上”的产业概念，而应该重视游客最细微最真实的体验和感受。“高大上”的概念往往意味着假大

空，玩概念、轻体验，只会破坏整个旅游生态的声誉。我们要学会换位思考，从游客的角度出发，去完善整个服务供给，给游客提供安心的环境、贴心的服务和可心的产品，消费者在精神与物质上都得到了满足，经营者还怕不会积玉堆金吗？

（五）游客也需要从顶层转变观念，做一个高素质的旅游者

洋洋洒洒的一大篇，落点最后肯定在游客身上。身为旅游者，在外游玩的时候，就要尽量放松心情，享受旅游的过程。一定要把旅游态与工作态分开，不要争先恐后，把旅游当成一个必须要完成的任务。也不要随波逐流，懒散怠惰，把旅游当成心不甘情不愿的鸡肋活动。既来之，则安之，好好享受过程才是旅游正确的打开方式。到一个新的城市之前，可以先做做功课，了解一下当地的风土人情，准备个小攻略，一定会更有收获。

做个高素质的旅游者——我们看到的风景，不是眼睛看到的，而是大脑命令眼睛获取的视觉信息。一切感官获得者，都是大脑运行的结果。所以出去玩，也要带着脑子。

/ 第四章 /

高铁商业——一场逻辑和资源幻想的骗局

为什么有些你觉得跟你紧密相关的事物，实际上毫无关系？

为什么说高铁是经济大动脉，而高铁站的空间却是封闭小循环？

为什么说项目越大，风险越小？

一、高铁站的客流量与高铁站周边商业是什么样的关系

（一）这是一场资源幻想的骗局

高铁站商业是让大多数人一时半会儿摸不着头脑，但是看起来又很“性感”的课题。

目前，中国高铁平均年客流量已达20亿人次，算是迎来了“八横八纵”的大发展，这让很多人对中国高铁的未来产生了无限的联想和期待。与此同时，高铁站周边的商业项目同样得到了各方关注。那么，高铁站如此巨大的客流量，能让周边商业共享其带来的刺激和影响吗？

展开高铁经济蓝图，像绿地集团一样有远见、大手笔的公司早已锁定了高铁站周边的商业项目，令很多企业和商界领袖羡慕不已。那么高铁站

的周边商业是否具有巨大潜力可以一举腾飞、焕发新生呢？我们仔细去研究就会发现，某些时候，逻辑和资源幻想可能是一个骗局或陷阱，而行为学才能说明人们亘古不变、因果循环的真理。可以说，世界上很多事物都存在一种资源幻想骗局。

（二）行为与逻辑之间的悖论

我们来看几个关于逻辑与行为关系的例子。

1. 自行车重回道路

曾经，深圳在规划城市建设的时候，将自己的城市定位为未来会走在世界前沿，成为最国际化、最先进、最智能的大都会，所以在交通规划上就是以地铁、公交、汽车为主的方案，当时是没有考虑设置非机动车道的，只有机动车道和人行道。因为人们那时候并不会想到，低效、无序的自行车居然能够重回公路，而且就在市区里穿梭。例如，共享单车在这种以地铁、汽车为主的交通格局中横空出世，以解决都市人群“最后一公里”出行痛点“杀”出了一片江山。

共享单车“杀”出来以后，深圳的核心城区经常会看到人车混杂的情形，自行车在人行道上骑行，又因没有指定的空间而随意停放，整个街道一塌糊涂。在逻辑学中，城市规划者和交通主管部门当年在做规划的时候，主观认为自行车时代不可能到来——有一种普遍的观点是：我们好不容易从自行车王国到了汽车大国，怎么可能退回到自行车王国呢？那时候自行车是一种 Low（落后）的象征，马路上没有自行车是对未来最“美好”的畅想——没想到共享单车在这个时代“杀”回来了，不仅重新回到人们的生活，而且以千军万马的姿态，以赤橙黄绿青蓝紫的色彩，高调渲染着城市的轮廓。当无数的单车穿行于街区的任何角落时，其庞大数量与无序的状态，对人群一边冲击一边裹挟，不能上不能下，左不得右不得，整个都市核心都乱了。这就是典型的逻辑和实际行为发生交错的案例。这种情形并非发生在深圳一城，中国的很多城市都面临过或正面临着这样的局面。

2. 电影院再成热地

在电视走进千家万户之前，看电影是国人最重要的娱乐。电影院伴随着“90 前”的几代人成长、生活，无论是露天大集市上公映的爱国主义题材影片，还是小情侣在电影院里吃着爆米花看电影，都是那个时期的电影院大时代。随着小康时代的来临，家里有 DVD 了，有家庭影院了，再后来是有线电视，有几十个频道的节目内容可供选择，也可以在电视上看电影了，在家里足不出户想看什么看什么，想怎么看就怎么看，又便宜又舒服，人们不再去电影院凑热闹了。这个时期的电影业是衰退的，就连美国的院线事业也是低潮，中国更是如此。于是大众普遍产生了这样的共识：电影不行了，电影产业将要江河日下。

在一种新媒介、新技术诞生的时候，总会对传统的媒介与技术造成冲击，这是自然规律，但并不意味着传统媒介或娱乐方式就一定会偃旗息鼓，告别历史舞台。电影与院线，便极好地诠释了这一点。

从《英雄》开始，“大片”逐渐唤回观众的热情，经过 10 余年的培育，看电影又成为人们的主要娱乐方式。今天，电影院以全新的面貌、声势、体验和功能重回市场，迎来了新的“黄金时代”，整个社会又掀起了去电影院观影的热潮。《捉妖记》《战狼 2》《流浪地球》，以及不久前热映的《哪吒之魔童降世》，不断刷新着票房纪录。人们似乎找到了去电影院看电影的新意义，乐于和几十上百人一起在电影院里共享大片轰炸带来的视听盛宴，体会与众人产生的情绪共鸣，这与一个人在家喝着茶水看小屏幕的感受完全不同。去电影院观影逐渐从小众行为成长为大众的刚性需求。因此，之前做的逻辑判断是错误的。

3. 厨房使用率低成摆设

再举一个很有趣的例子，也是我们生活中常见的现象：越大越漂亮的厨房，使用率越低。如今人们家里的房子越来越大，装修越来越好，厨房当然也越来越精致，越来越高级，然而越是大房子，越是精致的厨房，使用率反而越低。为什么会出现这种情形呢？因为这种家庭的成员大多数工作较忙，在外面的应酬和社交活动比较多，很少有时间自己做饭。相反，房子没有那么大、厨房没有那么豪华的家庭，其成员工作没有那么忙，应酬没有那么多，相比之下居家的时间更多一些，所以有闲暇的时间和精力使用自家的厨房。

大厨房使用概率小，小厨房使用概率大，这也是逻辑和行为的悖论。

4. 理论上的假想与事实矛盾

不久前，美国科学家、芝加哥大学遗传学终身教授蓝田博士在中国广州的一次学术报告会上说，未来人类可能长成外星人那样——就像电影中出现过的“little green man”模样（电影《保罗》中的外星人保罗，电影诙谐幽默，保证您有惊喜），大脑袋，小身体，四肢纤细，这是有可能的。蓝田博士还发现，现代人的大脑没有“定型”，与大脑相关的基因中，神经发育基因的进化速度最快。[①] 有证据表明，直到现在为止人类的大脑一直在快速进化过程中，人类进化成我们在电影中所见的外星人模样或者其他不可思议的模样，在理论上都是有可能的。

这让我想起一段话，那是一个科学家对未来人类进化作出的逻辑推演：“未来，人类大脑会过度发达，导致脑袋很大；高科技代步工具成为人类标配，腿脚不需要走路了，因此腿会变小、变短、变细。所谓用进废退，唉……用进废退……”这句话从逻辑上分析没毛病，理论上看起来也是对的，但从历史事实来证明，可以说是完全荒谬的。因为它只强调了人体作为工具属性的一面，从功能上来说是用进废退，但人还有非工具属性的一面，即美的属性。另外，代偿机制也会在自身的进化中起作用。

顺一顺咱们自己的当代史就很清楚。从新中国成立到现在，中国人的

① https：//baike. baidu. com/item/% E6% 9C% AA% E6% 9D% A5% E4% BA% BA/9528871？fr = aladdin.

身高平均增加了5~6厘米，头也没有变大，身体也没有变得细小，相反天天喝牛奶吃肉（城市居民比例更高），满大街都是胖子，满大街都是大高个儿。你不是说有车了，人们不需要跑来跑去，买东西也不用扛着举着了，不用腿了，不用胳膊了，四肢肯定要变细小吗？结果人们闲下来去健身房疯狂锻炼，锻炼得比天天下地的农民都要壮实。

要说脑袋一直在进化，会变大，也不尽然。要知道，现在绝大多数人的大脑都被“外包”了，记忆、分析、归纳甚至想象功能都被“分包”了出去。出门有导航软件，不用看地图、辨路径了；想学习，软件、网站上铺天盖地现成的资料推送给你，就算想要学习系统性知识也不用痛苦思考了，云端都帮你整理好了；当AI在生活中广泛应用时，连打字都不需要了，想搜索任何问题，直接开口下命令就可以了。以前需要记忆的东西现在网上全部都有，唾手可得。在这种情况之下，人们开始无聊地天天刷视频，任凭娱乐产品填满生活，被动地听别人讲话。我们自以为占有了大量信息，每天像个皇帝一样上（kai）朝（ji）批阅“奏章”，点赞表示“朕已阅”——实际上大脑没有了创造力和思考过程，人也没有了主观能动性，这一切只是因为科技发达了，电脑代替了人脑的大部分工作。社会分化成了两部分：小部分发明家、创造者和精英人士拥有处理信息的能力，他们在创造着新鲜的事物，引领着世界的发展，可以称他们为“工程师”，大部分的人只是活成了“数据”。这种状态，大脑还会进化吗？你也许会问，“工程师”会不会脑袋变大？显然也不会，因为需要人脑记忆和分析的内容越来越少，神经元不会增加。“工程师”与“数据人”相比，用脑更多的地方在于选择和对结果的判断。其实，祖先给我们准备的大脑已足够使用，就看我们用不用了。

所以说，科学上的假想，尽管符合逻辑，但也很可能与事实相违背。我们不能用没有根据的推理去证明一个不靠谱的逻辑，那会莫名其妙。当然，人类未来会变成青蛙的样子，还是小绿人的样子，作为一种科学或社会学上的假想，自有其理论价值，那就是另外的话题了。

二、高铁客流和高铁站有何属性特征

我们把视线转回到高铁。

山呼海啸的高铁流量和轰轰烈烈的故事，真的能够刺激周边的商业和地产吗?

答案是，90%无效。这个结论非常不客气，可是无可辩驳。如果非要问，高铁周边的商业和地产是不是完全没有出路呢？不完全，希望还是存在的。在剖析之前，我们先来看一看高铁时代为何如此吸引人。

（一）中国高铁的概况

1. 高铁成就及受众

2017年5月，来自“一带一路”沿线的20国青年评选出了“中国的新四大发明”：高铁、扫码支付、共享单车和网购。尽管事实上这四项并不是中国发明的，只不过是中国在推广应用方面较为领先，对国外影响比较大而已。不过，也由此可见高铁在我国乃至世界的影响。在当下拿得出手的工业名片中，高铁绝对首屈一指，独占鳌头，连美国总统感受之后也直呼：“我们国家的交通太落后了！中国的高铁简直是人类的新速度、新体验，非常棒!”高铁的发展速度与高铁的速度比起来也不遑多让，自2008年我国第一条高铁京津城际铁路建成通车起，至2018年，10年间全国高铁里程达2.9万公里，跃居世界第一位，是世界其他国家高铁总里程的2倍。2018年我国铁路的总运客量是33.7亿人次，其中高铁占到60%以上。

越来越多的人喜欢选择高铁出行，年龄分布在25~55周岁。按照人群目的划分，40%是因为商务，20%多是为了探亲访友，10%左右是为了旅游。今天，高铁势头丝毫不减，还在呈爆发式增长，号称“高铁大动脉”的经济时代来临了。这令很多人血脉偾张，浮想联翩。

2. 高铁站分布形态

高铁站之于高铁，就像机场之于飞机，码头之于轮船，重要性不言而喻。那么，如此繁忙的高铁线上的高铁站，分布状况如何呢？基本规律是：越老的站越靠近中心，越新的站越偏离中心；中等规模城市及以上，城市规模越大高铁站越偏离中心，城市规模越小越靠近中心，但小城市的距离则反之，高铁站距离市中心最远。除了少数经过大都会的枢纽线上的站点，高铁站基本都在偏远的郊区，平均距离市中心在10～15公里。小的城市则相对更远一些，以武广线与京沪线上的站点做对比，距离市中心最远的枣庄站与宿州东站，距离达到30公里。

有些小城市的高铁站可能还要辐射好几座城市。有一次，我要去湖南隆回县的高铁站，高铁站跟城市之间的距离开车大约需要一小时二十分钟，这就非常远了。当然这还不是最远的，最远的是位于京广线上的湖北孝感北站，距离孝感市区100公里。如果不是距离大悟县城“只有”10公里，那真的是高铁建站史上的笑话了。所以，对于乘坐高铁出行的人来说，“最遥远的不是城市与城市的距离，而是高铁站与城市的距离”。

3. 高铁站天然不可能靠近中心

为什么高铁站要远离市中心呢？其实是土地、成本、安全、历史等综合因素共同作用的结果，并非人为或地方政策造成的。

有人觉得，高铁是大动脉，用高铁站带动一个新板块的崛起应该很容易，那么选一个全新的地方来建，是再自然不过的事情了。这话没错，但是没说完整。

高铁站之所以远离城市中心，最主要的因素还是成本。由于高铁时速达300多公里，转弯半径至少7000米以上，也就是说，高铁进入或驶出一座城市，几乎都要呈直线运行。如果是在老城区或新建成区修一条笔直的高铁线路，遇房拆房遇墙拆墙，有的地方要架桥，有的地方不能拆，就得从地下过——这一通拆下去建下去，得多少成本？多少时间？什么效率？

猴年马月才能拿下！在城外建呢，成本低、施工快、效率高，顺便可以激发一下新城板块的产业，所以远离市中心是高铁站的天然属性。

4. 明明是动脉，却形成了孤岛

虽然远离市中心是高铁站的天然属性，但凡事不可过度，一是距离，二是格局。远离城市，则高铁站与城市成了两张皮、“卫星城”呼应是可以呼应，联动却很是困难；格局封闭，高铁站“自成一体”，也就形成了孤岛。

距离问题前面说了，我们再来看看高铁站的建筑格局。如果你有去过高铁站和机场的经历，就会知道这些高铁和机场的建筑物都非常庞大，微观层面的步行出入极其不便。比如，你要从高铁站步行出去，走个15～20分钟，恐怕还没走出去。

高铁站远离市区，本身体量又极其庞大，自然不利于步行流通，这就导致人进了车站以后基本是被困在里面，在站里平均逗留时间都在一个小时左右。人在站里被圈住了，人流就很难与外界畅通，只能形成自己的小循环、小生态。所以说，尽管高铁是经济大循环、大动脉，高铁站却无法将城市与之融为一体，将城市空间的小循环、小生态和高铁站的空间生态、高铁的时间生态融合为一个整体。高铁站与城市，分别是两座孤岛。

如果你赶过飞机，有可能遇到过要在机场滞留一个晚上，最苦恼的就是，你为了第二天能够第一时间赶到机场，想搜一个附近的酒店住下，却发现怎么都找不到——最近的也需要打出租；就算是机场酒店，你迈开大步往前走，走着走着也会发现真远，真的，特别远。

机场也好，高铁站也好，它们的建筑格局对于步行者来说出入都很不便。那些想在高铁商圈有所作为的人——貌似很多人都怀揣着这样的梦想——要明白这可能就是个幻想，或者是一个骗局，一个陷阱。尽管在这个骗局里，并没有人主观行骗。

（二）高铁客流特点与局限

1. 客流基本没有消费行为、消费场景

赶高铁的人大多行色匆匆，没有心思去做需要额外花时间的消遣和消费。发展到后期，站里的消费群体是没有圈层、没有分类、没有细分的匆匆众人。大家都是行者心态，来也匆匆，去也匆匆，不留一点儿时间余量用以消费，如果有一点消费，吃个拉面就算不错了。

我们都知道人流量分三种：目的性流量、随机性流量和习惯性流量，其中，目的性流量是经营收益最稳定的保障，如果能够先培养起你的目的性流量——跟高铁站毫无关系，专程为你而来的——那么，生意就成功了一大半。这个目的性流量，并没有那么玄妙，可能仅仅是因为和别人聊起来的时候说："噢，我们去高铁站附近那个地方吧。"具体说起来，不外乎两点：在空间定位上，与高铁站紧密联系，尤其是概念上，要紧扣高铁站的"出行"元素；在具体经营上，却一定要摆脱站点思维，把自己当成一个平常的店，面对的是回头客。当回头客络绎不绝，还怕不能吸引"单次客"吗？

几乎所有的高铁站和机场里都有一些小配套商业，看起来热闹、高级，实际上并没什么太大的金矿可挖，不值得付出太大的精力和物力去研究、实践，更何况您要做的商业不是在里面，而是在外面，在高铁站附近，是大动脉的事儿，不是小循环里的事儿。

2. 高铁客流与高铁商业流量共享受限

很多人觉得，高铁站人群熙熙攘攘，流量巨大，高铁商业一定因之而繁荣，你看高铁站的货运流量不是很好吗？我想说，您真的想多了。高铁站商业其实十分受限，具体有这么几方面的因素。

一是区域偏远，远到恨不得再坐一班高铁才能到（比如前面那个开车一个多小时的，又或者 100 公里的），具有消费能力或消费意愿的群体不易到达，会降低选择高铁出行概率或在高铁商圈消费的意愿；而容易到达

的群体（住所或驻地离高铁站不远），消费能力与消费意愿本身就很低。

二是人流不畅，高铁站内外之间无法形成对流。站内面积太大、步行不易，各个消费点之间距离遥远，内部的步行小循环不完整、效率低下。这是高铁站在建设之初对站内“动线”① 缺乏设计所致。同时，进站之后的人外出更不便，走得远不说，站外的消费点（餐饮、娱乐、休闲、购物等）往往并不令人心仪。而出站之后再进来还需要安检，谁这么不怕麻烦呢？所以旅客与游人，没有不得已的原因绝不会临时出站。这样就使得高铁站内部循环不畅、内外对流不通。

三是时间紧迫，来来往往的人都是行色匆匆，不见闲适。出发的人怕错过了车，你争我抢；到达的人想早点安顿，争先恐后。无论是进站口还是出站口，哪里都看不到慢悠悠的人。您要真见到有人在那晃晃悠悠，估计第一个念头就是报警——每个经过高铁站的人留给站内外的时间都不多，没有消费时间，哪儿来的消费额呢？

所以，您还会问，高铁站的客流量对于高铁商圈有什么样的实际效用吗？没有，这个真没有。

三、高铁站与产业协同规划之间的错位

说到这里，我不得不表示一下遗憾：许多城市的高铁新城规划，并没有将它与城市的原有商贸圈功能进行结合，无论是在前期规划的统筹上，还是后期功能的对接上，都鲜见有城市做过这方面的努力，基本上连“联结”都谈不上。

（一）城市规划对于高铁缺乏预见性

一般来说，一座城市里大约有这么几个圈：核心商业圈，就是用来逛

① “动线”是建筑与室内设计的用语之一。意指人在室内室外移动的点，连合起来就成为动线。主要由行动路径上的量的叠加和方向性来设计。在实际应用中，要考虑方向、空间、停留时间等诸多因素。作用有引导游客或行人方便观看或消费等。

街、购物、零售的；一个商贸圈，就是专门批发、物流、会展的；还有住宅圈、文化圈；等等。如果早年按照功能圈分布思维来规划城市与交通，高铁站加商贸圈的新型交通 TOD① 时代会早几年进入我们的视野。

城市在发展的过程中，都会面临各种问题，如人口、环境、交通、消防等，一旦在这些方面产生压力，城市的唯一选择就是扩张。有的是拓展边缘，单纯地扩大面积；有的城市则是搬迁，将市政府和一批政府机构搬到新区，相应地，城市中心也随之迁移。在扩张和迁移的时候，城市做不到将未来的城区与高铁站结合，一是对自己的城市会不会建高铁、什么时候建高铁缺乏预见性（谁也没有这个预见性，对于整个国家来说，三纵三横也好，八纵八横也好，总体布局与局部实施之间，也有巨大差异）；二是对高铁站的分布、规划与功能并不了解（高铁毕竟是新生事物），或者对高铁商圈完全陌生，无法将之与城市功能圈做无缝衔接。高铁新城像是城市的“飞地”，被抛在城市之外，城市没有利用高铁大动脉与城市之间的辐射做一个真正的、纯粹的商贸圈。

（二）高铁站规划忽略了商贸题材

客观地说，高铁站在各个城市建立，基本都是在商贸圈次第发展起来之后，所以说这些商贸圈是不可能给未来的高铁站预留接口，即便有这方面的考虑，也因距离太远而意义不大。你会发现，在高铁站这个板块做产业地产的时候很是尴尬——写字楼、科创园区、住宅、商业地产都没做起来。因为做写字楼没有商务氛围，做住宅太吵，周边配套没有也不适合居

---

① TOD 是指“以公共交通为导向的发展模式”（Transit - Oriented Development，TOD）。其中的公共交通主要是指火车站、机场、地铁、轻轨等轨道交通及巴士干线，然后以公交站点为中心、以 400 ~ 800 米（5 ~ 10 分钟步行路程）为半径建立中心广场或城市中心，其特点在于集工作、商业、文化、教育、居住等为一身的“混和用途”，使居民和雇员在不排斥小汽车的同时能方便地选用公交、自行车、步行等多种出行方式。城市重建地块、填充地块和新开发土地均可以 TOD 的理念来建造，TOD 的主要方式是通过土地使用和交通政策来协调城市发展过程中产生的交通拥堵和用地不足的矛盾。

住，人流量大，位置又偏远。你拿到了一块地，却没有实际效用，不是浪费资源吗？

所有这些都源于城市高铁在规划的时候忽略了商贸这个题材。如果在未来以高铁站为交通枢纽来规划商贸圈，应大有可为。试想在高铁站旁边是商贸加会展等综合功能区，那将很有看头，毕竟做商贸类的批发还是需要跨地域、跨区域的。

四、如何打造成功的高铁站商业

如果真的拿到了高铁站周边的一块地，一时间确实找不到好的题材，应该怎么办？我这里有几个建议。

（一）打通外向型的经济循环

外向型的经济循环，指的是高铁商业、城市商业与区域商业之间的有效联动和有机融通。这个如果循环要成立，必须具备两个条件，缺一不可。一是要产生大流通，辐射半径一定要大，如果能扩大到周边 300 公里左右的范围是最好的。再不济，扩展到周边两三个城市也好，总之不能小。那么在高铁站商圈打造什么样的项目可以实现这样的大流通呢？真正文旅的大手笔项目是完全有可能实现的。如果你的城市所处的交通区位很重要，比如在交通干线或枢纽结点上，能够瞬间辐射半径 300 公里以内的城市，就会非常理想。这些城市的居民坐一个小时的高铁就可以到你这里，是完全没有问题的。

二是大循环。这个一定要明确，必须是真正的外循环，是高铁商业、城市商业与区域商业的大循环，不是站内循环，也不仅仅是站内与站外的对流循环。比如，有一些高铁站修的写字楼，就是内循环，虽然写字楼位于高铁站旁边（并不在站里），但是它并不参与外部流通，完全依托于高铁站——哪有人天天坐着高铁去上班或者专程跑到高铁站来上班呢？但是，如果在高铁站旁边真正建起一个大康养、大文旅、儿童或者运动这一类的文体城，或者是主题性小镇，本身具有空间（视觉）的多样性和时间（体验）的独特性，它就有可能产生外循环、大流通，这样就有戏。

（二）打造大题材商圈

高铁商圈要活、要火，就不能小家子气，必须得做大。这个“大”指的是跟正常的房地产项目相比，与城区里同类的核心项目产生在规模上的竞争优势。这个“大”也包括两个方面——体量大，大题材、大主题。

一是体量大，包括面积与规模都要大。您既然选择了一个偏僻的、不太好借流量的地块，就必须知道，这个地要产生效益，就必须自己“发光”，功率越大越好，要利用规模效应来起作用。因为，我们是要做商圈，不是单纯地做商业；是搭建平台，不是开具体的一家或几家商店。要使它成为一个独立的商业不动产核心圈，那么面积低于1500亩就别考虑了。

二是大题材，大主题，大IP。必须有大题材，才能撑得起这个大商圈，至于这个题材是引进还是本土，是原创还是复制，并没有一定之规。在提倡原创和文化多样性的今天，原创当然很好，但是要经过严密的市场调研，不要脑子一热就做决定。如果有现成的成熟的案例或故事，借鉴或合作，也未尝不可取。

（三）规划要极致、做法要纯粹

做高铁商圈，与做小镇在某种程度上颇为相近，都是要做主题，有特别明确的主题并将之在规划上体现、在体验中演绎，换言之，就是讲故事。故事既是引流的开始，也是流通的起点。人们大老远来，一定要获得不同寻常的感受，无论是在信息上、物质上还是心理上。

可以考虑做一个实验区，给这个实验区赋予或灌注某个主题，无论是具体的体验性还是抽象的概念性，都是允许的。如果是概念性的，最好跟本地的民俗民间文化相关联，比如“如何唱一出成功的样板戏”，这类主题也一样可以做好——砸钱也好，砸概念（故事宣推）也好，最好双管齐下，总之要把它砌起来（建筑）、堆起来（概念）、立起来（形象）。这个实验区要把1500亩地全罩进去，通过这个实验区，把整个高铁商圈带动起来，以点带面，将高铁站商圈形成一个无可取代的消费目的地。

无论是用奥特莱斯的购物小镇，抑或用儿童纯粹体验的特殊小镇，还是用养老的康养小镇概念，一定要做到极致化、纯粹化——规划上一定要极致，在设计时要拿出外科手术般的精细，不是东一片做什么、西一片做什么就完了。而在建设和运营上，就要纯粹，严格按照规划与设计的方案来进行，不折不扣，坚持到底，不可半途而废，又或者改弦易辙。也就是说，确定之前可以再三思量、反反复复，确定之后就要一条道走到底。很多失败的案例，往往在规划时马马虎虎，执行时犹豫不决，输在了最后一铲子上。

（四）利用政策驱动带动消费驱动

任何大项目都离不开政策驱动，政策驱动包括两种类型：一类是地方和高铁共同规划的项目，属于高铁原生项目，这一类可以争取；另一类属于新生项目，是由企业家自己发现的市场，想要依托高铁概念做成的项目。前一种附带政策优惠，后一种就要靠企业争取。无论哪一种，都要尽可能地争取政策性扶持。这个政策来自三个方面：一是地方政府；二是高铁公司；三是行业主管。取得政策性支持除了减少成本，也会在操作过程中减少摩擦，提高效率，增强未来的市场竞争力。更重要的是，这些项目被纳入高铁商圈篮子里，可以持续不断地享受现有的或潜在的政策红利，随着高铁在国人生活中的影响越来越大，政策驱动给项目带来的影响也会随之增强。

当然，政策项目在取得政策扶持的同时，也需要承担战略性亏损，这是在规划时就要进行通盘考虑的。规划中包括明确的战略性亏损（额度、时间及状态）、软实力驱动（上述的主题、文化，以及管理技术与艺术等），硬实力铺排（该砸钱的砸钱）等各个方面，要有清晰的战略和可操作性战术。没有这些思想上、心态上的准备，没有雄厚的资金实力，项目拖拖拉拉，就不知何年何月才能发展起来了。

（五）宏观布局高精尖产业

产业布局在任何区域和任何领域都是一个关键问题和基础问题，大到国家，小到城市，都需要高度重视布局问题。离开了宏观布局来谈产业，就是离开了流域来谈河流，离开了整体来谈部分，很可能缘木求鱼、南辕北辙，做得越多错得越多，浪费越多，亏损越多。

高铁题材应该如何布局呢？高铁站有大有小，有远有近，并没有一个放之四海而皆准的模板。但有一些基本的原则，却是通用的。

1. 了解高铁站的区位布局与区域产业布局

区位布局的一个维度是指高铁站所在的城市，在整个中国或世界的产业布局中的位置，比如自然与生产资源型城市、文化历史名城、科技创新城市等，不同的城市处于不同的布局结点上。另一个维度是了解城市本身内部的产业布局，包括城市规划和产业规划。这个规划未必就一定科学合理，但却有用。假如自己即将投资的项目与布局一致，自然容易“借力”。如果不一致，就可以考虑“曲线救国”，另辟蹊径。眼中有全貌，心中有全局，才能排兵布阵，对于前往投资的企业家来说，是首先要做的功课。了解城市这张“皮”的属性与特点，就容易安置企业的“毛”。

2. 确定具体项目

有的项目可以做——作为产业配置，或政策布局，或者是为潜在的、未来的机遇而提前做的战略牺牲，这类项目在财力能够承担的前提下可以做，但不能指望马上赚钱。如果等着资金回流来哺育其他项目，则不建议。比如做物流，做仓储，作为城市配套可以（要拿到政策补贴），企业的主业不行，难以赚钱，会有长时间的亏损。万科董事长郁亮前段时间说：“我们要坚持主航道，夯实我们在房地产板块的基本功，还是要通过地产扎实地去赚钱。”为什么呢？我们的社会经历了二十几年的变革、转型和升级，都没找到第二个能跟卖房子相媲美的赚钱行业。

相比之下，做物流挣什么钱？物流地产本身不赚钱，它属于生产资料，而非可以参与广泛流通的商品，根本没有什么附加值。因为高铁站现在规划的整个周边板块基本上是低附加值的商业不动产，园区、厂房，先进制造业设施，这些在房地产板块是不赚钱的。所以可以适当做点网仓智能配送，也可以做现代智能化加工的小厂房园区，加入高铁商圈的小循环。

如果要加入大循环，建立区域性的物流中心，那么最好投资者本身就是从事物流产业的，或者跟国内已有的物流业共同打造，无论在经验、渠道还是资本等方面都足够强大。

3. 重点要系统运营可循环消费的业态

生命之所以存在，最重要的是什么？是循环系统，血液、淋巴、消化、呼吸……任何一个系统，都是可循环的，大自然、社会亦是如此。设想一下，假如我们身体的细胞都是一次性的，那恐怕我们的人生从一出生就结束了。做企业也是这个道理，要做就一定做那些能循环起来的产业，将人流和高、精、尖的物，新、奇、特的体验结合，不断循环起来。那种高、精、尖的物与新、奇、特的体验，基本上是以各种产业小镇的形式出现，这样的题材才是好题材。

4. 高铁不是目的，经营才是王道

老实说，你不可能单纯靠“高铁站”这个题材做成功一个项目；如果你的项目成功了，只是恰巧在高铁站旁边，而不是因为“高铁站”本身。原因前面说得很透彻了，这是投资者和创业者需要认清的现实。高铁站不是你要去抱的大腿，你的策划能力、操盘能力、管理能力，才是你最应该拥抱的大腿，成功在于天时、地利，但最重要的在于自己。没有任何一个项目能够随随便便成功。

5. 善于借势、造势

高铁站最大的魅力其实是一个概念，一个气势，容易做成一个大盘。

背靠高铁站形成的势，在大盘上做势，更容易作出自己的气势、形成自己的“势力”——一个“势”，让别人相信这个大故事，让别人知道高铁与你的项目息息相关，高铁时代的来临对你这个区域板块有积极的促进作用；一个“力”，让别人相信你有实力把项目做好，也就有可能为你提供更多的支持，包括政策、信息与资金。这个借力与借势，可能没有“四两拨千斤”的程度，但以百斤种子换千斤的收获，却是有可能的。

五、决策者应警惕资源与幻想骗局

对于高铁题材，我和我的团队做了很多年的研究。高铁对国民经济发展的重要性不言而喻，但高铁站经济，却要另当别论。就是在那些一直鼓吹高铁经济的专家口中，基本上也没有听到他们关于高铁新城这个板块有爆发力的想法和落地性建议。

那么现在高铁站附近的商业不动产有什么兴奋点吗？没有人能说得出来，即使是鼓吹前景的专家也说不出什么，可见这件事从本质上说还真可能是一个诱惑的陷阱。你如果圈地圈得太多了，又没有好好地规划一个题材，那会很麻烦，因为短期变现和落地基本是不可能的事，就算做好了长期打算，也不容易收回投资，更别提获益了。

如果你在机场和车站空间内部做商业，不易做大，但容易做成，在车站外面就比较麻烦。车站一般都不在闹市区，即便在闹市区，你也会发现车站附近的规划普遍层次低、质量低，又因为环境嘈杂导致商业和地产低品质、低溢价。国内最便宜的旅馆基本上都是在火车站附近的那种小旅馆，越往外走，品质越高，越挨着车站的越差，因为鱼龙混杂，没有高消费能力的消费者也就不可能产生高品质的商业。机场附近也好不到哪儿去。除了像上海虹桥这样的陆空枢纽，其他高铁站哪一个有强大的人流上的共享与应用？基本上没有。

最后祝愿在高铁站附近拿了地的企业和朋友，包括像绿地一样的大企业，如果要想做，就要大手笔规划一个精专的题材，信心决绝、大刀阔斧地去执行。在切入以后做成大气势，并全面系统化操盘，以定点针对、突破强攻的方式来带活整个土地，让它形成目的性流量，这样你离成功才会更近。

总之，既要天马行空地想，又要脚踏实地地去做，并注重软实力和硬实力的同步投入——有时候，软实力更重要。

/ 第五章 /

产业园区——是平台，不是房东

为什么说多数产业园区都是挂了“产业园区”概念的房东？

为什么说产业园区仅有免租政策是无法吸引优质企业入驻的？

为什么说产业园区的发展模式将最终走向“创投模式”？

产业园区是指以为促进某一产业发展为目标而创立的特殊区位环境，是区域经济发展、产业调整升级的重要空间聚集形式，担负着聚集创新资源、培育新兴产业、推动城市化建设等一系列重要使命。按照不同的角度有多种分类，根据玩转园区（Cnyuanqu）里的分法，最常见的类型有：物流园区、科技园区、文化创意园区、总部基地、生态农业园区等①。我个人觉得百度上这一段说得还算客观，就给直接用了。

不过，现实中的产业园区，远没有“度娘”说的那么乐观，多数是“空城”“鬼城”，占据着大片的土地，拥有地方给予的最大限度的优惠政策，却不见一丝活力，甚是吊诡。

① https：//baike. baidu. com/item/% E4% BA% A7% E4% B8% 9A% E5% 9B% AD% E5% 8C% BA/7307651？ fr = aladdin.

一、致使多数产业园区成为“空城”“鬼城”的原因是什么

我们公司旗下有一家互联网科技公司叫非杭网络科技，浙江省某城市的产业园区招商办对这家公司很感兴趣，追踪了两年半，开出的条件是免租三年。我当时说，就算你免租五年，我也未必进。原因是什么？不是因为这座城市的产业园区不好，而是产业园区存在的普遍性问题，让我对这类园区的发展抱有怀疑。

（一）现象：半城空气半城草

我们公司接了很多来自不同区域的产业园区治理项目，无一不是需要我们“无中生有”“起死回生”的。到目前为止，北上广深等大城市，依然有空壳园区，入驻率在50%以下的很普遍，像天津有一些园区还未有一家企业入驻，一直空着。由此推断，我国产业园区的半壁江山基本上是空壳。

那么我们就来探讨一下，这个领域到底发生了什么？为什么会有这么多的“空城”“鬼城”？

（二）建立：基本靠政策驱动

简单来说，我国大多数产业园区的建立都是政策驱动，而非市场行为——政府会给某个地方或某个行业一个硬性指标，这个指标多半带有鼓励性质，在这一政策驱动下便会有地方或企业去推进这件事。我们常鼓励“大众创业、万众创新”，鼓励海归人才引进，鼓励科创，然而，创业或创新已然不易，而产业园区的建立则更为复杂，它涉及土地、交通、物流、环境、人员、行业及周边的产业布局等太多方面的问题，绝非地方领导脑子一热、大笔一挥，就能一蹴而就的。之所以目前有那么多产业园区空置“撂荒”，就是因为前期没有经过严谨、科学的考察与调研，没有对所处区域和产业布局进行深思熟虑，仅靠政策驱动而仓促上马，不空才怪。

（三）选址：大多先天条件不好

“男怕入错行，女怕嫁错郎”，产业园区怕的就是选错地方，可偏偏大多数园区的选址是有问题的。比如没有考虑物流线路和区域发展速度，从而导致培育期过长，或许 10 年、20 年以后，这个地段才会繁华起来。因为现代交通与物流网络下，任何一座城市都必须要接入全国甚至是国际的物流网络中，才有可能节省原材料与成品的运输成本，提高效率。又如没有考虑员工的通勤问题，园区偏远，员工上下班极不方便，企业除非大幅提升薪酬才能招到足够的员工，但这无疑会给企业增加巨大的成本。这是个非常实际的因素，如果招不到员工或者招来了也留不住，就算免租五年也没用。

我们自己就有过这种经历。我们公司旗下的非杭网络科技公司就在软件园工作过，亲历过这种招聘困局：招不来，留不住。这也是入驻或打算入驻园区的所有企业面临的共同问题。对整个软件园而言，招聘都是第一大难点。稍微有点懒惰或挑剔的年轻人都会感觉在这里生活将会“很不痛快”。应聘的人吐槽，园区周边仅有几路公交车线，缺乏商业配套，上下班之余买点东西，邀请三五好友小聚或开个 papty，都极其不方便。说白了就是没有生活气息和商业气息，只有空荡荡的写字楼。在薪酬待遇与外边相差无几的情况下，产业园区真的毫无吸引力。

（四）配套：基础设施严重不足

比交通问题更雪上加霜的是基础配套设施不足，不仅是生活配套，就连生产配套都做不到配足。比如，建互联网产业园区，却竟然连服务器的托管都做不到——建设方只知道建写字楼是给未来的公司上班用的，却根本没有预见这些公司的基本需求。公司的服务器必须放在一个合适的地方，也就是服务器的基站，这个基站至少要保证 24 小时不断电，要防尘、防震、防火、防潮，同时带宽要很快。在遇到自然灾害时，要保证这个基站的安全没有问题，服务器不能遭到损坏。因此，服务器的基站建设要求很高，不可能每一家公司都建立一个，就需要园区统一建立，对各公司的服务器进行托管。但很多互联网产业园区在招公司或者是大公司的分部入驻时却连这一点都完全意识不到。实际上多数科技公司都会有服务器的需求，如果能够把服务器放在园区进行总托管，就可以大大降低公司成本，可以保证数据安全。否则，公司要在这儿设总部去别处另外安置服务器，也许在隔壁的城市，也许租用遥远的基站，总之成本高昂而不便，大多数公司是不会这样选择的。

又如，有的食品产业园区，没有标准的大型冷库，让各个公司自己去建冷库，不仅会造成巨大的浪费，还会给环境造成压力。

一言以蔽之，就是缺乏系统性思维。当时在政策的鼓励下拿了地，建了房，建成之后开始招商。在招商的时候才发现无数的不便，尤其是很多配套性设施的缺失，政策再优厚也不行，满足不了基本的生产生活需求，尤其是生产需求，这导致大多数公司想去也不敢入驻。

二、真正的产业园区应为企业提供什么样的服务体系

（一）做平台，不做房东——产业园区应有的基本心态

我们接触过许多案例，也调研过许多园区，无一例外，这些园区抱的是100%的房东心态，就是想当包租公，因为这个最简单、最直接。园区的概念五花八门，比如互联网产业园、高新产业园、创新创意文化产业园，等等，拨开眼花缭乱的名称，“定睛”一看，它其实就是一个房东。除了当房东，平台性的工作，什么都没做。

最直接的证据就是，我们听到的招商条件就是“免租”，免租三年，免租五年……说来说去，只有租金。你能说点儿别的吗？我跋山涉水把企业搬到你这个园区里来，就是图三两年白用你的房子吗？实际上，在高科技企业中，房租的成本占比都很低，越是科技含量高的企业越是如此。只

做房东，不做平台，绝对吸引不了优质企业入驻。要想引得凤凰来，就要先筑凤凰台，至于做平台，我们在前面说过，接下来还会细说。

（二）理解创业者的主要需求

平台需要提供什么，或者说需要平台做什么？问一问创业公司，三句话就能说明白，要人，要钱，要渠道。我们来捋一捋。

1. 人力资源环境

比如，要人。我有一个梦想，这个梦想在我脑袋里不断成型；我口袋里有一拨准备起家的“小棋子”，可能是我三个兄弟，也可能是“两杆枪”——核心技术或独特想法。我揣着梦想和“小棋子”来到了平台。首先是招兵买马，口袋里只有这几个铜板，而实现梦想却需要一小分队，我怎么招人呢？我需要园区给我提供帮助。我在网上招聘的时候，需要园区在线下提供配合与推动，在宣传、接待、洽谈等各个环节上给予配合，在未来的配套设施、生活环境、通勤条件上给予承诺，总之，在人力资源上推动。但是，园区什么动静也没有，不主动，不拒绝，不负责，典型的“渣男”做派。

2. 资金渠道环境

再如，要钱。创业公司缺钱，会想各种方法吸引投资。无论是天使投资、风险投资还是股权投资，都急需资金注入启动。可是大部分产业园区在这方面却根本没有对接能力。创业公司本来就没有钱，没有人，却要拿出全部精力去满世界找，劳心费力，举步维艰。而此时产业园区却完全没有动作。

3. 市场渠道环境

对于创业公司来说，市场渠道拓展非常重要。假设某企业做产品的互联网分销，需要在各地寻找这个产品的代理商，并进行相应的推广。这个过程包括：招聘代理商，对员工进行培训，给员工和代理商提供相应的配套服务，并营造良好的企业氛围以提升代理商的信心等。在这一系列的配套服务中，产业园区什么也没做，就是一个纯粹的房东——招两个保安在门口杵着，弄一块产业园区的牌子在门口挂着，之后就什么也不做了。大概，既有技术问题——不懂，也有态度问题——不愿。说到底，园区除了是房东，什么也不是。

（三）产业园区可以成为平台服务商，提供服务体系

1. 解决资金和渠道问题，成为企业的孵化器

如果园区成为真正的平台服务商，就能帮企业解决大量的问题，成为企业发展的最大助力，最直接的就是资金和渠道。比如，说有一个小团队善于做技术研发，开发了一款非常实用的软件，能服务庞大的群体。如果他们想把这个软件做成产品，想持续发展自己的企业，就必须满足两个需求：一个是资金；二个是渠道。这两个需求，是企业发展的两个翅膀，我们把它们称为“两翼”，左翼是资金，右翼是渠道。产业园区如果能在这两个方面助推企业，才是名副其实的孵化器。

2. 提供入驻优惠政策

客观地说，我国80%的产业园区在资金与渠道方面的支持都不达标，甚至很多园区的支持力度为零，导致“缺失”成为产业园区的常态，除了房子，什么都缺乏，而房子本身的功能性也不够完善，这种情形必须得到破解。除了资金与渠道，园区如果能够提供相应的优惠政策，比如税收、费用（水电网、环境、资源）等方面的优惠，也是对企业的助益。另外，在入驻企业员工的社保、就医、子女入学、父母养老、探亲休假、购车购房等方面给予相应的优惠和扶持，将对增强企业的凝聚力、向心力和员工的归属感有重要作用，也必然会提升企业对城市和园区的黏度与忠诚度。

3. 提供投资环境，营造产业主题氛围

对企业来说，有了政策，还需要投资环境。产业园区，在很大程度上是吸引和聚集“同类”企业——要么是同一条产业链上的，要么在同一个环节的不同位置上的，企业之间各不相同，又很接近，大家可以资源共

享，信息共享，政策共享，共同把蛋糕做大。这就需要产业园区定位精准，目标清晰，说白了，就是你得明白园区到底要干什么。这个干什么就是主题，一切围绕着这个主题来做文章，就可能事半功倍。规划好了，一面墙，既可以是东家的西壁，也可以是西家的东篱，雕龙还是砌凤，都是资源的充分利用。

比如，我是做人工智能的，我就希望入驻的园区把人工智能相关的资源、人力、物力、财力，以及整个周边配套帮我打通，让我相对节省时间成本、货币成本和精力成本，让我在这里与其他相关企业投资共享。相反，如果这个园区与人工智能完全无关，我是绝对不会入驻的。对我来说，这是彻彻底底的开荒，硬件上的，软件上的，意识上的……无论哪一种开荒，都必然会耗尽心力，说不定油尽灯枯了，产品还没个影呢。

在许多城市，不管是财税政策的优惠还是人力资源的优厚，都不足以触动一家公司专程而来，但是主题却有可能吸引优质企业前来筑巢。

4. 产业园区应该定位清晰，细分领域，为有需要的企业完善配套

这一点是主题的升华。明确了主题，进一步就是细分领域，而非一股脑儿全收。好比写论文收集资料，把同一关键词的内容全部荡下来，等到需要的时候，发现大部分用不上。这就是没有细分和整理。

产业园区的定位、招商、服务与配套，也是一样的道理。

目前的很多园区，定位不清晰，缺乏针对性，看起来是大观园，实际上是个菜市场。比如有的科技园区，只要是互联网类的企业，就全部收进来，人工智能也要，5G 也要，搞软件的，搞网站的，甚至搞电商的通通都要，恨不得沾上“互联网”三个字的企业都收纳了，却没有对此进行细分——产业细分，行业细分，这种细分有时候是横向的，有时候是纵向的，有时候是综合性的。不管哪一种细分都是必要的，只有细分之后才能制定相应的政策，提供准确的配套和服务，并引导园区产业的不断升级。然而现状却是很多园区不懂细分，也没有进行这方面的整理，因此也就做不到给需要的人群专门打造配套。像一些电商企业，就没有必要进产业园区，这类公司挂着网络科技公司的名字，实际上是卖核桃的，卖果脯的，他们根本不搞创新，就是一家网店，就是家贸易公司，跟科技毫不沾边。产业园区如果不加以甄别，一股脑儿地收编各种企业，长而久之，园区就是大集市，没有人给核心企业打造配套，园区也做不到精准配套。

（四）满足创业者不同阶段的扶持需求

创业者需要两种阶段的扶持，分别是孵化和加速。

1. 孵化阶段

一家新生的企业如同一个婴儿，当它呱呱坠地，就需要成人与社会的保护与哺育，这是企业的第一个阶段，叫作孵化期，处于创业发展的起点。这个时候公司最需要产业园区的保护与培育，产业园区把企业招进来，在园区里注册，并给企业提供初期生长的诸多条件，帮助企业成长，完成孵化。在这个阶段，企业需要的有：物理空间，如办公地点、工位；物质条件，如供水、供电、网络、交通与餐饮服务等；软件如政策与法律扶持、工商税收政策与服务、人力资源配合、管理制度制定；等等。了解企业在这个阶段的特殊需求并充分满足，将有助于企业落地生根，茁壮成长。

2. 加速阶段

企业发展的第二个阶段需要加速，此时可以给企业提供服务与支持的园区等机构就叫作加速器。在加速阶段，企业一样有需求，只是与孵化期相比需求有所变化。企业在这个时期一般发展到了一定规模，比如已经从两三个人的创业小组成长为50个人的团队，资产也已经完成了原始积累，那么企业现在需要的就是加速前进——树立企业形象、完善资源整合、打造品牌文化，推进产品升级等。在这个过程中，需要产业园区在更大的纵深上做助推，尤其在资金与市场渠道方面，从深度和广度两个维度助力，推进企业的加速升级。以投资来说，需要园区提供更加丰富的融资信息和可靠的平台；从市场渠道来说，企业需要园区帮助进行战线更长的资源整合和推广。

三、产业园区进化史：我们从哪儿来，我们到哪儿去

任何事物都有一个从小到大，从幼稚到成熟，从不完善到完善的过程，无论是具体事物还是抽象事物，都是一个渐进式、渐变式的演化（升级）过程。产业园区也不例外。我国的产业园区自问世到如今，共经历了哪些阶段？又各自有什么特点？何以说“进化”？而进化的驱动力又是什么？捋一下这个过程，我们会发现，产业园区的进化史，其实就是我国产业的进化史。

（一）轨迹：三个进化阶段的三个版本

先说说产业园区的发展轨迹，可以分为三个阶段。

1. 阶段一　产业园区 1.0 版本

1.0 版本的产业园区是地产型的服务机构，即它的盈利模式与物业的销售收入有直接的相关性。比如，杭州有一个海创园，在建设初期，所有入园的企业只是想找一个办公场所，海创园就给它们提供办公需要的空间，仅此一项，就足以支撑海创园的存续与发展。直到很长时间，这个产业园区的收入组成主要都是售房款，其盈利模式就是配合物业进行房产销售以获得收入。房地产服务是产业园区的原始阶段，也对应着我国产业的原始阶段，以资金和资源为主。

2. 阶段二　产业园区 2.0 版本

产业园区进化到第二个阶段 2.0 版本的时候，开始了真正的园区模式，即平台服务。不但给企业提供房子，还提供企业发展需要的人力、物力、财力、产业关系、网络渠道等软硬件配套。这个版本的园区能够给企业提供很好的办公环境和适宜的、充分的周边配套，为企业发展添砖加瓦，锦上添花甚至是雪中送炭。此时的企业与园区，是真正的互相倚重，同舟共济。这个

阶段的企业一般处于孵化期和加速期，性质以创意和创新为主。

3. 阶段三　产业园区3.0版本

产业园区升级到3.0版本的时候，达到了它的最高级别形态，也是未来所有做产业园区的人需要明白的一点，即产业园区的发展方向——股权投资。可能会有很多人对这一点表示不解，“我就是一产业园区，盖楼的，搞股权投资跟我有什么关系?”

持有这种观点的人不在少数，但这是个误区，需要澄清。在未来，产业园区的长线发展与经营方向，实际上就是科技创业的投资平台。这一点不难理解，试想一下，当这些企业进驻你的产业园区，它的经营情况、它的文化生态、它的品牌价值等所有的真实情况，园区都能高效、准确地了解到。企业在这里办公，在这里作业，在这里纳税，在这里接待客户，企业的一切动向园区都能了解得非常清楚。因此，作为产业园区来说，很容易对企业进行准确评估，一旦评估完成以后，就可以选择是否对其进行投资——优质的企业为什么不投？这个投资极具价值，一方面可以大幅帮助企业解决资金困难，企业得以快速增长；另一方面，就是园区的长期收益保障，优质的企业具有高速的增长性和回报的潜力，可以作为园区未来收益的主要来源。

以经纪公司与明星之间的关系来做类比，可以更直观地看到这一点。经纪公司招来一批训练生（准明星），在其身上投资（培训、造型、接通告等)，帮助他们成长，为他们排忧解难，经过一段时间的学习学员之间的差别就会显现，经纪公司就会重点投资特别有潜力的学员，直至把他们捧红。等到学员成名之后有了持续的、不断增长的收益，经纪公司也就拥有了稳定的财源——优质的企业与优质的学员，都是摇钱树。前提是，好好选择树种，好好把树养大。

总之，这个3.0版本，考验的就是园区的眼光——对企业的评审和评估能力，这是对园区软实力的真正考验。

（二）方向：每个阶段的能力需求

每一个阶段，对于园区都有不同的能力需求。

第一个阶段（1.0）就是盖房子，需要的是“拿地”的能力，即解读政策、利用政策的能力，也是与政府各个部门打交道的能力。

第二个阶段（2.0）考验的是平台整合能力，需要园区将各种资源吸纳、整合，为企业和个人服务。这体现的是综合能力，既有资源整合能力，也有创造性解决问题的能力。因为企业的生长阶段各不相同，产业模式各有不同，需求自然也不一样。园区既要合并同类项，做集约化的服务供给，也要细分各个企业的需求，做定制化的服务供给。

第三个阶段（3.0）考验的是园区的评审和评估能力。与前二者不同的是，这一条带有一定的风险，因为投资没有百分之百的成功，然而利益也就蕴含在风险之中。这种能力也包括两个方面：一是评估、评审与评判的能力，即对企业的运行、经营状况、人事、前景的准确评价，这本身就是一项综合能力；二是投资的策略与对市场走向的判断能力。不是看好了一家企业，把钱给他们就完事了，就可以坐等红利上门了，没有这么简单。投资同样是一门精确而复杂的学问，需要有专业的规划与操作。什么时间投，投到哪个部门，是分次投还是一次性投，每一次的比例是多少，都需要精确设计。与此同时，还需要严密注视市场情势并做好预判。这一条最难，然而也最能体现园区价值。

这是一条线，是产业园区的进化轨迹，也是园区未来的发展方向。

每个阶段的模式变化会导致园区的收入模式发生相应的变化——从1.0版本的房产销售收入、租金的持续性收入，到2.0版本的平台服务增值收入，再到3.0版本的股权收入。收入模式的变化不仅在量上有明显的差异，在质上也会截然不同。卖房子收租金是资源性收益，卖服务是平台变现收益，卖股权是资本收益，对应的产业是资源—服务（平台）—资本，这也是产业升级的轨迹，是经济发展的客观规律。

就目前而言，绝大多数产业园区都做不到股权收益这一标准。但这是产业园区发展的必然趋势。越早看到这个趋势，就越早占据主动，越早拥有优质资源。在未来一定会涌现这种爆发性强的平台园区——既是园区，也是创业投资平台机构。中国这一类型的产业园区，在未来会发展得很好。

截至目前，北京、上海、江苏、浙江已经出现这类投资园区，但在更多的省会城市还未发现。我们期待全国的产业园区不断升级迭代，为中国的实业与产业优化贡献力量。

四、产业园区如何推进地产方面的增值

“产业园区”这个词，是一个偏正结构，中心语是“园区”，一个是“园”，一个是“区”，都指向了空间概念：园是有边界的、相对独立的、有特点的一片地，而“区”则指明了方向与区域。所以，说产业园区，肯定不能抛却其“地产”属性。

那么，产业园区的“地产”板块，到底应该怎么经营，又朝哪个方向去发展呢？

（一）提前考虑未来的增值和溢价

从操盘上看，应该把整个产业园区作为一个商业生态做通盘考虑，不仅研究办公和生产，还要研究居住、商业和其他保障性社会服务（如医疗等方面）。如果园区的生活状态十分方便，生活环境十分优美，则这个地方将产生一个商业不动产的增值和溢价。否则，这个地方就仅仅是个办公的地方（只不过办公地点在园区里），除了上述所讲的那些“高大上”的产业链上的收入，不动产部分的增值是很困难的，因为房子就是这个价值。因此，如果想要使园区的地产具有增值的潜力，就需要对整个园区进行充分设计，使其不仅具有服务生产的功能，而且具有完美的生活态——这是未来增值的基础。

（二）提前规划丰富的生态

产业园区不只是单纯的生产区和办公区，在最初的规划中，就要把产业园区当作商业不动产来设计，要把园区建成一个“小都会”——让园区里所有的办公群体、企业经营者在这里生产，也在这里生活，将园区的生产生活有机结合，人群的流动与群体性质尽量丰富——实际上产业园区应该是特色产业区，包括生产（传统的生产、科技创新、创意加工等各种生产模式）和生活（商业、服务、学习、休闲等），按照这个大概念，来规划、设计和配置园区的功能分布和布局。建园区不是简单的盖房子，而是打造整个生态环境，包含了生产中的科学、效率、创意，也包含了生活的艺术、舒适与便捷。这个工作是在园区动工之前想好，在建设过程中做好，而不是建成之后修修补补，拼拼贴贴。只有这样，才有可能产生商业不动产的增值。

（三）市场驱动要大于政策驱动

通过对中国诸多产业园区的分析，我们可以得出一个结论：之所以出现这么多“空城”“鬼城”，一大主因就是政策驱动多，市场驱动少。

事实上，绝大多数的楼市是由政策推动起来的，是那些年贪便宜建起来的——土地便宜、人工便宜、建材便宜的时候，加上管理粗放、限制又少，谁不盖楼谁傻，谁不建园谁亏，于是各地楼市轰轰烈烈、园区如雨后春笋，华夏大地那叫一个热闹。随着对产业的了解和调研的深入，我们对此越来越质疑。给那么多政策真的好吗？将几千万元甚至几亿元的资金给产业园区，结果建个“鬼楼”，真的能实现发展的梦想吗？宝贵的土地资源被圈个园子撂荒，真的有意义吗？

未必。

其实，政策驱动在一定程度上对于产业发展有益，然而从长远和全局来看，政策驱动往往违背市场规律，造成土地与资源的巨大浪费，于国于民，弊大于利。作为在这个领域浸淫多年的从业者，我由衷地希望在这一系列政策释放完以后，各地少出点强制性推动政策，把产业发展交给市场，由市场驱动，由利益驱动。地方做好管理与引导，这是政府的本分。

真正好的园区要建设起来，前期是靠市场嗅觉，形成一定的趋势，在确认趋势的前提下，政策倾斜作为助力推动其建设，后期运营则完全靠市场规律来引导和约束。这是园区建设的正确路径。

第三部分

传统产业地产篇

3

/ 第一章 /

百货商场——花甲之年，如何重返青春

为什么说多数人进入“套路”很难，走出“套路”更难？

为什么说百货商场在时代发展中迷失了自我？

为什么绝大多数的公司不具备经营买手制百货商场的能力？

一、百货商场的衰落现状

我们今天聊的这个话题，曾经是零售业中最重要、最辉煌的角色——百货商场，我们也称它“百货大楼”。

百货商场在我国从历经繁华，直到走向衰退，发展过程中似乎没有拿出什么革命性的计划和方案来应对激烈的市场竞争，也没有感受到它在经营模式上有突破性的创新和发展。更加令人惋惜的是，曾经在百货商场这种大型零售行业叱咤风云的前辈和同人们，他们的思维也伴随着行业的衰退一起衰弱下去了。

百货零售行业兴旺发达的时代，每个人都以能够进入这个领域而自豪，然而随着时代的发展，传统的百货零售业不断下滑，于是很多人不断被套住，进而被新的市场浪潮所抛弃。我们今天为什么要聊这个话题呢？

因为百货零售业目前处在衰竭前夕，而且没有看到任何能够改变现状的有效手段，更不用提是否存在翻盘的可能性了。

有些巨头公司在做重组收购，签署战略合作，其实就是传统百货公司与新兴电商平台之间的合作。类似这样把一种新的事物强硬地嫁接给另一种事物的做法，基本没有成功的案例，只是暂时缓解了焦虑、满足了幻想的噱头，很像把老式座机挂在自己的腰上，说我有了移动电话，是不是有点自欺欺人呢？就算暂时略有起色，也不过扬汤止沸而已。那么，有釜底抽薪的法子吗？

首先，我们来聊一聊从国际到国内百货业态的发展变化。

（一）国际百货行业的衰落局面

1. 国际百货——西尔斯的落败

谈到国外百货，不得不说零售业百年传奇——美国西尔斯百货①。2018 年，西尔斯百货正式向美国破产法院申请了破产保护，相信大家也有所耳闻。处在巅峰时期的西尔斯百货，一年的营业额占到美国整个社会 GDP 的 1%，可想而知当时它有多成功。

西尔斯百货草创于 19 世纪末，当时美国正处在铁路大建设的时代，创始人西尔斯先生最初就是铁路工作者。某天，他收购了一批别人淘汰的手表，每块表加价几美元后转手卖出，小赚了一笔。后来随着铁路的发展，他突发奇想地通过铁路沿线派发邮单，并且在邮单上介绍商品和价格，然后给买家寄过去。就这样，西尔斯百货逐渐规模化，紧跟潮流，在稳定发展中不断迭代，到了 20 世纪初更是迅速扩张，几乎达到无人不知、无人不晓的程度。

很快，西尔斯就迎来了第一次行业变迁——沃尔玛等仓储式卖场巨头

---

① 美国西尔斯公司（Sears Roebuck，西尔斯罗巴克公司），网站：http：//www. sears. com。有兴趣的读者可以进一步了解其发展历程。

的崛起。在跟沃尔玛的厮杀中，西尔斯败下阵来。单从成本上看，沃尔玛在供应链体系中的成本是3%，西尔斯百货用尽各种办法其成本依然要达到8%。沃尔玛很纯粹地做到了购物的多、快、好、省，这让西尔斯百货受到了前所未有的冲击。

第二次行业变迁的大潮就是电商的进入，以亚马逊为例，电商让越来越多的人开始远离实体店，逐渐习惯指尖上购物的轻松便利。这对以实体零售百货店为主要运营模式的西尔斯百货来说，无疑又是另一记重击，结果不言而喻，西尔斯百货溃不成军。所以从2012年开始，西尔斯开始出现大面积亏损，截至2018年，累计亏损达到100亿美元，在解散了1万多名员工后正式宣告破产，曾经的零售业最辉煌的“大树”最终还是倒下了，令人唏嘘不已。

2. 国际百货——梅西没落

无独有偶，美国另一个百货巨头梅西百货①近年来也在频频关店自救，拥有100多年历史的梅西百货是美国最大的连锁百货公司，其位于纽约先驱广场的旗舰店在1924年开张时号称“世界最大商店”。那时，同行和其他行业的决策者们纷纷研究梅西百货的管理模式，揣摩它的经营理念。现在，梅西百货的股价持续缩水，除了每年依然在不断关店，还伴随着裁减员工，最多的时候一年解散了总员工人数的1/3。面对新时代电商的冲击和消费者逐渐转变的购物习惯，一时之间毫无招架之力。

（二）国内百货行业的衰落局面

1. 国内百货——苏宁接盘

我们把话题转回国内，看看国内百货行业的情况。

在国内百货领域，60%以上的公司业绩在迅速衰退下滑，从2014年开

---

① 梅西百货公司（Macy's）是美国著名的连锁百货公司。1924年梅西百货公司在第七大道开张，创始人是罗兰·哈斯·梅西。1994年美国联合百货公司收购了梅西百货公司。详情请见 http：//www.macysinc.com/。

始，“关店潮”爆发式地展开。中国规模最大的连锁品牌——万达百货，也一度快速关店，并把仅有的37家百货商店卖给了苏宁易购。苏宁收购百货商店的出发点是什么呢？我们通过分析了解到，苏宁易购一直都以线上运营体系为主，而全场景的购物体系需要线上和线下共同作用，所以收购万达百货的店铺很显然是希望打造一个大型的线下实体体系，一是与线上体系构成虚拟与现实协同购物全场景，二是线上线下两套体系相互支撑、优势互补。

苏宁的做法看起来只是给自己设置了一个比较大的概念方向，但其有没有拿出一套能让业界相信并看到希望的经营方案呢？我认为暂时没有，至少从逻辑和实践性上没有看到它有能够扭转局面的势头。财经界有一种说法，认为苏宁这次做了万达的接盘侠。我认为，“接盘侠”这个说法有点夸张，苏宁并非盲目地接手万达的这批百货商店。两家企业在线下实体扩张过程中，一直有战略上的捆绑合作，而且万达留下的这最后一批百货商店，相对来说是最好的，也是运营状况最健康的，之前那些亏损比较严重的都已经关掉了。所以，即便是江湖救急，苏宁也是有选择地出手的。

我们对苏宁易购做实验的勇气与行为表示赞赏，但对实验结果并不持乐观期待，因为收购店铺这样的做法只是针对未来趋势简单圈定了经营范围和大致方向，而对于人们的消费行为变化或未来市场的生态发展，需要更为深刻的思考和深远的谋划。从目前来看，苏宁易购这方面的工作做得还不够充分，也没有针对线上线下双线运营拿出可直接付诸实践的细致、操作性强的方案。

2. 国内百货——地方百货品牌

每个地方城市都会有当地的传统百货品牌，虽然业务范围没有扩张到全国，但大都曾经经营得很好。现在，新零售时代来临，电商热潮席卷全球，地方百货品牌的销售业绩同样在快速滑坡，有些已经是举步维艰了。这让我想起前几年，在百货行业突发转折出现危机的时候，大连大商集团疯狂收购各地的巨头百货，收购完了之后急速膨胀。[①] 后来城市综合体纷纷崛起，呈现出更加丰富的、复合多元的线下形态，百货商场在竞争中显得无计可施。

综上所述，唱衰百货行业的论调不绝于耳，百货真的会死吗？

二、解读百货商场

我们是依据什么对百货行业的现状给出了比较消极的认知和结论呢？仅仅就是看表面上店面关得多就是差，开得多就是好吗？不是。是因为百货领域有很多的模式一直很模糊，并且含含糊糊地伴随着我们到了现在。在一定的历史时期（主要是零售生态单一、缺少竞争的时候），这些模糊的模式并不影响它的生存与发展，等市场发展到了一定阶段，百货行业传统的销售模式一定会被历史抛弃，正所谓从历史中诞生的事物也一定会在历史中消亡。

百货行业的模式为何难以摸索？什么原因让它的生命在风雨中飘摇？我们从头开始，来聊一聊百货商场的前世今生，以及它的内核与本质。

（一）经济环境决定经营模式

百货商场诞生在商品经济发展的初期阶段，那时资源相对匮乏，社会的供给和财富也不像今天这样充裕，所以人们的消费行为非常单纯。

以当时的朝鲜为例，很长一段时间里，朝鲜的商业环境中只有两种业态的存在：第一种就是批发市场，我们也可以把它称为小商品市场，其模

---

① 大商集团，组建于1995年，是中国最大的百货商业集团，以“创建享誉世界的大公司”为企业理想，以“无限发展 无微不至”为经营理念。380家大中型店铺遍布全国15省80余个城市，旗下控股4家上市公司。2018年销售突破3000亿元人民币，在中国民营企业500强中位列第10，全国百货行业排第一位，社科院商业50强竞争力排序第一位。百货连锁、超市连锁、电器连锁是大商集团的三大主力业态。百货店是大商集团的主力军，又分为：现代高档百货（麦凯乐）、大型综合购物中心（新玛特）、现代综合百货（老字号）、时尚流行百货（千盛）和新城镇购物中心（NTS）。详见大商集团官网。

式更像菜市场里配了一些小商品进行售卖；第二种就是百货商店，当时的百货大楼是分楼层的，甚至配装了空调和电梯（这在当时的朝鲜是绝对地高大上），商品更是细分成规模的（一堆一堆码得整整齐齐），管理也很规范。大一些的百货商场约有2000平方米，小规模的也有800平方米左右，都是一个大柜台里摆着各种商品，这就是朝鲜的百货商场。但是朝鲜的百货商店还不能称其为百货大楼，它的功能和目的都很单一，更像我国计划经济时期的供销社形态。

或许你会说那是过去，是商品经济发展初期，现在发达国家的百货商场一定早就鸟枪换炮了，怎么可能还那么老土？其实仔细分析后就会发现，发达国家的很多百货商场只是在硬件、灯光、服装的档次上有一定的升级换代，商场本身的经营模式却鲜有改变，这种模式一直伴随着商品经济大爆发和社会的大变革而延续至今。

（二）市场环境决定发展趋向

百货商场诞生的阶段，是一个还没有品牌概念的时代。当时在百货商场中，最厉害的品牌商也只是规划一个边厅，小品牌就置办一个专柜，或者干脆就是摆货架。后来，百货商场的形态以及公共空间满足不了品牌商的自我展现，品牌商面临两种选择，一种是与商场达成协议，对展示空间进行改造。另一种是干脆脱离百货商场，独立出来，自成一体。后来，许多品牌开始自租店面，自行经营，如快销时尚品牌ZARA、H&M、优衣库等，这些品牌后来快速崛起，遍布市场的各个角落。

这样的品牌入驻百货商场开一个专柜合适吗？它自己就是参天大树，百货商场塑造的空间和整体生态满足不了品牌商的要求。毕竟这些品牌自己的一个店面可能就有几千平方米，而百货商场最多也就能给品牌摊位百十来平方米，满足不了巨头型品牌的发展。

这些在百货商场诞生的时代都不是问题，因为那个时代每个品牌都只生产西装或者生产衬衫，商品单一，运营手段单一，自然对于商场环境的要求就没有那么严苛了。如今，男士用的、女士用的在一个品牌中都会形成完整且独立的消费结构，商品细分了，销售额度高了，品牌商崛起了，品牌商的要求自然也就多了。而百货商场的业态却在萎缩，连带着在百货商场里面的传统品牌跟着渠道一起萎缩下去了。一边在崛起，一边在萎缩，如同扶梯的上行线与下行线，能够并驾齐驱、相得益彰吗？

（三）路径依赖决定市场兴衰

商场如战场，既不可朝秦暮楚、朝令夕改，也没有一条道走到黑的说法。当品牌坚持了一段时间没有成长起来，就应该及时换平台。

有人会问，换平台有用吗？我在精品百货里卖得好，在大商场里就卖不好吗？反之，我在大卖场很受欢迎，到了商场就不行吗？别不信，商品也是有水土不服这个问题的。这有点像有的人在这个选秀节目上很受欢迎，在另一个选秀节目上他就是火不起来，甚至之前积累的人气也被消耗光了。为什么会有这样的差异呢？因为不同的话语场对个人的影响是截然不同的，一个人适合某个场域，未必适合另一个场域，也就是俗称的“气场不合”。

品牌的路径依赖一直是客观存在的事实，只是很多时候人们意识不到这一点。品牌是抽象与具体的结合，人们看到的是具体、有形象的实物或可感知的服务，而路径却是抽象的，多半都在人们看不到的地方。实际上，路径对于品牌有着举足轻重的作用，有时候路径甚至会限制我们的视听和思维，从而导致品牌被一起拉下水，走向深渊。

举两个例子：一个是德州扒鸡；另一个是百丽鞋业。

如果你在北方坐过火车一定知道德州扒鸡。德州扒鸡的辉煌是靠着中国绿皮火车一趟一趟跑出来的。那个时候人民生活水平还比较低，也没有什么零食，在火车上人人都拿着德州扒鸡，既能当零食又能当主食，后来绿皮火车没了，零食丰富了，德州扒鸡就渐渐没落了。现在，我们依然可以在商场和超市里买到德州扒鸡，但它最辉煌的时期已经过去了。

曾经号称中国“鞋王”的百丽鞋业，2013 年处在巅峰时期的市值高达 1500 多亿元，拥有 2 万多间店铺终端。发展到后来，随着百货商场行业迅速衰退滑坡，百丽鞋业也跟着一落千丈，到 2017 年店面已关掉了一半，公司退市时剩下的 400 多亿元市值一并卖给了后来接盘的投资公司。这家投资公司现在也在绞尽脑汁地想创意，研究现在的人对穿鞋有什么需求。

可以预见的是，这家公司将很难崛起，因为我们的设计能力、对时尚的捕捉和塑造能力，跟国际大型的快商品牌相比稍显逊色。品牌本身有赖于强大的创造力，这不是一个集团组织行为就可以成功的，创造力要有艺术土壤和文化的浸淫与培育，还要有一位天才的才华加持。否则，渠道沉下去，依附于他的整个品牌就沉下去了。不久前香奈儿掌门人“老佛爷”卡尔·拉格斐的辞世，就是一个很好的例子，他的离开代表了时尚界一个时代的终结。

有的品牌为了拓展业务范围建立了专卖店和集合店，但生意依然不行，因为没有 DNA（基因）。什么是 DNA，品牌的 DNA 是什么？我只做内容不可以吗？不仅不可以，还有很大的影响，不然阿里巴巴为什么做不起社交网站，腾讯为什么做不了电子商务，他们是缺钱？缺人？缺技术？缺实力？缺影响力？还是缺流量？他们什么都有，在技术层面能够找到的条件他们都有，但就是做不起来，为什么？其实就是基因决定论。品牌的基因就是它的灵魂领袖，好比 Coco Chanel 之于 Chanel，马云之于阿里巴巴，马化腾之于腾讯的意义。

品牌与路径，有点像弄潮儿之于大海，依托于浪潮跃起，也有可能被浪潮席卷着衰落。这就是江湖，人在江湖，身不由己，大致就是这个意思吧。

（四）时代需求改变消费模式

换一个角度看百货商场的诞生。

我们认为它是“目的时代”的产物，何为“目的时代”？那个时候人们的生活内容相对简单，需求也是相对明确和具体的，他们需要买什么，去哪里买，都是相对非常明确的。说走就走，直奔百货商场，30 分钟一个小时能就搞定一切——目的明确，行动直接，效率很高。但今天的人呢，一方面耽于物欲，另一方面物质却又不能带来直接的满足。百货商场实在不值得在我们的时间分布中占有一席之地，浪费时间，也不好玩，商品种类更是有限到让人一眼看尽，全然没有了购物欲望。

有最高的性价比吗？有像奥特莱斯那样大的折扣吗？有超强的独家产品和核心竞争力吗？有非常好的空间和场景体验吗？有非常丰富的配套设施打发时间吗？……如果没有，那凭什么还存在？所以如果百货商场的传统模式和理念没有颠覆性的改变，现在让它快速走向衰亡或许也不是坏事，如若涅槃重生，未来更有光彩。

三、百货商场三大痛点

（一）定位不清晰

我们现在来分析一下，百货商场自身的模式属性有哪些矛盾和尴尬，有哪些模糊的地方。

百货商场到底充当了什么角色？是房东、二房东还是内容运营商？有人说当然是内容运营商了，但实际上，在中国，80% 的百货商场其实都没有直接参与内容运营。大多数管理百货商场的人对商品的甄选和定位是不具备独到眼光的，运营手段一直停留在过节促销，对内容的驾驭和操控权利也完全不在自己手里，所以对内容部分没有任何投入。在业务上既不懂，在管理上也没有权威，办平台不专业、办内容不精通，就像“四不像”，做什么都不纯粹。可以说，百货商场的本质就是在做物业管理和基本促销，通过扣点或者是固定租金来赚钱，他的行为完全就是房东、二房东的运作模式。

（二）功能不具体

百货商场第二个硬伤，是在产品内容的供给上模棱两可。一般来说，商品供给无非两种模式：要么全，要么精。也就是说，要么非常全面，基本包含了生活中所需各方面物品，应有尽有，这是“广度”这个层面的“无限性”；要么在某一个方面做到了极致，在一个点上进行深度挖掘，这是“深度”上的“无限性”。而真实情况是：都不是，既没有广度，也没有深度。

先说供给，商品性质不如大卖场纯粹，商品种类不如大超市全面，商品数量不如城市综合体丰富，商品的特殊性更是比不上以特殊业态为主要销售内容的品牌，比如奥特莱斯这种专门做打折商品的商家。百货商场是一个大杂烩，什么都有，但什么都不精，什么都不专，最后变成了一个样样通、样样松，没有核心竞争力的业态存在。

百货商场的核心竞争力是什么？这个还真是一言难尽。商品？价格？服务？体验？哪一条都说不上，商品并非极致，价格也不会很有优势，总体上不会有非常清晰的特色。现在去百货商场买服装，不如去大型城市综合体买，不如去奥特莱斯折扣商场买。所以百货商场在内容的供给上非常不清晰，去哪家看，都是可有可无的东西。

（三）创新度不够

创新，是百货界的另一短板。

梳理一下几十年来百货界的发展轨迹，完全看不出百货商场经历过哪些称得上“创新”的改变和进化，不知道在哪个阶段做过什么形态上、本质上或者内核上的改变。我想问问百货界的大咖们，谁能说出个一二三？

其实在20世纪八九十年代，零售业的盈利空间已经到达巅峰了，后来所谓的升级就是把硬件升级，仅此而已。百货商场只是在原有的业态基础上做了模式更新，但更新和创新不一样。这种表面上的更新不会有太大的吸引力，大牌和巨头当然不愿入驻，即便是入驻了，大牌在商场里陈列的商品数量也会少于其他的店中店。

其实，人们逛商场时是有选择性的，有的商场距离近、综合性较强，有的商场可以满足人们的观赏、娱乐需求，有的商场价格更亲民。总之，商场自身要有一定的吸引力，有核心的对比优势，如果对比优势不够清晰，其核心价值不能引起共鸣，就难有吸引力，那么走向衰竭也是情理之中的事情。

一路分析下来，面对今天零售业轰轰烈烈的变革浪潮，百货商场在商业逻辑上已经被挤压了。

但现在有人问，“我就有很多百货店，我该怎么办呀？我要做什么？我能做什么？”我既然提到了这个话题，就不会置之不理，一定会给建议。但是您得够狠，您得有取舍，如壮士断腕，是时候拿出魄力做一些改变了。

四、百货商场何去何从

（一）方向之一：建立买手制

如果你有足够的资金储备，软实力也足够，就可以去做颠覆性的创新，比如实行“买手制”。“买手制”在世界范围内已经发展多年，很多时尚之都的高档百货公司都完全采用买手制来进行经营。为什么“买手制”可以逐步兴起呢？这是消费升级带来的消费方式和消费习惯的变化，对经营方式的“倒逼”——未来一定是小时代和个性化的驱动。“买手制”顺应了这一变化，它从消费者入手，根据消费者的品位、喜好、个性和习惯来采买货品，市场投放更精准。因为买手店的“买手”自己就是一个消费者，只不过他比普通消费者拥有了更快速处理信息的能力和更出色、更敏感的审美眼光，也因此具有了在普通消费者中的巨大影响力。

电影《穿普拉达的女王》中，梅丽尔·斯特里普饰演的顶级时尚杂志女主编米兰达，就是这样一位时尚风向标。对公众来说，即使时尚界生产出1万件时尚商品，也只有她挑出的那几件才是被大众所认知和认可的，并会迅速掀起时尚风潮。现实中就有这样的例子。前不久刚刚去世的“老佛爷”卡尔·拉格斐，即使他什么都不做，仅仅是站在那里，就可以代表整个时尚界了。

买手店与传统百货的经营方式不同，一是商场通过“买手”将商品直接买回来，由商场直接销售；二是非常依赖于“买手”的信息处理能力和时尚感知力。因为这些商品如果卖不掉，是不能退货的。如果“买手”的这两种能力都不缺，商场的利润率就能翻十倍。现在百货商场平均利润率不到5%，中国有56家百货类的上市公司，而且每家都有成百上千的店面，雇用着上万名员工，一年总体销售额4000多亿元，但一年下来，净利润还不到2亿元，有个别的还有亏损。推行买手制，无疑是从传统租赁模式转型到以品牌集合店模式经营的最好方式。加之现在国内消费者的购买力日益提升，越来越多的消费者对个性化和独特性越来越推崇，如果方法得当，转型后预计将会提升50%以上的利润。

不过，刚才也讲了，做买手不仅需要有能力，还要胆子大。发达国家现有的一些利润还不错的百货商场，买手比例高达40%左右，也就是说商场里面的商品有40%是自己经营的，这才是在做内容。当然，这需要商场拥有一批眼光准、了解市场和消费者的“买手”。

那我们现在应该做点什么呢？当然是储备、拉拢、邀请、寻找“买手”。“买手”通常在哪里出没？是时尚界大咖还是艺术家、营销大师？可能是，也可能不是，买手不局限于任何一个群体中。举一个例子，我们把视野拉近，在我们的身边就有这样的人存在，他们可以是一个人，也可以是一群人，他们最大的爱好就是：买买买。他们知道如何在商品海洋中抓取最优质的、最好的、最独特的、能够引领风尚和潮流的部分，他们能准确地掐住消费者的“七寸”，能够洞察时尚圈的风向。

你会制作我会挑，这就叫作买手店的灵魂。

（二）方向之二：经营软性市场

我认为做好百货零售业重在经营，管理排第二。

经营是什么，经营是决定挑选怎样的内容输送给市场，而这个内容又是市场最需要的。充斥互联网的带货网红们，个别做得好的，直播一个晚上，销售额可以达到上千万元。

虽然推送的方式打擦边球，推送的很多东西真假难辨，但即便是假货，网友也是买账的，因为这种以带货为运营目标的内容输出需要 IP，需要软性审美，需要眼光还需要说服力。这一点谁都能做吗？80% 的人都做不了。

要么就做一个真正的房东，把平台开放了，只搭建平台的基本框架、内容和规律，不去染指商品。如果你既要收租金，又要对人家的商品指指点点，就会难免尴尬。有本事你干脆自己开一家店试试？

别说，还真有很多老板就这么干过，他们本着“救死扶伤”的精神接手“重病缠身”的地方百货商场，在最黄金的地段自己开了品牌店，交了保证金，代理了品牌，最后赔得一塌糊涂，不仅干不过自营店，甚至干不过路边的小商贩和小品牌。

商道中的“术业有专攻”，不是一句空洞的教条，而是实践中总结出来的真知灼见——并非所有的人都适合做所有的事。即便一时顺风顺水，也不可“眉毛胡子一把抓”，摊子铺得太大、战线拉得太长，贪多注定嚼不烂。所以，尽早找准自己的领域，专攻、深耕，纵向到底，横向到边。

如果发现不适合，就要立即作出调整。选一个方向精进，其他的方向果断放弃。比如，要么踏踏实实做房东，不要对人家运营的内容指指点点；要么放弃自己房东的身份，转而扎扎实实做内容。

现实的情况是，有许多人摇摆不定，“左顾右盼”，决定了做内容，又摒弃不掉房东的思维——那种单一提供场地万事大吉的思维习惯，加上中国人固有的所谓“会过日子”的思维习惯，导致许多做内容的老板表现得很尴尬：他们在钢筋水泥混凝土、地板吊顶天花板上舍得花钱，在货品的精细化运营和提升品牌软性竞争力上，却抠抠搜搜、“精打细算”。在他们看来，花在硬件上的钱看得见、摸得着，一分钱换一分“货”，但在软件上的投入他心里没底，怕“浪费”。

战略错误最典型的例子，我认为当属宗庆后先生和他的“娃欧”百货。

宗庆后先生于2012年在杭州开了一家名叫娃欧的商场。经济危机以后，宗先生立志要在中国开100家卖欧洲商品的连锁市场。他认为欧洲的商品又好又多又便宜，但是因为金融危机的爆发使得他们的商品滞销，卖不出去，而当时中国经济持续上行，老百姓的购买力不断提升，如果不出国门就能买到欧洲的优质产品，肯定会掀起抢购风潮。怎么看，这都是一个稳赚不赔的买卖。

开业那天我去了，回来以后我写了一篇微博，毫不客气地指出宗先生完全是一个门外汉。比如，矿泉水卖得再好，也是生产线上生产出来的矿泉水，用广告砸出来的品牌效应，这个效应中“水”本身所占的比重极小。商场是一个需要提供深度体验的场景，要顾及每个人在商场里的感受，以及每个人挑选商品时的审美心理。而“娃欧”呢，却对自己的商品过于自信，完全忽视了购物是一种体验感，购物的过程往往决定了购物的结果。这个体验过程包括环境、服务、商品，“三位一体”，才能构成完整的零售小生态，缺乏任何一种，都会导致灾难性的结果。

进去“娃欧”第一眼看到的装修，给我的第一个反应就是，这个老板真会过日子——商场里完全看不到一点现代百货的品格气象，其陈旧的面貌让我仿佛回到了20世纪90年代初的传统百货，没有丝毫特色。如果非要说出一个特色，那就是：又老又旧又破。其实，环境并非单指豪华、奢华，也可以走工业风，走极简风，不仅有艺术气质，还可以大幅节约成本。但工业风也好、极简风也好，也需要精心设计，研究动线及心理，将视觉、路径、心理等各种因素进行科学的、综合的分析，并精心施工。简约并不意味着粗糙。

这是宗先生战略错误的第一点，失败的购物环境，消减了人们的购物欲望。宗先生战略错误的第二点，就是商品内容上的选择错误。

所谓的现代百货，在商品上是指即便功能、结构不新鲜，在造型与色彩上也会有所创新。我们单从服装来看，“娃欧”商场里面摆着的都是又肥又大的欧版衣服，既不合身也不好看，看来“娃欧”的“买手”完全不了解当时中国人的审美。在时尚圈里追风，黄皮肤的人最疯狂。一直以来买奢侈品牌的风潮都是日本人在引领，而这个风向已经逐渐转向了中国人，而且中国人对流行风尚有一种特别夸张的从众心理，今天流行黄裙子满大街就都是黄裙子，明天流行蝙蝠衫街头巷尾就全是蝙蝠衫，流行什么马上跟风，一股脑儿地人人都穿，也不管合适不合适，好看不好看。转换也很快，一年或几个月，一种款式就过时了。

欧洲那边的节奏实际上很慢，有很多大牌的西装款式出来，一卖就是十年，他们崇尚的是绅士、淑女文化，对那种时尚快销文化大多是很不屑的，所以您拿这些东西过来卖，中国人不会买账。因为中国人在时尚上有自己的节奏，一定要买最流行的东西。很显然，“娃欧”低估了中国消费者对于时尚的逐新程度。

这两个战略失误已经足以致命可就连服务这一个因素，“娃欧”也没有做好。听说这家店开了不到一年，副总就换了三任，其原因是不尊重专业操守。在流程上极其琐碎和官僚，就连更换拖把这样细枝末节的事情也需要部门主要负责人签字，完全没有设计一套简单可行的流程去做事务管理，也没有采用系统的制度去进行人员管理。当人员管理不到位、事务流程烦琐的时候，就很难激发员工的积极性与创造性，效率也必然低下，服务自然就难以做好了。

百货商场是高度体验性的场所，至少在体验性上做到让顾客舒适，让顾客感觉到被重视和尊重。商家不能用艰苦朴素的“革命情怀”来为消费者服务，不能因为自己“朴素”就要求顾客承受“艰苦”，把购物变成“忆苦思甜”的现场，最终是只有苦没有甜。所以“娃欧”商场连盈利的滋味还没尝过就面临闭店停业了。

做任何一个行业，第一禁忌就是没有大格局，第二是忌讳急功近利，舍不得在文化和软件上投资，第三是思维跟不上时代。也就是说，做好这个行业，需要大格局，需要远见，需要时尚性思维。说起来简单，做起来非常难，尤其是和传统行业比起来更难。

（三）方向之三：开放房东心态

我们在做咨询和实际操盘的过程中，发现有很多开发公司的老板不舍得在运营管理和时尚板块上做投入，相反，他们更愿意把商场建起来，然后租出去，挣租金钱，但最后基本上全倒闭，有的连半年都活不过。

如果您也是这样想，我给您的第三条建议是：安安心心做房东，该租给谁租给谁，别折腾。

我们去年接手了一个百货商场的空间改造项目，这个百货商场声称投资近10亿元人民币。接到项目之后，我们首先花了两天时间对商户和消费者做了调查，发现商场业户已经走了百分之三四十，主要因为这么几个方面的原因：基础设施方面的：店面不通风，餐饮店油烟排不掉，整个商场充满了油烟味；电梯经常出故障，楼层间失修漏水……维修人员到位不及时。基础配套方面的：不给商家提供户外宣传空间，甚至连招牌都没有……这些还只是硬件上的不足，软件就更别说了。

从开业到面临倒闭的半年中，这家百货商场没有一次广告宣传，没有一个引流的措施。一开始，商场还承诺商户会在媒体上进行推广，结果只在网上发布了一条关于开业的消息。这份怠惰自然引起了商户的极大不满。

出现“众叛亲离”的局面，既不偶然，也不冤枉。作为商场，如果真的想做好，就请狠下心来，做好基础配套设施的完善，做好软性上的规划与投入，做好专业化运营，一切才会水到渠成。

我们公司常年和需要“救死扶伤”的项目打交道，认识了不少苦恼的老板。说句心里话，中国第一代企业家，绝大多数在对软性的尊重和专业上的认知没有长远的眼光，只重视看得见的硬件，稍微看不见的软件就完全不做考虑，虽然确实曾经赤手空拳打下了庞大的基业，但在这个瞬息万变的时代，也只有跟着变，才能站住脚。

所以，在商业生态不适合的情况下，就不要贸然进场。如果要做，就要按照我前面说的那样做。你有心理预期和准备吗？

（四）方向之四：转变业态

这是百货大楼获得新生的重要手段，但也是许多决策者敢想不敢做的一招。我们来看看怎么做，以及有哪些注意事项。

1. 转变就要转彻底

如果能够把百货商场转变为常态化的主题业态，把技术难度和运营管理难度降下来，也还是有市场的。比如可以尝试改成以餐饮体验为主题的商场，不用考虑那么多的促销和进销存，就是专心做好餐饮。

也可以尝试专注于某一类垂直市场，比如，整个商场以化妆品售卖和体验为核心，精准匹配化妆品和消费者的定位。虽然难度很高，但是如果让这个板块形成一种强势的核心竞争力，使对手的单一业态无法与之抗衡，也能成活。

但话说回来，市场的整体要求还是一样——体验性、丰富性、时尚性，所以任何一块做起来都不容易。但是不做，就真的死了。

2. 不盲目去做综合体

有很多朋友问我，既然购物中心崛起了，城市综合体崛起了，那些连锁巨头百货公司，就不能学他们做综合体吗？我想说的是，你可能不知道什么叫进退两难。百货商场这类以零售业务为主的上市公司在滑坡期的时候处置店面是非常不明智的，这时候资产是不值钱的，因为不仅有众多员工，还有很多积存的、现存的基础是无法让人快速割舍的。如果此时投入新的项目就需要新的资金和新的资源，还需要构建一个新的班底、新的生态。如此一算，其实更容易产生亏空、死得更快。

3. 不换思想就走人

去百货公司开会，大家讨论的大都是“我们如何转型”“ 如何做购物中心”等话题。但是如果以“购物中心”为主题展开讨论，20 个人中会有 15 个人提出各种质疑——不是建设性质疑，而是否定性质疑，其思维方式画地为牢，故步自封，十分顽固。

所以，如果一家企业想创新，首先主导企业的人思维要创新，然而打破人的思维惯性却是艰巨无比。“撼山易，撼人难”，修长城那么大的工程，只要定下来了慢慢修，总有修完的时候，可有的人却是半辈子形成了积习，然后一生不改，哪怕公司已经危在旦夕。

如果真的有心改革，也是有一些举措可以实施的。比如，可以尝试砍掉一部分人，砍掉一批既得利益者。抛掉不恰当的负重，飞艇就能上升。不过，这个“抛掉”是一件复杂而精细的工程，因为它不是一个单纯的经营性问题，还有规避不掉的体制问题和组织障碍问题，所以既要大刀阔斧（从企业生存和利益的大局出发），也要小心翼翼（做好人的工作）。这一点做好了，就有可能给企业逃出生天的机会。

4. 要极端，不要平庸

以前百货大楼的中厅会有个电梯井，中厅到边厅一层是 3000 平方米左右，有的甚至更小，整栋楼加起来约 3 万平方米，四四方方的，说大不大，说小不小，不太好利用。有的人效仿西方把它改成办公楼，但这样一来附加值就变得很低了，看不到改革的希望。到最后那些不大不小的或者改建过的百货大楼，会有什么用处呢？谁也不知道。

一般来说，百货商场都是在人气很好的地段，即便半死不活，也不是完全没有流量，但是要发展，就不能只是“吊着一口气”这种状态，因此，短期利益可以割舍，要有破釜沉舟的决心和一往无前的勇气，将以商品销售为主的业态改为提供消费体验——尤其是那些必须在线下才能实现消费体验的刚需，比如餐饮，那么就把餐饮做到最全、最多，做成人们下意识的反应，只要想到吃饭就到你这里来。你有区位优势，硬件也不会太差，只要把餐饮做到极致，还怕没有汹涌的人潮？

我最担心的就是决策者们下不了决心，摇摆不定，无论听过多少咨询，做过多少论证，都下不了决心，不敢走“偏锋”，最后来个平均主义，或是拿出一部分做个小餐饮，或是局部拼拼贴贴，好多都是这样。人都害怕偏离轨道，寻求安全的本能驱动，会让人走向平庸。

我常说专业不如极致，极致不如极端，因为现在就是个极端主义时代，尤其是在经营行为上。看看那些成功的大师，比如乔布斯、时尚教父“老佛爷”，还有我们中国的企业家任正非先生。他们都是自我要求很高，很极致、很极端的人。据说任正非先生面对下属没有责任心和缺乏专业素养的行为和言语，是会直接扔鞋过去的。

其实就是这样的人，最后才能成功。

“不疯魔，不成活”，艺术领域是这个理儿，商场中的人，有时候也需要一点儿“疯魔”的劲儿。

五、避免两大误区

说来说去，做百货都是不容易的。不过，也并非绝无生路，枯木逢春也好，涅槃重生也罢，都需要勇气、魄力与手段。还是那句话，天时、地利、人和，都要全盘考量，综合权衡。天时不可追，地利本身就有，人和才是关键——人是两方面的人，一是抓住顾客的心，二是激活运营者的脑。

以下这两个误区，我希望各位能够正视并规避。

第一种，不要去做硬性嫁接，不要以为实体百货商场加一个线上业务就变成新零售了，这就好比拿一部座机挂在腰上当手机用，荒谬不说，也难奏效。

第二种，不要被困在传统的业务和固有的思维中挣脱不出来，习惯的操作和操作习惯很难改，但是该改就得改，才是新生的开始。

最后祝愿我们的苏宁易购和现存的百货集团、百货公司等零售业巨舰都能够在重组或进行经营性调整时见到曙光；也祝那些甩掉包袱、关掉百货商店的公司万事大吉。

遥望未来，我们一起寻找新的启示，发现新的突破。

/ 第二章 /

购物中心（城市综合体）——突破“平庸”是个难题

为什么说绝大多数公司老板不具备经营购物中心（城市综合体）的顶层思维？

为什么说未来的购物中心（城市综合体）向人们提供的核心价值将发生“剧变”？

为什么说购物中心（城市综合体）是最多元的城市公共空间功能体？

近年来，越来越多的大型购物中心慢慢演变成了游客的旅游目的地，购物不再是人们去购物中心的主要目的，去那里“逛逛”本身成为目的——买东西是顺带的。什么原因催生了这一变化？今后又会如何发展？

从某种程度上讲，新一代的购物中心也可以称为城市综合体。成熟的城市综合体是在传统购物中心的基础上不断迭代更新后，衍生出的具有更多功能的综合性建筑群。其中，融合了商业零售、商务办公、酒店餐饮、公寓住宅、综合娱乐等多种功能于一体，是各部分有机融合的优化组合方式，能够给予受众更好的体验感和参与感。这样的城市综合体无一例外地成为各大城市的地标式建筑群。

一、国内购物中心（城市综合体）现状

购物中心是20世纪50年代由西方兴起的一种商业组织形式，而整个20世纪更是购物中心发展最活跃、最辉煌的时期。

（一）购物中心“千城一面”

20世纪80年代以前，我国没有购物中心，比较常见的多是供销社、百货大楼等传统商业形态。90年代中期，随着上海港汇商城、广州天河城、北京国贸中心的陆续建成开业，开始拥有了一批业态复合度较高、规模面积也较大的真正意义上的购物中心。就连现在被人们熟知的香港最大面积的购物中心——“海港城”，也已经运营了30多年。由此可见，购物中心这种商业形态并不是一个新鲜事物。但在我们的三四线城市，购物中心的模式才刚刚崛起，其情态一如“小荷才露尖尖角”，而有一些还是“照猫画虎”“邯郸学步”的状态。没有按照成熟的购物中心的运营模式、空间结构和内容组合去运作，仍停留在传统百货商店向购物中心过渡的“四不像”阶段。它们大都会呈现出建设过剩、竞争白热化、集体平庸、“千店一面”的状态。消费者在不知道商场名字的情况下，几乎分辨不出自己正身处哪家购物中心。

（二）人均占比面积太大

据我了解，国内目前投入运营的购物中心大概有5000家，总面积达到了3亿平方米，这意味着至少需要有6亿~8亿人的光顾才能“养活”这些购物中心。平均到个人占比，即每个人需要承载购物中心1.2~2平方米的营业面积。但实际情况是，有些地区的人均占比严重超出了这个面积，很多城市已经达到了人均3平方米以上，因此购物中心空置的情况越来越普遍。

以深圳为例，这座城市目前在运营中的购物中心就有100多家，总面

积超过1000万平方米，这意味着现有的购物中心已经足够满足全市2000多万人口和游客的购物需求了。如果再继续规划大型购物中心，基本上就属于饱和建设了，完全有可能导致恶性竞争，商家也很难再找到新的增长点。购物中心这样的大型商业体，此时面临的真的是哲学性的灵魂拷问：“我是谁？我从哪里来？我要到哪里去？”

本章讨论的目的，就是希望能够给三四线、四五线城市和那些“两眼一抹黑”“照猫画虎”的房地产商业开发群体，以及个别已经处于成熟阶段正在寻求创新突破点的组织一些启发。

二、购物中心（城市综合体）的发展历程

（一）购物中心——传统百货的“进化物”

购物中心是怎么产生的？很好理解，它就是一个“进化”的产物，来自对传统百货业态的进化。传统百货我们之前有过探讨，它是一个单纯以销售商品为核心的商业形式，而购物中心则是在它的基础上产生的一个功能更多、占地更广、形态更为复杂的综合体，但其基础DNA还是传统百货，只不过稍微发生了“变异”，导致了“进化”的发生。

（二）传统百货商店的形态

传统百货，我们在前面有专门的章节讨论，这里只是简要地做一下说明，以与“购物中心”做对比。传统百货商店就是一个简单的综合性的商业体。一般负一楼是超市，主要售卖食品、小百货，一楼则主营化妆品、珠宝等高附加值的商品，再往上就是鞋帽、女装、男装、针织品、家电，最顶层一般有配套的小餐饮，传统老百货商店大致就都是这个形态了。这个阶段的百货商店带有的零售复合性功能很强，基本上人们买东西的第一目的地就是百货商店，所以那是属于它统治的时代，通常人们说逛街，其

实说的就是百货商店。因为核心目的就是购物，以实用为主，所以对购物环境、灯光、[1] 的要求就没有那么高了。

（三）购物中心——“合久必分，分久必合”

“合久必分”主要就传统百货的功能而言，主要体现在超市这个板块被沃尔玛、家乐福这类国际知名大卖场、大超市侵占、冲击。国内自己的连锁大卖场建设起来，一个大卖场的面积就能“吃掉”2 万平方米左右，它还有自己的外租区，也要做二房东来平衡盈利，利用主力——超市板块创造出的流量来赚一些“二房东”的钱。相比之下，传统的百货商店就“矜持”多了，一个百货商店也就占地两三万平方米，如果大约占到 5 万平方米，就已经非常大了，巨型的则超不过 8 万平方米，如果超过了 8 万平方米，基本上很难存活。虽然很多人认为小超市毫无竞争力，在产品价格、产品种类、购物体验等专业属性方面皆无法与大卖场相匹敌，甚至有被抛弃的可能。但冷静分析，小型超市每年的营业额还是非常可观的——因为它在便捷性上还是有着独特的优势，小型超市离住宅区特别近，甚至有的就开在小区里面。

另外一个市场份额占比较大的板块就是家用电器。以前人们买家电基本上都会选择去传统百货大楼，2005—2010 年，苏宁、国美这种以电器销售为主的业态迅速扩张，曾经的“商业巨头”黄光裕连续几年位居中国首富，号称“中国零售业教父”，靠着售卖家电白手起家。国美电器的成功说明家电产业的集合度、品牌竞争优势以及为客户带来的服务体验等硬指标的拉升，会迅速打破传统百货中原有家电楼层的江湖地位。比如很多大的珠宝商、珠宝店自己开设大型店面，那么下层的小型集合珠宝铺面一定会受到较大的冲击。

---

① 美陈（美术陈列），将产品元素以占据一定空间使其具有可视形象以供欣赏的艺术。美陈产品主要通过它的材料、造型、颜色三方面来体现艺术设计理念。这个概念来自空间设计专业，分为商业美陈和公共美陈。

至此，百货商店基本上就只剩下了服装类还有一定的生存空间，其他的业态板块纷纷被肢解，支离破碎。

“分久必合”——传统百货被肢解之后的重组。前面说的传统百货中的各个板块纷纷独立出来，然而传统百货培养出的人们“一站式购物”的习惯却并没有改变。对于“一站式购物”的需求和体验性、沉浸式消费习惯的改变，催生了大型购物中心的出现——源自传统百货的各个板块业态在独自生长之后，重新组合，形成了综合性的购物中心。商品大卖场、家电超市、餐饮商铺，甚至包括百货大楼这个母体都重新组团配合在一起，又变成了“车马炮”齐全的一盘棋局，整体的体量变得非常之大。如果我们用魔方来比喻，就会非常直观，比如，传统百货好比一个小魔方，各个板块不满足于体量局限和品位，纷纷独立，各自长大，随着时代发展，各个板块发现组合在一起更容易吸引顾客，于是重新组合，拼装成一个超大魔方——较之前在体积上大了一个级数，同时功能更强大、色彩更绚烂、玩法更多样。

三、购物中心（城市综合体）进化本质

（一）从买到玩：购物中心（城市综合体）的进化特征

1. “由小池塘变大湖泊”

我和我的团队在做购物中心招商的时候，最直观的感受就是购物中心的整体规模变大了。所有业界同人都是拿主力店这个板块来“吃掉”大量的购物中心面积，大卖场“吃掉”2 万平方米、百货“吃掉”3 万平方米，再加上家电板块“吃掉”8000 平方米或者 1 万平方米，所以购物中心总体规模变得很庞大。甚至曾经的“母体”——传统百货也会变成其中的一个主力店。原先的“小池塘”完全变成了“大湖泊”。

2. “美酒加咖啡”

购物中心（城市综合体）在内容上也有了很大的创新，增加了业态的

复合性。以前百货商店的主要功能就是购买生活必需品，但新型的购物中心之所以成为“中心”，是因为它变成了一个复合流量和消费满足系统，尤其是消费功能已经从“物”的满足转变成了“体验”的满足，尽可能地创造滞留的时间与空间，促进流量产生，进而带来巨大的效益——让消费者在这里能够尽情地吃喝玩乐，不知不觉在这里长时间逗留。这个过程跟百货商场相比，不仅是“量变”——体量的增加，而且是“质变”——传统的业态和功能向丰富的体验业态的改变。

如今很多购物中心里的体验业态占比超过了一半。有的购物中心光餐饮就占到50%，“吃”变成了餐饮商铺的集合体，“玩”可能集合了电影院、滑冰场、电玩、游戏、KTV等多种形态，可谓是应有尽有，这些显著的变化就是购物中心的魅力所在。

（二）公共空间：购物中心（城市综合体）的进化实质

如果用一句简单的话来形容购物中心的根本价值和形态，其实就是它是城市中功能最多、最复杂的公共空间。判断城市化程度最重要的标准之一就是人们在城市公共空间里共享的范围有多大、程度有多深，所以城市公共空间是城市化和非城市化最根本、最核心的区别。如果生活在乡下闷了或者无聊了，就只能去邻居家串门或者去野外吹吹风，并没有可供休闲娱乐的公共空间可以选择。农村初步城镇化以后，人们就可以在餐厅、剧院、体育场等场所打发时间，但这些相对来说功能单一，环境单调，只有发展到购物中心之后，涵盖的功能才算齐全。在购物中心里可以看电影、吃饭、玩、闲逛、买东西、交友、相亲、会客等，它也因此代表了一个城市“城市化”的层级和水平。

中国现在也逐渐走向了开放化与社交化。人们请客吃饭，为了体现对客人的尊重，保持谈话的私密性，通常会准备一个包厢；为了唱歌的体验感，人们通常会选择去KTV（歌厅）。但是近年来，随着酒吧的崛起，KTV的营业额呈下滑趋势，熟人社交正在逐渐走向陌生社交。在酒吧大厅里大家听着同一首音乐，喝同一种酒，感受同一种氛围，酒吧已经逐渐演变成了陌生人之间的社交场所。这个过程实际上就是城市化的层级发展，人们变得更加开放了。

你可以问问现在的年轻人，大城市里那么辛苦，为什么还要在那里熬着。很多人会告诉你，除了大城市就业机会够多，还有大城市的宽容与自由。他会告诉你，“回到老家我憋得慌，没有透气的空间，除几个熟人熟脸以外没有其他的空间，没有可以放松的场所”。大城市看起来拥挤，却给予了每个人最大限度的自由。在公共空间里，你是主人。只要不违背社会公德，你可以做任何事情，看书、玩手机、打游戏、涂鸦、夹娃娃、发呆……你可以和朋友一起，也可以一个人。

总之，购物中心就是城市功能最多的公共空间，消费者进去之后可以不消费、不买东西。而百货进去以后基本上就是买东西，买完东西以后没有地方可以休息，所以顾客买完就会离开，这是购物中心与传统百货商场在消费体验上的最大不同。在购物中心你可以静静地坐在那里，看喷泉、鲜花，看来来往往的人们，没有人会觉得你是异样的，是特殊的，他们只当你坐在自己家的客厅里。这就是购物中心（城市综合体）又被称为“城市会客厅”的由来。

四、“城市人”的生活及消费行为特征

购物中心要生存和发展，一样离不开分析顾客的心理与习惯。说到底，购物中心就是为城市居民服务的。不了解“主人”的喜好与特点，怎么可以让他们心甘情愿地掏荷包呢？接下来我们就来分析一下城市人在生活和商业消费上的行为有什么整体特征和趋势。由此我们大概就能明白购物中心以后怎么做才是正确的方向与目标。其实呢，毫不神秘，三个“消”字就能说清楚。

（一）消磨时间

第一个“消”即消磨时间。消磨时间这件事其实挺不容易的。例如，你在一栋大楼的大厅等朋友，你的朋友说他 3 分钟之内就下楼，而这三分钟对很多年轻人来说仿佛有三个小时那么漫长，整个人没着没落、抓耳挠腮的，一分钟都闲不下来，很是焦躁。这个时候他很难集中注意力，因为他不知道注意力和焦点该往哪里投射，他的脑子、思路、注意力需要有一个去向，而环境并没有提供这个方向，所以刷手机成为人们打发大量碎片化时间的主要方式。一个人的注意力如果不投射到某一个焦点上，就会抓耳挠腮、上蹿下跳，不仅不好看，而且会影响心理健康。所以就刷一刷、点一点那些无聊的小游戏，来打发时间，转移注意力，缓解焦虑。

打发时间，也叫“杀时间”，前面的章节中，我们谈到过这个话题。它并非毫无意义，而是很重要的一个主题。比如周末你有两天休息的时间，请问你这两天做些什么？或者，你和你的女朋友正在约会，你跟她吃个饭，30 分钟吃完了，接下来有两个小时或者三个小时的时间需要花掉，你会用它干什么，看电影？滑冰？打电玩？还是逛街？打发时间需要很多题材，很多想法。

消磨时间很重要，有质量地消费时间更重要，遛弯不能就沿着大马路遛，打发时间也不能只跳广场舞，这就为规划购物中心创造了巨大的需求背景。打发时间的时候可以是无目的性的，随便走走逛逛看看。但更多的时候，人们需要一个空间，而且需要这个空间是复合性的、综合性的、多元的，并带有“超链接”属性——可拓展、可延伸。比如，我走着走着看到一个海报，上面介绍了一部非常精彩的电影，而电影院就在楼上，上楼就能看，我可能就上去看了。这种情况与过去的目的性购物大为不同，比如去奥特莱斯就是为了某个打折的名品。现在是“无目的性”闲逛，购物成了顺便完成的一件事。这就要求购物中心环境好、互动性强、有参与感和沉浸感，功能具有复合多元性才能满足现代社会人们的需求和想法。

（二）消遣“无聊”

消遣比消磨还重要，消磨实际上就是把时间“花”出去，而消遣的实际意义引申出来就成了“找乐”。早些时候，购物对于消费者来说就是消遣，例如肥皂剧里的女孩子通常在跟人吵完架很生气的时候就会去商场疯狂地买一堆东西，买完之后基本上看也不看，她们只是享受这个很“爽”的买的过程。那也是一种消遣。但是现代人的消遣方式太多了，说起来可笑，在这个充斥着“无聊”的年代，诺贝尔金学奖的获得者远不如一个演技蹩脚的小明星获得的关注度高，粉丝多，影响力大。换个说法，今天在学术上、文学上成就再高的人，或许都没有一个三流演员“值钱”——受关注度高，就有流量，流量就是金钱。为了消遣，人们去看各种小视频，有的内容毫无营养，甚至无聊、低俗。但是人们就是为了消遣作乐、寻找刺激。比如有的人在视频中表演吃东西，吃相就像小动物一样，但是点击率却很高，因为这种视频满足了人们猎奇、围观的心理。抛开短视频利益链的问题，观看的人就是为了消遣，放空自己，排解无聊。

这个时代我们可以称之为“无聊时代”。如果你不理解每一个人心中的无聊就说明你是个刻板的、无趣的、没有创造力的人。只有深入了解广大群众无聊的点在哪，才能更加接近成功。也许，我们被几千年来的说教文化“泡”够了、熏透了，我们已经不喜欢听人讲道理、讲规矩了，我们需要放松、放空，我们想追求开心。年轻人有空的时候疯狂打网游、刷短视频，是一种消遣；跳舞的大叔大妈一边跳舞，一边眉来眼去，也是一种消遣。这么看，其实大家的娱乐渠道都非常窄，尚未实现多元化，高质量的社交现在还没有走入一个风口。

在国内，多数人是通过手机聊天软件实现沟通互娱的。但实际上有效、高质量的社交在线下，无论是沟通情感，圈层的智慧和思想交流，还是酒肉朋友，其实都应该回归线下。相对于西方，东方是一个偏内向的民族，大家在手机上聊得热火朝天见了面却无话可说，这样的发展趋势并不好。所以打发无聊就需要有社交以及刺激的体验性配套，比如，饮茶、喝酒、看电影、滑冰、运动、健身，逛街、唱歌、看展等方式，多元化的社会，其实有很多事情能够供你消遣。

（三）消费“口袋”

或许你会说消费就是花钱，“难道花钱也会出现问题吗？”答案是肯定的。花钱花得不开心这种现象非常普遍。例如，周末或者黄金周，你带着一家人准备出门娱乐一下，取出两三万元去到某个目的地，也许是一个景区，也许是某个消费场所，总之你满怀期待得到好的供给与服务。然而，回家后却发现只花费了两三千，很多钱无处可用。此时你的内心是不开心的，原因在于没有场景、没有供给可以提供给你，你无法实现高质量的消费。当经济条件提高，供给无法满足消费时，多数人的内心是不愉快的。又或者你的钱花完了，却发现没有一个项目或一次体验是让你和家人开心的，时间和金钱都花出去了，却只收获了一堆怨气，不能不说是遗憾。

面对中低端产品过剩、高端产品不足，传统产业产能过剩等供给问题，国家制定了《中国供给侧结构性改革方针》。供给侧结构性改革的关键，是要以有效制度供给解决生产要素的合理配置问题，核心在于使市场在资源配置中起决定性作用。但现在的情况是，人们即便有钱也很难得到高质量、高标准、令人满意的消费服务，这方面的供给改革战线很漫长。所以，如果这些领域的投资者与决策者能够抓住“消磨时间、消遣无聊、消费口袋”的风口，那么你将会获得无数的机会来创造巨大的价值。

购物中心之所以有进化的取向、做不完的联想、讲不完的故事以及供给不完的服务，实际上就是根据这三个维度来做开凿的。包括所谓的旅游文化地产、文旅小镇以及购物综合体，总之各个领域都要围绕这三个维度来展开。谈产业是供给方，谈消费需求才是“以人为本”，从需求出发，才是消费者最关注的话题。这是大趋势。

五、购物中心（城市综合体）的有效经营手段

若是一个新手、“门外汉”现在接手了一个购物中心的改造工程，或者投资新建一个购物中心，有哪些标准和建议可以供他参考，有没有可资借鉴的案例？答案是有的，既有标准和建议，也有案例。主要来说，这个标准主要是两个方面：一是场景；二是人。接下来具体谈一谈。

（一）精心塑造场景以激发消费

说到场景，最直观的解释就是购物的空间、消费的场景。其实空间是场景的基础，但场景却不仅仅是某个空间。例如某个会议室是一个空间，但会议室的场景既包括物理空间，也包括这个空间的氛围营造，比如灯光效果、整体格局、人员的位置安排、大家的精神面貌和气氛等。在一个场景中，“声、光、电”所有设施都要到位，这叫整体的视觉和空间体验。好比是舞台的灯光与舞美共同营造的空间与氛围，才算作“场景”，场景既是故事发生的环境，有时候也是故事进展的催化剂，因此场景的搭建极为重要。

不知道大家是否有过去赌场的经历，仔细想一想，我们看到或听到过许多关于赌博的故事，都差不多是一个版本——刚开始信誓旦旦地说不玩或者只是“小试牛刀”，结果玩着玩着发现 1 万元进去了，到最后发现 5 万元、8 万元都没了——为什么在赌场，人们的意志力会如此薄弱呢？这里还真不仅仅是个人意志力薄弱的问题，现场的场景营造也在推波助澜。以澳门赌场为例，你会发现那些赌场的场景塑造非常成功，而它的成功之处主要表现在以下几个方面。

1. “输了不心疼”——精心设计心理控制

第一，以极度奢华的景观“矮化”个人的存在感。赌场的场景设计的奢华程度，让你感觉到即使把全部身家拿出来，也不觉得自己富有，甚至在那个场景里你会不由自主地“视金钱如粪土”——实在是因为场景太过

富丽堂皇，置身其中的你，瞬间会觉得“小钱”根本不值得计较。第二，高含氧空气提高大脑与身体的兴奋度。通风管道中输送的空气氧气含量明显高于室外空间，这会令你代谢加快，精神饱满，长时间不会感觉到疲惫，甚至整个人变得异常兴奋，而这会刺激你对于投注的欲望。第三，以“筹码”麻痹金钱的感知。将钱换成筹码，赌的时候只见筹码不见钱，能够在一定程度上麻痹玩家对金钱的认知，失去了金钱的真实感，“钞票输出去会心疼，筹码输出去好像没感觉……”这就是赌场的心理控制应用，从而导致玩家不停地往外抛筹码。很多时候玩家不会去主动意识自己对这个筹码的承载力是有限的，心理还没有觉得疼痛，口袋已经空了。

2. “肥水不流外人田”——精心设计消费商品与美陈

人们往往只记得赌场中的轮盘老虎机，却没有留意到赌场也是最大的奢侈品王国。赌场中设计和提供了丰富的消费方式及消费内容，将赌博—消费—赌博形成一个内循环闭合系统。只要你有钱，无论输赢，都有你可以获得的奢侈享受。尤其是赢了钱，往往一掷千金。住超豪华的五星级酒店，什么服务都有，爱马仕、LV 全是一线品牌，可以尽情消费——即便你赢了钱，也全都在里面消费了。你输了，钱进了赌场；你赢了，钱还是进了赌场——基本上形成一个功能上的生态圈，以“赌博、消费、吃喝、玩耍”一条龙毫无障碍地供给，满足你的一切需求，也赚尽你手里的每一两银子。当整个大场景营造成功之后，“肥水不流外人田”就成了一件意料之中的事。

购物中心在塑造场景的过程中需要考虑目标客户群体是哪些，然后再确定风格，是古怪、另类、独特，能让年轻人记忆犹新的后现代工业风，还是清新、有创造力、高雅的艺术风，又或者是多元混搭、跨文化主题风，都没有一定之规。只要整个购物中心的文化氛围符合消费群体的美学需求，能够给消费者形成视觉上的冲击，就是成功的场景营造。

3. 利用“气味营销”手段

众所周知，绝大多数的购物中心都是“千店一面”，白墙、白顶、白砖、白地，大抵都是如此。在环境和场景的塑造上，没有花大心思将其做到相对极致的状态。当视觉场景都还没有做到的，听觉与嗅觉也许更不在考虑之列了。实际上，场景是综合作用于人的感官，继而影响人的心理的。

“气味营销”当属场景打造中最高级、最细微的形态了。全世界有好几个专门做气味营销的知名公司，他们的成功案例也是不胜枚举。想必各位买新车的时候都会有这样的体验：开门的瞬间就有一股扑鼻而来的气味，多数人会觉得那是皮革的味道，其实那个味道是做出来的，目的就是让这股特殊的“新车味”刺激消费者的购车欲望。如果你走进希尔顿、香格里拉这些国际连锁大酒店，大堂里都有一种非常特殊的气味，非常醒脑，让人记忆深刻。这种味道与酒店形成了一种紧密联系，当生活中再遇到类似味道时，你会条件反射地想起到过的酒店。这就是气味营销。生活中，最常见的气味营销就是香水了。香水作为一种高级的个人用品经常被作为礼品送给他人，但是因为香水是极度个性化的商品，有时候你喜欢的味道对方可能无法接受，而且即便有些香水的味道闻起来一样，但与不同的人的体味结合之后散发出的味道也是不同的，所以需要慎重选购。

这些小细节在场景塑造上都很重要，从视觉、听觉、嗅觉到触觉都需要有场景上的塑造。

另外，关于创造力方面，绝大多数人在做设计的时候都喜欢和专业的设计机构合作，但是他们通常只会给你拷贝一个图，以效果图居多，而非施工图。我接触过大量该行业的工作人员，只有个别设计师或机构做得还可以，业务能力在行业中被普遍认同，剩下的多数人都很难或不愿意在这方面发挥创造力。因为设计这项工作需要极其细微的创造力、对客户了如指掌的观察力，以及对时尚和美有着敏感的感知力，因此费用比较高。绝大多数企业都不愿意在设计上投入太多金钱，通常都是找一家装修公司，参考一下周围的商场，把楼的地板砖铺上、墙面刷好、吊顶弄好基本就结束了。压根没有人用心设计场景，又何谈融合感、互动性和整体体验呢？

(二)“人”“货”“场”的巧妙组合与整合

1. 购物中心的“人”“货”“场”

购物中心的内容既是实实在在的物品，也包括了物品的选择、功能的排列和空间的组合，即传统百货界常说的“人、货、场”。“人”指的是空间中人的位置是否舒适，动线是否集约、便捷；“货”指的就是内容，有形和无形的商品；“场”就是空间分割与组合的设计，既充分利用空间，让顾客感觉到紧凑与氛围，又不会使顾客感到拥挤与局促。

比如购物中心（城市综合体）的“货”，就包括了有形的物质商品和无形的文化商品、服务商品。又如，去 KTV 唱歌、看一场电影，这些都是文化消费品，是无形的商品，也是商品的高级形态。

2. 空间组合与产品定位

除内容的整合之外，视觉上的组合也是至关重要的，同一种功能但不同的排列组合，则会产生不同的竞争力，效率与效益皆有不同。

我们都知道餐饮板块对购物中心整体架构很重要，顾客逛累了需要休息，需要吃喝。同样是 1 万平方米做餐饮，却可以有多种多样的排列组合方式，可以是 100 家或者 300 家风味小吃，也可以是 20 家时尚类的主题餐饮，还可以是多种面积不同、风味不同的什锦组合方式，不同的组合与定位，吸引的顾客层次和产生的竞争力完全不同，所以整合内容的时候重在排列，也重在定位，不要老先常谈，“只要按比例招商即可”。招来的不是你想要的，效果也会打折扣。意料之外常常是两种情形，惊喜或惊吓，招商中的意外惊喜不多，但令人失望的情形不少。

3. 招商与规划同步进行

招商过程中许多决策者与执行者都喜欢偷懒，前期在设计上不愿意花太多心思，中间执行过程中喜欢简单粗暴——怎么简单怎么来，生怕多死一个脑细胞。比如餐饮这块的面积是 1 万平方米，平均分割成 10 个铺面，一个1000平方米，招了10家来经营。结果一段时间之后发现有一家店做得不好，一关就是整整1000平方米，再找人接盘时就会出现店铺面积过大，对方可能没有能力承租的尴尬局面。人家提出租500平方米就够了，可是铺面的结构已经固定，这个1000平方米怎么分都不合适，十分麻烦。因此前期就应该充分考虑好如何切割这1万平方米，并不是整体定好调子，“招就对了”这么简单。招商在前，空间分割在后，一边招商，一边进行几何设计，这样才能既避免浪费，也避免削足适履。

排列组合过程中需要突出什么？

一是突出核心竞争力。主要指核心对比优势，即所有的业态组合在一起是否能形成与其他购物中心总体量上的优势。

二是整合内容时的“游戏规则”。整合之前需要明确规则，是租赁还是联营，如何在整合过程中刺激商家长久地跟你绑定，实现所谓的“长期坐商，长治久安”。

（三）规避三大误区

绝大多数的开发商、运营商都是盖一栋新楼，然后对比旁边的租金定完调就开始招租，实际上这里面存在以下几个误区。

1. 深陷“好地段”困局

同一个地段的楼房盖起来，就好比同一对父母的孩子生出来——都有个先来后到。“楼生”的起点不一样，哥哥姐姐多少是占优势的。有的楼已经历过三五年、十多年的运营，而新楼在自身的运行和与环境的磨合方面都资历尚浅，很多问题都还没有暴露出来，也就自然得不到解决和弥补，因此很难有优势。然而，许多人在定租金的时候通常不会考虑“楼”的新旧，一味地看准“好地段”就下手买流量，这一做法并不妥当。大量的人进驻以后发现达不到预期要求，很快就走了。没有经过磨合，必然会出现意料不到的硬件、软件和环境问题，与想象中的样子截然不同。

这个现象就好比生活中常看到的老夫老妻“打是亲来骂是爱”，老头儿老太太已经有非常深切的默契，张口“老不死”，闭口“杀千刀”，其实满满都是打情骂俏。年轻的夫妇还是要多温柔一些，尤其是语言上要柔软和不失礼。磨合好了，此生和顺，磨合不好，或许也就走不长远。

2. 缺乏长远战略性眼光

开一个新的商场，就像新婚夫妇，不能一开始就学老夫妻的“做派”。新商场要慢慢成长，不能刚种树就想收获果实，这种急功近利是不可取的。否则，业绩稍微差一点，店商就走了，你就心慌气短，开始被动地降租金。要知道业界都是“买涨不买跌”，自降租金被称为“傻瓜行为”。

这种情形应该一早就预料到，并提前开始做市场培育。准备阶段就需要具备成熟的、有预期的长远战略性眼光，在培育上可以称为“战略性亏损”。短期的亏损并不可怕，只要培育起来，后期便可以通过增加租金的方式挽回之前的损失。在这一点上，太多的人无法作出取舍，一味地用常规的眼光经营商场，这也是多数开发商、运营商最终走向失败的症结所在。

3. 对执行力的把握过于自信

在执行过程中随心所欲，不尊重专业，过于相信自己的能力与过往的经验，也是我们在“诊治”时经常会遇到的情形。“术业有专攻”，之所以称为“专业”，是因为一行有一行的基本常识、规则、规律、技术标准和要求，偏离了这些，要么徒劳无功，要么做出“四不像”来，反成鸡肋。创意与创造需要想象力，需要天马行空、不预设边界，这个“无边界”却在规律的框架之内。缺乏专业的组织领导能力、组织调度能力、攻坚执行能力、细化操作能力，缺乏“流程管事、制度管人”的管理制度，缺乏打攻坚战的整体布局，想到哪儿打到哪儿，说到哪儿做到哪儿，决策者“跟着感觉走”，执行者像一群“无头苍蝇”——这种事业能成，真是天方夜谭了。

老板一个人掌握全局，事无巨细、事必亲躬的做法看起来负责，实际上效率低下。其实很多事情都可以在流程中解决。全都按照老板个人的意志而定，缺乏成熟的管理机制和规范的流程，权力过于集中，则必然导致团队自主性降低，执行团队缺乏激励、无所适从、看不到路径，这都是行业中的通病。

大家会发现，如果出问题，绝大部分都出在人身上，而这个人就是宝贵的企业家资源。在整合内容、制定游戏规则以及执行板块上，绝大多数的企业家还有待成长。大家基本上还是点式的思维和线性思维，习惯根据个人的意志来做事，没有系统性的全局思维，没有放眼企业的整体布局。这种靠个人意志、惯性和时机共同造就的企业，“二代”企业家们的接班就成大问题——他们一般在国外接受过现代企业制度和管理模式的系统性学习，回归家族企业时发现“老爹”的公司一塌糊涂，完全没有路径，没有流程，没有制度，只是“老爹”一个人在那儿“吆喝”。

真相往往比较残酷，理想可以光芒万丈，但真相永远有光明有黑暗。近几年，我发现很多企业家不再像以前那样“叽叽歪歪”，不再把理想和情怀挂在嘴边，也不再讲一大堆“假大空”的理论了，他们不再标榜自己的企业有最好的体验和最大的成长空间。雷军开始让员工做考核，京东开始裁员，很多大公司开始回归“驱逐平庸者”的行列。之前推崇的人性化、个人化职场模式，如每个人都能成为半个自由职业者等类似愿景都在渐渐被推翻。但这个现象却不是坏事，因为务实就是进化的基础。在不同的天时、地利条件下，必须紧跟时代脉搏的频率跳动，既不能超前太多，也不要滞后。许多企业家都是吃了血本的教训之后，才回归现实开始做实事。

六、购物中心（城市综合体）的运营法则

（一）“上帝”VS“玩伴”——对顾客的认知定位

许多人对购物中心运营的理解是搞好服务，不能说这是错误的，但至

少是不全面的。其实运营不仅是指服务，更是一个指导方针。购物中心的运营更重要的是做圈层和社交向的游戏，一种是为客户服务的思维，另一种是跟客户游戏的思维。所谓的“顾客就是上帝”的理论在当代的商业生态中已经行不通了，而是要将客户当成最好的伙伴，一起玩耍、一起快乐，在这个过程中有社交、兴趣、娱乐、游戏、购物等多个层面的交集与融合——这才是当下我们需要的运营。

如果你在深圳参加过马拉松，就会发现它的终点站基本都设在购物中心，跑完后就可以在那里吃饭喝水，而参赛者一般都有好几万人，加上亲子跑、迷你马拉松等，加油助威的亲属朋友，随随便便就是10多万人，这些人中的大部分会在终点附近逗留，无论是直接消费还是带来的影响力，都会是巨大的收益。这就是运营。而多数人抱有的运营理念是“一到周末就打折”，这不是运营，这只是一种手段。在所有的购物中心或商场到周末都打折的情况下，这一招连手段都算不上。真正的运营是一个系统思维，是包含了时间、频率、额度、手段、宣推等一系列元素的综合方案，它是包含了一定的技术含量和含金量的商业游戏。随着顾客从“上帝”向“玩伴”的角色演变，运营这个层面以后会走向社交化、圈层化、兴趣化以及游戏化。在此建议广大开发商、运营商，尽早从这些角度入手做运营。

今天的顾客已经不满足于当“上帝”——敬而远之，那是单纯的商品经济时代的服务模式，因为顾客感觉到自己被尊重，就有可能掏腰包来买东西。事实上人们前往购物中心，已经不仅是购物驱动，还包括娱乐与休闲驱动。购物中心不仅要满足顾客购物的需求，更重要的是帮助顾客消磨时间、消遣无聊，继而消费口袋——顾客在你这里“玩”得开心，自然也会“买”得大方。

（二）三大思维战略

广大的企业家在看待商业不动产项目时，有三大战略思维。无论选择哪一个维度去布局，都会有理想的结果。

1. 房东思维

我们在前面批判过很多次“房东思维”，做产业小镇的，做产业园区的，“房东思维”都是非常糟糕的思维，因为那些业态中搭建的是平台，需要“镇长”或“园主”的积极参与与整合，如果决策者只想当包租公，对小镇或园区的运营置之不理，这种思维就是最消极的思维，是最不可取的做法，说白了就是不作为。

但在购物中心这样的业态中，“房东思维”却是一种明智的选择。因为，不是所有的人都适合做所有的事。你擅长的领域是拿地、设计、盖房子，运营和经商却不是你的专长，那么，你就去拿地、设计、盖房子，然后把房子卖出去或租出去就可以了——至于经商、运营，就交给专业的公司去做。切忌又当房东又当婆婆，整天指手画脚——专业的事交给专业的人去做，这才是社会化大生产中最有效率的模式。

一个只会盖房子的人，无论房子盖得有多好，都不要试图染指其他领域。若是以为自己也可以做好其他的事，忍不住“技痒”非要参与运营工作，结果只会令他付出惨痛的代价和成本。稍微捋一下就有这么几种后果：第一个代价会令你的房子贬值——运营不好，房子本身会受连累；第二个代价是在运营的过程中不断亏损、亏空，白白消耗人力物力；第三个代价是你的迟钝导致发现问题为时已晚，基本上已经“病入膏肓，血本无归。

如果你有“房东思维”或者“房地产思维”，你就会清晰地知道自己的定位。踏踏实实把房子盖好，然后卖掉或租掉，你就安安心心地再去转悠——寻找下一个合适的地段，进入下一段盖房子的周期。

如果您实在放不下自己辛辛苦苦盖好的房子，您也可以找个放心的人或者公司替您“看着”——专业的不动产运营公司现在不是稀罕物，那么找到一家资质与成绩都不错的公司，将您的全部房产委托给他们管理就可以了。一方面，他们是专业的运营公司，具有丰富的招商经验，可以为中心招到最合适的商家，做到资源的最大化利用；另一方面，他们是非常成熟的运营商，善于构建系统的运营方案，能够将购物中心的多元属性得到最大限度的体现。

2. 流量思维

自从进入互联网时代，“流量思维”就频频进入公众的视野。其实做生意就是做流量，不仅互联网最讲究流量，线下商业也讲究流量。李嘉诚先生说过，“做房地产，第一是地段，第二是地段，第三还是地段”，言外之意是“第一是流量，第二是流量，第三还是流量”，地段好就意味着流量好。

相较而言，“流量思维”比房东思维要进化一步。房东不在乎流量，只在乎收益，就算商场里没有流量，但是商铺租了店铺就要交房租。所以房东思维是运营 1.0 版本的思维，而流量思维是 2.0 版本。没有流量就没有收益，没有收益商铺就开不下去，今后的房租可能就交不上来。所以，从一开始就要关注地段、关注流量，并采取措施积极引流，才是可持续收益的保障。

3. 平台性思维

这是运营的最高级思维，属于系统性和整体性的思维模式。不看流量只收租金，难以为继，光有流量却也不是稳定的保证，那么既有收益又可以保持稳定的思维方式和运营模式是什么呢？就是平台思维和平台运营，即将整个中心建成一个充满生机的商业生态圈，各种商业形态都可以自我生长，整个群落得到最充分的成长。假设某个商圈有 30 万名潜在客户，在那里盖一个商业中心，构建包含软实力、硬实力的微生态体系。这个体系满足了多样化、丰富性的“玩购”需求，即便远在城郊 30 公里处也有可能成功。比如奥特莱斯就是很好的例子，虽然没有流量但平台搭得好。平台好，商家愿意来，这样商品就多了，商品尽乎无限丰富的时候，顾客多远都会来。

搭建完平台以后就需要整合内容、保驾护航，这样才能创造流量，进而持续性地产生流量。所以，流量思维适用于那些没有技术性操盘能力的人，有能力的人应该去打造平台，虽然难度很高，但一旦打造起来，很快就能实现两大目标：第一个能创造流量；第二个能维持流量的持续性。

我认识很多江浙的、广东的朋友，他们都是久经沙场的老手了，但是最常问的问题还是“哪些商铺适合投资”之类的。我通常会建议他，“朝流量多的地方下手即可”，这种地段的商铺几乎不存在风险。

若是非常有智慧、有财力、有大规模运作能力的公司，我们建议它自己创造流量，因为它有能力和资源创造一个商圈，可以通过非常低廉的成本创造出高溢价效应，通过几十万平方米的商业体就能撬动周边几千亩地的发展。但值得注意的是，只有具备平台性思维的人才能做成这件事，如果没有平台性思维，即使有流量思维也难以成功，二者缺一不可。

现阶段国内绝大多数购物中心都呈现出“千篇一律”“千店一面”的面貌，谁能抓住客户的眼球，吸引客户的注意力，谁便是最终的赢家。在“暗波涌动”的竞争热潮中究竟如何才能“玩转”购物中心，如何才能玩出新花样，如何才能与客户擦出新的火花，我认为树立合理的“房东思维”“流量思维”“平台性思维”，并且在此基础上能够清晰地审视自己，才是成功的关键。做到以上几点，成功的概率便会大大提高，亏损的概率也会相对降低。这也是我给广大企业家，尤其是“散兵游勇”的广大商业不动产商提的真诚的建议。

/ 第三章 /

批发市场——灵魂消亡，“壳”如何“重生”

为什么说批发市场是中国本土唯一具备原创基因的实体商业业态?

为什么说批发市场的核心历史使命已经完成并即将谢幕?

为什么说重塑批发市场的“壳资源”价值，将成为最难解的课题?

一、批发市场概况解读

在商业地产或者实体商业中有一个非常重要的领域，也是我个人最有感情、最想好好跟各位分享的一个领域——批发市场。

听到这个名字，也许很多人会感到失望。批发市场看上去很低端，一般给人的感觉都是脏、乱、差，卖的都是廉价的东西，整体档次也不高。那么我为什么会对它产生兴趣？原因在于批发市场对中国的经济与社会发展起到了举足轻重的作用，还在于它有着远远超过一个市场的社会意义。

（一）中国本土唯一的原创实体商业形态

批发市场是中国本土唯一以原创的血统成长起来的实体商业业态，不像百货、大卖场、超市、购物中心等业态基本是靠模仿西方市场慢慢成长起来的。批发市场也许采用了国外先进的建筑设计与现代化的设备，但并没有采用或借鉴任何国外的先进模式，完全是土生土长的原创商业业态，而做到了全球流通领域最先进、数量最多、覆盖面积最大、物流最兴盛，其发展模式及运营模式影响了全世界——就市场业态而言，批发市场这一块，只有中国影响世界的，没有外国影响中国的，这值得我们为之骄傲和自豪。

（二）涉及行业覆盖度广，体量庞大

作为商业地产业界人士，你如果不了解批发市场，就不能算真正了解中国的商业不动产。因为批发市场所占的市场份额巨大，全国总量高达10万多家，几乎每座城市都有上百家批发市场。在成都、重庆、西安、沈阳这类城市，大多分布有500家以上的批发市场，有些城市甚至高达八九百家。

批发市场所涉及的行业有100多个。多数人生活中用到的实物性消费品有一部分来自商场、超市、购物中心，但家庭刚需性产品的绝大多数和近于全数的半生产资料，都是通过批发市场流通出去的。所以，批发市场的市场占有体量非常大，对国计民生的影响举足轻重。

（三）中国广大基层经商者勤劳奋斗的真实写照

批发市场的经营者代表了中国广大基层经商者的真实面貌和生存状况。整个批发市场领域中，活跃在一线的经营人员最少有5000万名以上。在他们中间，多数人都是采用“夫妻店的发展模式”往外扩张，人数一向不多，即使营业额达到一个非常可观的数字时，也只是一个拥有几十名成员的小团队。但他们在店面的经营上呕心沥血，倾尽全力，从他们身上真的能够感受到中国人的勤劳奋斗精神。

如果是做过运营的人，都会有感触，其实批发市场就是一个市井江湖。大部分批发市场的经营者文化水平较低，甚至不识字，但他们往往能够自然而然地融入一种江湖语言和江湖氛围中，扎下根来，茁壮成长。

我带领的团队参与运营和管理过的批发市场数量众多，其中包括招商和启动等多方业务，经历和经验都非常丰富。批发市场市井氛围浓厚，运营和管理起来实在没有太多的技术含量可言，基本都是简单加粗暴才能奏效，一定要手腕够硬、手段够强。如果总是一副文绉绉的书生模样，是无法成功地经营批发市场的。

后来，伴随着商业不动产的黄金期发展，批发市场迈入了一个鼎盛的开发期，卖得最多的商铺都在批发市场里，一个市场就可以卖掉几十万、上百万甚至上千万平方米，招商过程中一天可以招5000个商户，这在做精细化高端零售业态中是无法想象的。原因在于，批发市场卖的基本都是民生所需产品，同时它还解决了基层大众的创业出路。如果你没有一技之长又没有读过书，没有太多本钱又想独立创业，实现老板梦，那么去商品交易市场摆摊则是一条不错的出路。

二、批发市场发展历程

批发市场为何蕴含着如此庞大的体量？为何绝大多数商业不动产从业者都搞不清楚里面蕴含的套路？

走进批发市场，你会发现很多售楼处的广告墙上绘有“第五代”“第六代”“第七代”等不同的字样。但当项目老板被问及批发市场的发展历史时，多数人的头脑中并没有清晰的认识，当然也解释不清。但实际上，它是有一个标准的。

大家可以在心中做一个衡量的尺度：任何人解释任何现象的规律和本质，若非简单易懂、清晰明了，就不要轻易相信。“大道至简”在各个领域都管用，最真实的东西，其内核都是简单的，用这个标准去衡量就能得到检验。

（一）中国批发市场简史

批发市场发展至今，究竟经历了几个发展阶段？每个阶段又呈现出怎样的特点？

1. 第一代批发市场——露天地摊

所谓第一代批发市场，实际上指的就是露天地摊。大家千万不要小看摆摊，批发市场就是从摆摊开始的。

中国批发市场的龙头“义乌小商品城”的第一代就是一帮大姐、阿姨摆地摊摆出来的。当时整个社会都在打击投机倒把的人，因此第一代摆摊的人都极为不易。摆摊好像是千百年以来中国人经商的一个传统，但中国古代摆摊的现象严格来说不是批发市场而是街市——看看《清明上河图》就可以发现，那个时候各种小摊小贩来往穿行的热闹图景。今天我们谈的内容仅限于当代批发市场的升级和进化。

2. 第二代批发市场——公用大棚市场

第二代就是大棚市场。相较第一代而言，大棚市场有了最简易的建筑形态，在市场形态上取得了突飞猛进的进步，它打破了露天地摊在天气方面的局限性，不论刮风下雨都可以出摊。最重要的是，街道、管委会可以收取管理费，整个街道也变得更加有序，这是第一代批发市场所没有的。

3. 第三代批发市场——独立棚户区

第三代是比大棚市场更简易的建筑群，沿着街道搭建起最简易的，一间一间的棚户区，棚与棚之间面对面，建筑基本上只有一层。第二代的大棚是没有分割的，所有人都在同一个棚下摆摊，第三代的大棚里，棚与棚之间是相互独立的，商户可以实现稳定经营，可以在自己的小空间设计一下布局、精心排列一下商品，可以营造自己的经营氛围。从这个时期开始，商户有了自己的主体特征。

4. 第四代批发市场——“盒子建筑”模式

第四代产生了最具革命性的、翻天覆地的变化，开始迈向商业不动产开发阶段，进入了类似购物中心那样的“盒子建筑”阶段。这一代批发市场具备了公共装修、集体照明、中央空调、电梯等配套设施，整个环境有了很大改善。市场内店面根据需求进行有效切割，一间不行就两间，两间不行就三间，小的店面经营不了就可以连起来，大的用不了可以切割成小的，灵活多变。商户可以在内部打造出来的场景下实现独立经营，整体开始逐渐走向购物中心式的场景构造。

在中国，所谓的商业地产黄金期，实际上就是第四代批发市场的崛起期。那个时候一个批发市场可以在两天内卖完几千套铺子，所有人都去抢，非常疯狂。因为室内经营的确比散乱的室外经营更有气氛，更有场景感，更集中，更有爆发力。消费者进入“盒子”后就可以实现内循环，上下左右都可以逛，里面非常热闹。

5. 第五代批发市场——“场、街结合”

第五代稍微有点牵强，但是还必须把它划为第五代，我们称其为“场、街结合”。有场，有“盒子”，按照“盒子”外围的需求配上“街”，街区叫专业街。“场”通常比较综合，铺位切割比较小；外面的就用专业街形态，例如卖茶叶的专业街，大户可以进入专业街，可以开独立的类似于专卖店或者旗舰店那样的店面，甚至可以经营体验业态，如餐饮、汽车服务等。场和街之间在功能划分、建筑分布上形成了一种循环、多样化形态。

6. 第六代批发市场——“线上线下一体化”

第六代是线上线下一体化。线上线下指的是批发市场受到电商尤其是“淘宝”店铺的冲击后，被动地采取了一些线上的推广和联络手段。由于受冲击的程度较大，所以很多实体商业经营者都选择拥抱电商，线上线下一起发展，但结果却不尽如人意。到目前为止，线上部分基本上没有任何成功的效用，但依然还有很多人“抱着”线上线下一体化不放手。

电商也许是实体商业经营者永远的一个梦。在这期间，大量企业与公司有过各种各样的尝试，例如，顺丰的“嘿客”尝试过O2O，银泰、阿里巴巴也有过战略合作。批发市场不断在做探索，但几乎没有人取得成功。给人的感觉是生拉硬拽，矛盾重重，融合不了。

（二）批发市场的当代史——线上线下的结合

“线上线下在批发市场中为什么行不通”？多数实体商业经营者对此百思不得其解。

1. “线下”对“线上”的小订单不屑一顾

线下市场的人很“懒”，这里的“懒”指的是他们不屑于赚小钱，绝大多数知名的大规模市场基本上还是“走”批发，靠“量”取胜。在阿里巴巴登登信息、搞搞批发，有就做没有就拉倒——这种钓鱼式的生意经不适合批发商，如果线上的单太小，他们就不愿意去接。另外，“懒”在不愿意学习电商相关操作，面对电商运作的功能、系统，包括如何拍摄图片、如何做图文介绍，如何上传、如何跟客户做维护等问题，一概懒得学习。

其实，做批发市场是一种“熟人经济”，基本上就是跟谁比较熟就去谁那里拿货，简单粗暴。长此以往，多数人都变得不太愿意花心思去精耕细作。

2. 商品性质特殊，不宜做线上销售

批发市场里有大量的商品是非标准化的，存在一些行业特性，“排斥”被更广泛的人看到。例如服装批发，尤其是一级批发商都是跨季生产，夏天做冬天的衣服，秋天做春天的衣服，基本上都要隔一个季节。而这个情况他们不会对下游的采购商明说，如果不是熟悉的人是不会给你看到的。因为这对于批发商、一级批发商的那些大户而言至关重要——如果赌对了下一个季节的流行趋势，一年可能赚大钱，少则几千万元，多则上亿元；如果赌错了，产生一堆库存，很可能就会输掉全部身家。

这种情况之下，他们不愿意把今年冬天要批发的小棉袄摆在网上给你

看。如果你不了解，不走近它，就永远不会懂它的逻辑。或许你会质疑“都什么时代了，有那么封闭吗？还有秘密可言吗？”每一年的每一个流行款出现之后都有很多人发财，原因就在于他们窥探到了最优秀的大批发商在生产什么、在下什么订单，那些大批发商有眼光、有实力，或者有信息、有渠道，知道明年会流行什么。

在服装领域更新迭代过程中，对时尚要求最高、速度最快的是批发市场里面的那些批发商。虽然常见的街边快时尚大牌也很好、很快，但是，一旦批发市场里的东西“走红”，它就会席卷而来，铺天盖地。例如前几年突然流行的亮面小棉袄、小夹克，几乎在一夜之间满大街都是——99%是批发市场贡献的，原因在于批发市场的生产量极大，一件衣服一级批发商就赚几元钱，但是数量极大。这是电商无法接受的。

所以批发市场跟电商结合的过程中就产生了各种不适应性。批发市场里卖的商品又杂又小，没有形成互联网上的语言，没有在互联网上做过精心的培育，商户在跟客户沟通的过程中很浮躁，多会表现出“买就买，不买拉倒”的粗暴态度。因此，很多批发商在做电商尝试时，会把自己的电商业务外包给电商公司，虽然花了一些钱，但最后还是以失败告终。

三、批发市场的级别分类

上文中我们提到批发市场的体量非常庞大，如此大的体量是否有分级？判断的标准是什么？该如何划分？

批发市场大致可以分为以下三个类别。

（一）一级批发市场

一级市场又可以称为产地市场，也可以称为产业聚集区市场或源头或源头价市场。例如，在义乌有一个义乌小商品城，而周边所有围绕着小商品的加工、生产、流通甚至金融形成了一个大生态，这种市场基本上所有的商品都是源头或源头价。大批发商直接在厂商那里下订单，这叫作一级市场，它非常有优越性。

例如，义乌小商品城在义乌，那么义乌就是生产小商品的集散地；绍兴柯桥轻纺城在绍兴，那么绍兴就是生产轻纺的集散地；海宁皮革城在海宁，那么海宁就是生产皮革加工的集散地。这些集聚区产生的市场都是一级批发市场，“源头或源头价”通常是经久不衰、最有影响力的。

（二）二级批发市场

二级批发市场大多分布在各个省会或者重点的地级市，它的核心功能就是商品中转枢纽，货品基本上来自一级批发市场。二级批发市场具有规模最大、货品最全、交通便利的主要特点。二级市场只做流通，周边没有生产。比如有名的武汉“汉正街”小商品市场、石家庄市南三条集贸批发市场，等等。

（三）三级批发市场

三级批发市场实际上就是终端的服务性市场。例如，你在商业街逛街的时候里面有一个小服装城，商铺是隔成一间一间的，这种市场就不是批发，商品多是从二级批发市场拿过来的。他们拿货的效率比较高，头天晚上去，第二天中午就能回来开门营业。三级批发市场一般采用零售方式。

有的商业分析人士将商铺分成了八个级别，我认为大可不必，其实整个批发市场分成产业聚集区、枢纽中转、零售这三种形态，就可以非常清晰地说明批发市场的层次了。

四、批发市场的核心价值

分析完批发市场的进化阶段、基本分类的形态和属性，我们接着分析它有哪些“核心价值”。

（一）渗透力强，覆盖度广

批发市场这种商业形态拥有超强的渗透力，尤其是集团化、连锁化的商业形态辐射不到的地区，其市场的渗透力更强。无论是偏远的小镇、商业不发达的县城还是现代大都会城市，它都无孔不入、全面覆盖。一方面覆盖全部地区，另一方面覆盖各种行业，如家装、建材、食品、服装、灯具等行业，生产生活用到的东西基本上在批发市场里都能购买到。尤其是一些经济欠发达的地区，批发市场尤为繁荣，原因在于它的渗透力强，没有标准化，没有固定的硬性模式，对周边的人流量没有特别高的要求。实际上它就是一个交易市场，一个供普罗大众买卖交易的场所，所以渗透力很强，覆盖度很广，这也是批发市场极具特色的卖点。

（二）经营门槛极低

批发市场除了渗透力强，覆盖面广的特点，还有一个强有力的特点就是它的经营门槛极低。经营者去批发市场里租个十几平方米的摊位，摆上产品就可以开始营业，对起步资金的要求也相对较低；另外，市场建设方的门槛也比较低，从硬件配置到整体投入，建一个批发市场的成本比常规的系列化高端零售商铺低得多，老板就是服务员，无须大操大办，也不需要招聘成百上千的营业员，所以很容易起步。

（三）“生命力”顽强

批发市场的生存能力和生命力都非常顽强，这主要归功于批发市场的运营模式。批发市场商铺的店主在经营的过程中都是亲自把控全局，每个个体都以“糊口”为最低要求，对收入的期望值相对较低，与自给自足的小农经济极为相似，所以它的模式被称为“小农经济的模式”。

经营的风险基本都分摊在每个个体户身上。经营门槛低，投入的成本低，经营者需要承担的风险相对较低，所以容易成活，生存能力非常强。

（四）民生性、刚性平台

批发市场是最大化的民生性、刚性需求平台，这个平台包括买方和卖方。

一方面，批发市场里卖的东西全是刚性需求的东西。比如居家日常用的锅、碗、瓢、盆、扫把；日常需要的服装、食品、日化用品；办公用的笔、墨、纸、砚、订书机等，都可以在批发市场里买到。仔细观察你会发现，超市里90%的食材，其新鲜程度都不如批发市场，原因在于超市因为销售计划，需要提前进货，导致经常囤货，而批发市场则相对灵活，可以每日采购新鲜食材，这也是它的生命力所在。

另一方面，做一个超市需要雇用一批员工，是为他人创造就业机会。而批发市场则是创造了一个人人创业的平台，实现了创业者的“老板梦”。很多行业里的大老板都是从做批发市场的小商户起家的。

近几年创业变成了一件很时髦的事情，似乎人人都在创业，人人都在融资。但是在20世纪90年代，创业是一件很先进的事，而且不是所有人都有资格、有胆量去批发市场里租摊位卖东西。虽然在批发市场摆摊也不是什么大买卖，但是能够在那样的环境中生存并发展起来，就是一件不得了的大事情了。慢慢地，很多人都成长起来了，经过不断的转型发展，最终蜕变成为开发商。

批发市场这个在中国本土成长起来的、独一无二的市场业态，从进化、分级，再到拥有顽强的生命力，整个进化过程是根据时代大潮、建筑形态的变化自然而然产生的。每个经营者都在这个市场里经历着生意的起起伏伏和人生的大起大落，这是中国“商海”最基层大众的真实写照，残酷中映射出了批发市场生命力的顽强。

国外的商界人士对我国批发市场的模式、经营氛围、生存状况一直感到非常奇特。网络上流传过这样的视频：当外国人第一次走进义乌小商品城，见到中国的批发市场时，他们大吃一惊。眼前的7万多间店铺鳞次栉比，商品种类应有尽有，令每个到现场的外国人都受到了极大的震撼。义乌小商品城，每天都有成千上万的人在门口排队等待开门营业，每年集装箱吞吐量可达几千万标箱，物流通达全世界，其数量、规模、速度在世界范围内也是名列前茅的。义乌小商品城的每一天都可以用“盛况空前”来形容，不仅是因为那里是小商品进出口的大型集散地，更因为那里的每一天都在见证着中国人的勤劳和进取。

类似义乌小商品市场的各类大中小型批发市场，目前已遍及全国各地，构成了我国商品流通的巨型骨架和网络，为国民经济稳定快速的发展起到重要的推动作用。

五、批发市场在中国发展壮大的原因

为何商业定位不高的批发市场在中国能够发展壮大，进而形成大型的、全生态的市场形态，而在世界其他地方却未曾见到在规模和模式上与之相似的业态呢？我认为主要有以下三点原因。

（一）商品交易本身的需求

第一批崛起的个体小商贩主要以倒卖商品来获取利益。后来，为了给商品寻找一个更好的平台，小商贩就开始在市场里租摊位，就这样第一代批发市场诞生了，这是由供求关系、发展需求决定的。如果一开始就有成熟的体制运作，恐怕就不会有批发市场的存在了。不过，中国的经济发展进程和国民生活水平，决定了最初的商品交易不可能出现集团化，一定是小摊小贩起步，然后逐步发展、升级。

（二）信息不对称时代的产物

在没有电话、没有电脑、没有互联网的时代，商家只能出门进货，这个过程需要花费较长的时间和较高的成本。那些愿意花费时间和成本到更远的地方进货的人，比如到省城的商品集散地进货，那么他获得的信息就远远大于普通民众和其他不便出门的商家，于是他进的货物品种更丰富、做工更精良，价格还相对便宜，相应地，他本人获得的利益也会远远高于其他人，这就是信息不对称带来的商机。但是进货却不可能去更远的地方，因为那样会大大增加成本，这就给区域性物资集散地留下了生长空间。同时，相比在县城里卖衣服的商家，省城的批发商则占据更多的资源与渠道。在那个信息不对称的时代，慢慢产生了等级不同的批发市场，而且每一级之间都是相互保密的。

现在，通信发达了，信息对称了，商户可以直接在网上下单，这一转变反而给批发市场造成了较大的冲击。

（三）伴随刚性需求的满足而成长

批发市场是伴随着人民生活的刚性需求而崛起的，主要分为三大阶段。

第一个阶段是刚性需求阶段，人们主要关注商品的功能性。例如一个拖把只要能满足拖地的功能即可，至于它是什么品牌、什么材质并不重要。这个阶段对商品的要求比较单一，批发市场也只注重商品的简单和实用性。

第二个阶段是商品的品质阶段，人们开始注重商品的品质和品牌。同样都是买菜、买水果，与普通超市、国产超市相比，现在很多中产阶级更愿意去类似于山姆会员店的进口超市，原因在于进口超市的商品是经过精挑细选的，质量有保障；同时，这个阶段人们对于品牌也很看重，大家已经意识到一个声誉良好的品牌往往是质量的保证。

第三个阶段是消费个性化阶段，消费者开始对稀奇古怪的新奇商品感兴趣，新零售逐渐孕育而生。以前买大闸蟹要特意去水产市场，现在在市区的卖场、超市里就可以买到。同时，消费者的关注从商品的功能、品质与品牌，上升到了购物的体验感。相应地，对批发市场也有了更高的、更多元化的要求。也就是说，通过市场个性化的供给体系，极大地提升了人民的生活水平。

六、批发市场空置率走高及原因

分析完批发市场的发展史、类别、核心价值以及它在中国发展壮大的原因后，我们再来看看批发市场的发展现状及未来发展方向。

（一）批发市场空置率持续走高

近年来，批发市场已成为推动地区发展、推动行业发展、推动产业发展的非常重要的平台和组织形式。在快速发展的同时，一个不容忽视且非常严重的问题逐渐显现出来——目前批发市场的空置率已经达到30%左右，其中包括个别一级市场与广泛的二级大市场，零售终端如果地段不好也很难经营下去。

属于批发市场的辉煌时代已经过去，现阶段又面临发展趋缓、高空置率等问题，我很怕几年以后批发市场会出现“哀鸿遍野”的“关店潮”。批发市场的营业额基本已经见顶，除显而易见的成长缓慢之外，出租率快速滑坡，空置率逐渐飙高，让商户深感经营艰难。粗略估计，中国有十多万家批发市场，如果空置30%就是三四万家，数量惊人。

巨大的空置量导致大量社会资产闲置和严重浪费，而空置的建筑极有可能成为建筑垃圾。

（二）高空置率形成的原因

为何会产生这样的局面？究其原因，主要是因为遭受了以下两种大的冲击。

1. 消费升级

从消费者层面来看，批发市场从刚性需求的消费阶段走向了品质需求和个性化的消费阶段，所以对满足基本生产生活的商品的需求阶段已经一去不复返。而批发市场的优势在于价格和数量，但满足不了消费者的个性化甚至是个人化需求，这是随着生产力发展水平必然会出现的需要与供给之间的矛盾。

2. 市场逐渐走向了透明化

从消费端、供给端来看，信息不对称的局面已被互联网打破，市场逐渐走向了透明化，很难再像以前那样藏着掖着。电商对批发市场的冲击尤为严重，尤其是一些 B2B 的网站和一些行业网站的兴起极大地侵占了批发业的市场份额。许多中小企业之间的商品沟通不必再通过经销商或批发商，而是直接与厂商进行商品交流。另外，线下实体零售商业形态花样百出，这种体验感是批发市场无法比拟的。无法满足广大消费者的需求，最后的结果可想而知。

七、批发市场出路在何方

很多人都在思考一个问题，就是批发市场是否还有存在的价值和意义——以前信息不对称，现在对称了；以前刚性需求难以得到满足，现在刚性需求基本被满足了；以前基层商家创业十分火爆，现在这种创业热情已经基本减退……批发市场生存和发展必需的条件与环境都发生了重大变化，大量批发市场将面临快速被淘汰的现实。那么，批发市场该如何面对呢？

在这种情况下，供给侧结构性改革措施的出台无疑给了批发市场新的生机。供给侧结构性改革的突破核心在于创新，面对新机遇和新挑战，批发市场这种商业形态更应该努力思考自己的发展方向，借着改革的“东风”再度起航。

（一）批发市场未来出路

如果不想让批发市场成为废弃的社会资产，使它重新被利用起来，我认为可以从以下几个方面着手准备。

1. 为电商服务，转型做智能仓储

近年来，由于全国电商交易额和全国快递业务收入的逐年攀升，其所

带来的智能仓储需求成为重要的增长引擎。所以将批发市场转型成为完全为线上电商服务的智能仓储，用它来做仓储智能配送和中转，为线上做订单和线上开店的人提供线下的提货点仓库，配合线下完成快速送达的目标，将是传统批发市场的重要出路。虽然这样一来，批发市场的经济附加值会在短期内在一定程度上有所降低，但这至少让原有的空间得到了利用，让建筑物产生了价值，而且随着业务的扩大和良性循环，其经济效益也会随之水涨船高。

2. 发展体验性业态

如果批发市场的建筑够漂亮，层高规格达标，就可以往体验业态方面发展。例如，把整个批发市场改造成商业集合体，专门为老人、儿童、女性、宠物等特定群体服务，做集约、集成和集中式消费场馆，也是一个有益的机会。如果位置好，还可以考虑做复合型的特色餐饮体验业态。

从以上几个方面着手，结合建筑的地理位置、项目本身的样貌等因素进行综合考量，从长远的角度来探讨批发市场的发展方向，通过调整产业结构，鼓励创新，健全和完善自身运营体系，即可逐渐获得良好的经济收益。

（二）批发市场经营者常陷误区

在批发市场领域，绝大多数的商家、经营者、开发商都会犯一些常识性、规律性的错误，那么，常见的误区有哪些？又该如何规避呢？

1. 体量越小，风险越小

第一个误区是认为体量越小风险就越小。很多人为了规避风险选择开发体量较小的批发市场，其实是错误的。事实上，体量大有规模优势，可以形成独立的循环系统，体量小反而风险会加大。因为除非小市场地段很好，否则成不了气候，也就很难成为一个独立的市场，更不要说成为商贸圈了。最后变成“小店难吸大客”，相比之下，大的店铺更容易给顾客带来信任感，容易形成引力效应，所以更容易吸引顾客。

2. 未能与政府深度合作

第二个误区是未能与政府深度合作，尤其在“划行归市”等方面，需要政府来做一些引导。批发市场的商贸圈与零售商业圈不同，通常政府不愿意让开发商在市区里做商贸圈，“大进大出”的物资流通会给城市的管理带来很多麻烦，影响城市形象，造成交通拥堵，因此，政府更喜欢开发商在城市的外围做商贸圈。

所以很多商家就迁移去郊区建市场，傻乎乎地买了一块地就开干了。实际上你要跟政府在一起深度合作，要求政府把市区里面无法满足未来需求的老市场拆到你这里，进行功能合并，这叫“划行归市”。有很多人硬着头皮去招市区里的老市场商户，但离开了政府的引导与推动，就很难成功。实际上，只要是交易，并且双方能够在价值上达成共识就能成功。但是如果没有政府的手在宏观上做推动，开发商则很难独立完成招商。

3. “面子”与“里子”界限模糊

第三个常见误区就是要么给内行看门道，忽略了给外行看热闹，要么就是只知道给外行看热闹，内行看门道的功夫不做。作为重要的决策管理层，开发公司的老板不愿意用大的资源和投入来启动“信心”。这里的“信心”指的是商户的信心、购房者的信心，也包括消费者的信心。

在整个过程中，老板们不愿意打广告、不愿意给出优质的招商政策、不愿意植入专业系统、不愿意聘请业内的专业群体，一切都靠自己全盘操作，摸索前进，交了很多学费结果还是做得“鸡飞狗跳”，以致“鸡飞蛋打”。失败几次后，才开始研究如何改造硬件，考虑聘请怎样的专家团队，如何为项目打广告，但时机已经过去了，很难二次启动。

在经手的诸多项目中，我和专家团队最讨厌的就是此类项目，因为操盘这类项目，首先要做的就是先给项目“洗白”，将之前的思路、战略布局等全盘否定，然后重新开始，不仅耗费巨大的人力、物力，效果还会打折扣。与其推倒重来，何不一开始就深谋远虑？

4. 销售预期过于乐观

第四个误区是过于乐观。你所接手的批发市场如果产生了销售上的失败，绝大多数都是因为对销售预期设想得太好。例如，你一共有1000个商铺开始发售，提前做预售排号，有1200个人来排号，老板就开始大喜过望，觉得“我的铺子太火了，太多人喜欢我的产品了”，于是打算铆上劲儿抓住这次机会。原定价格可能是人民币3000元每平方米或者5000元每平方米，他寻思反正客户比房子多，于是就把价格改成8800元每平方米，结果客户基本都跑光，开盘那天只成交了20套。

这种情况屡见不鲜，预期过于乐观导致整个市场人气溃散，最后被迫降价，但绝大多数人都是“买涨不买跌”，价格跌得越厉害结果越糟糕，资金无法回笼，进而影响后续建设，结果就是项目烂尾，严重的甚至连公司的声誉都垮掉了。

我接触过大量商业批发市场的老板，大多都自信感爆棚，直到“撞了南墙”，失败之后才意识到对客户、对市场、对常识都需要怀有敬畏之心。

我期待所有的批发市场经营者都能够提前做好规划，不要再犯以上几个大错误。

（三）建议及祝愿

1. 摒弃精细化思维

绝对不要把文弱书生那种精细化的思维往批发市场运作上套。若想在批发市场圈里取得成功，老板做事风格就得够粗犷、不拘小节，队伍也需要够猛烈。看待问题时不要在细枝末节上纠结，看大面即可。

我们所看到的批发市场新市场的崛起基本上都是依靠政策驱动，然后大量的形式、大量的广告铺开，让所有人知道你的价值。这是大水漫灌式的推广，不好看，但是有效。

2. 采用低价方式吸引客户

运营批发市场，你的价格就一定要够低，要给商户、购房者一种他们已经占到便宜的感觉。你要知道绝大多数人都有占便宜的心理，不是对等的交易，就一定要给他占一些便宜。

最后，祝愿所有的批发市场能够认清自身的特点，能够明确未来的发展方向，并且提前做好相应的规划。如果你的批发市场已经出现“苟延残喘”的迹象，不如早做打算，看看哪些方向可以做创新提升，也许还有第二次重新焕发价值、重新塑造价值、重新焕发生命活力的可能性。那些传统的、保守的老市场应该迎着时代大潮找准自己的位置，该砍的砍掉，该加的加上，不行的就早点结束。

认识新动态，适应新状态到引领新常态，要知道，一切都正在从“汗水型”向“智慧型”转变，是时候用发展的眼光看待批发市场的未来了。

/ 第四章 /

奥特莱斯——被“挂羊头卖狗肉”玩坏的概念

为什么说国内的奥特莱斯绝大多数都是“挂羊头卖狗肉”?

为什么说在招商及软性经营投入上的吝啬，是导致绝大多数奥特莱斯失败的原因?

为什么说不建议体量小的项目经营奥特莱斯?

如果广大的奥特莱斯开发公司老板和业主刚好看到这一篇，应该可以给大家提供一些参考，让我们看看真正的奥特莱斯品牌直销购物中心的内涵、规律、标准及模式都是什么。

一、奥特莱斯基本特点及经营规律

奥特莱，这个概念来自美国，英文是 OUTLETS，其英文原意是“出口、出路、排出口”的意思，奥特莱斯是这个单词的音译。它专指由销售名牌过季、下架、断码商品的商店组成的品牌直销购物中心，简单点说，就是品牌折扣店。为什么折扣呢？因为大多都是名牌的过季的、下架的、断码的库存商品拿出来甩货，摆在一起形成多品牌集合，逐渐形成了固有的商业形态，最终变成了奥特莱斯的特有模式。

作为典型的舶来品，从2002年首次进驻北京至今，奥特莱斯（OUTLETS）购物中心在中国已发展将近17年，200多家奥特莱斯在全国各地相继开业，以“奥特莱斯”命名的折扣卖场达400多家。火爆的销售情况吸引了全国各地的开发商，甚至很多三四线城市的人挤破了头去拿地，一座座国外奥特莱斯项目被“搬”回国内。

实际上，从项目选址、建筑形态、业态分类，再到经营管理，奥特莱斯都有一套自己的规则与要求，在中国能够真正按照美国奥特莱斯的标准和层级去做的项目屈指可数，粗略估计不会超过30家。

接下来，我们来分析一下现阶段国内的奥特莱斯应有的模式到底该是怎样的。

（一）大品牌打头，小品牌出料

一般的奥特莱斯购物中心展开面积会达到7万平方米以上，因为300个左右的品牌组合才能形成一个品牌金字塔，就是上中下——各种层级的品牌各占一定的比例，它是一个组合，并不能只卖一小部分，每一个品牌的数量也有一定量的标准。按照300个品牌形成一个品牌组合金字塔的这个标准计算，建筑面积最少也要达到7万平方米左右，在国内大量成功的奥特莱斯基本是以这个标准起步的。

当然，你也会见到非常小规模的奥特莱斯，但是这种小体量的奥特莱斯在面积、商品数量和品牌数量上都有一定的限制，做不到有爆发力和生命力的成长。在奥特莱斯的经营中，数量是与质量并重的一个指标，达到或超过一定的标准，才能拥有持续的高速成长，否则就会不伦不类。

奥特莱斯需要有国际一二线品牌来打头阵，例如我们经常见到的奢侈品牌阿玛尼、Gucci、巴宝莉、麦丝玛拉（Max Mara）、菲拉格慕、BOSS、登喜路、巴黎世家、杜嘉班纳、芬迪、塞拉菲尼等。接下来二线品牌、三线品牌、国内品牌一级一级往下去配。国际大牌一定要有，而且品牌要达到一定的数量。只有达到一定规模，才能形成品牌影响力和向心力，大家才会下意识地涌入，虽然最后可能真正买到手的并非一线大牌，但大牌绝对是消费者的首选。所以说，没有大牌就不可能获得顾客对品牌的认可度、钟情度，很有可能不会产生交易行为。奥特莱斯为什么会有这么多大牌呢？它本身卖的就是库存货和折扣货，一般的国际顶级品牌是不打折的，打折会影响品牌形象，但是再好的牌子一样有库存，过季之后会下架，这部分商品质量没有问题。而奥特莱斯是消除库存最好的场所，既能做到资金回笼，又不会伤害品牌的美誉度，所以会大牌云集。

但是，为什么说小品牌出料呢？其实绝大多数营业额、收入贡献率、租金率都是那些终端的小牌子贡献的。大量的国产品牌贡献了非常高的营业额，原因在于国货普遍非常实惠，一般的折扣率是在 5 折以下，而国际大牌一般只会打到 7 折。所以说，是大牌吸引了流量，而小牌子贡献了收益。

（二）以低成本为灵魂

无论是传统奥特莱斯（郊区，这个国外比较多）还是城市奥特莱斯，低价都是其制胜的法宝，经常会有低至 1 ~6 折的价格销售，物美价廉。那么，为了维持优惠的价格，就必须降低成本。

为了降低成本，大部分的奥特莱斯选址都在城市近郊，离市中心比较远，这样房租就比较低，市民开车可以快速抵达。交通可能不会十分便利，但是道路一定会很通畅，这是为了方便有车一族前往消费。再说，买得起车的人消费能力不会太差。

另一个部分就是运营类的成本。比如，你的建筑是一个盒子，因为有“盒子”里边就要配备电梯、中央空调和垂直交通，那么这个成本运营起来就比商业街区式的要高很多。商业街区外面是外街，路两侧就是店面，没有中央空调以及内部的公共系统，没有公共室内的装修，也没有那么多电梯，所以它的成本相对就低。

因此，我们看到的大部分的奥特莱斯是街区形式的。只有在北方非常寒冷的地区不得已采用“盒子”这一类型，以满足室内采暖的需求。增加的成本除了采暖、中央空调，还会产生一部分公共部分的室内装修成本。

有人提出来要在市区的某个地段开发一个奥莱购物中心，完全忽视了低地价才有低成本，低成本才有低折扣，低折扣才会吸引巨大的人流。在市区里面辟出一块地，地价能便宜吗？另外，奥特莱斯不是说建就能建的，它有许多标准和要求，随便划一片地盖几座房子，就叫奥特莱斯，面积、品牌、数量一样都达不到，不就是“挂羊头卖狗肉”吗？过去土地价格便宜的时候，有的街区型奥特莱斯的建筑成本每平方米只有 2000 元钱，因为低成本才能换来低折扣，如果物业成本高自然也会均摊在商品上，打折就低不下来，最终还是羊毛出在羊身上。

所以，一般我们建议奥特莱斯里普通类的品牌折扣都要做到 5 折以下，3 折、2 折，甚至是 1 折，一些国际大牌做到 7 折即可，顶级的大牌到 7 折、8 折，不能再高。所以你的运营维护成本、建筑成本、物业成本都要够低，只有低成本才是灵魂。

（三）城市需要有一定的容量和层级

品牌消费，一方面是需要顾客有一定的支付能力，更重要的还是需要对品牌有认知观念。毕竟品牌本身花了很多钱做营销，溢价都是在这个牌子上，如果某人对品牌毫无兴趣或者毫无概念，认为一件国际大牌跟在平价市场里买的没什么区别，那么他就不是奥特莱斯的目标客户。因为大牌的价值，除了功能属性，还包括品牌在需求者心目中的综合形象——包括属性、品质、档次（品位）、文化、个性等，代表着该品牌可以为需求者带来的价值。如果消费者根本不认可这些价值，则品牌对他没有吸引力，他也不会为了某个牌子的衣服专程前往奥特莱斯一趟，因为再便宜的价格，跟楼下的平价超市里的衣服比起来，也不一定有优势。

实际上，真正穿过某个品牌的人，才知道品牌的意义和价值在哪里，才能真正体会到它的优良品质。所以，如果城市量级达不到——一个是消费人口基数不够，另外一个是消费观念不够，就很难经营下去。我们看到的诸多失败案例，绝大多数都是死于“水土不服”。

中国人对于奢侈品，往往表现出两种极端：一种是完全不认可其价值，拒绝消费；一种是炫耀性消费，不管场合是否合适，一律满身“披挂”，买菜也好，遛狗也好，一身名牌。他们的心态是，“反正我有钱，买得起，用得起，你管我怎么穿?”这也是消费观念上不成熟的一种表现。不同价位、不同风格、不同气质的服装与装饰，有不同的适宜场合和功用，需要区别对待，才能使其发挥应有的作用。无论是前者，还是后者，对于品牌的价值体现和个人生活品质的提升，意义都不大。当然，对于我们今天讲的主题——奥特莱斯的运营与生存来说，前者的损害就更大了，品牌再好，也被完全无视，经营者找不到抓手，除了低价再低价，完全使不出别的招，会有深深的无力感。而一味地降低价格又会导致收益降低，“入不敷出”，也就难以为继了。

二、国内部分奥特莱斯失败的原因

接下来我们分析一下为什么这几种形态的存在是一种普遍化标准，而国内99%的奥特莱斯却做不到，原因在哪里?

（一）房地产开发公司的“固化思维”

房地产开发公司最爱做的事情就是买卖房子。完全就是“挂羊头卖狗肉”——用奥莱的概念来卖房子，卖了以后基本上不会对这个物业的增值和长期运营负责任。钱收到手之后其他就不管了，最后还来埋怨奥特莱斯这个业态应不应该存在。

所以我们要给的第一条建议就是，如果想建一个奥特莱斯，首先第一条就是房子不要卖，产权要自持。你看国内那些能做起来奥莱产业的，大部分都有国企背景，少量的私企。人家看中的是长期，所以不会卖掉产权，而是将经营权分散租给这些商家形成联营模式。

奥特莱斯的经营一般有联营模式、租赁模式、自营模式、托管模式四种，每一种模式均有其优势和劣势，各有千秋。需要运营商根据自身情况去选择一种或两种。但无论哪一种，都没有卖房子一说。

通过卖房子赚钱的房地产商，大部分都没有想通过运营性的收入来赚持续性的收益，他们喜欢一手交钱一手交房，干脆果断。却不知道这种方式是赚钱最少的一种。也许在他们看来，拿钱走人，继续干下一单，才是最好的选择。但是在“一锤子买卖”和长期收益之间，哪一种回报更为丰厚，却是一笔再简单不过的账。

在上述四种经营模式中，联营模式是采用比较多的一种，它借鉴百货核心合作模式，采用统一收银方式，商场按照合作扣率比例收取销售提成。卖多少钱扣多少点，通常就是百分之六到百分之十几这么一个区间，而且要看品牌分量，大品牌就少一些，小品牌就多一些。总体来说，是“一荣俱荣，一损俱损”。开发商害怕这个“一损俱损”，又不愿意操心，所以干脆放弃了这个“一荣俱荣”，不能不说是一种遗憾。

（二）前期缺乏结构性的算账

想建奥特莱斯，最好先算一个结构性的账。

什么意思呢？就是“风物长宜放眼量”，不能可着人头做帽子，如果那样后面就进行不下去了。如果想建一个占地面积 7 万平方米的奥特莱斯，而你只有面积刚好是 7 万平方米的土地，那我建议你不要建了。反过来，如果你有 100 万平方米的土地，计划盖 7 万平方米的奥特莱斯，还有 90 多万平方米的空地，同时在城市的选址正确的条件下，我觉得这件事就可以干起来。这是什么原理——为什么不能拿 7 万平方米的地建设 7 万平方米的奥特莱斯购物呢？

因为奥特莱斯本身很可能不赚钱（赚钱也需要一个长时间的周期），但是能给你另外的 90 万平方米溢价，增加它的价值。也就是说，你用 1/10 的地建了奥特莱斯，把它经营好，剩下的 9/10 的地就会涨价了，增值了。这是奥特莱斯独有的魅力。因为奥特莱斯的购物模式是典型的目的性购物——消费者专门为打折名品而来，目标性极强。尤其对于男性来说，他们买衣服很难一次性买全，在奥特莱斯，有上百个品牌可供他们选择，完全可以一次性配齐“装备”。所以，这部分人不怕远，再远开车一个小时也能到，对于讲究效率的男性来说，一次出行就可以买全所需，绝对划算——既然不怕远，那么这个剩下的 90 万平方米土地，在他们眼中，也就不再是荒地，而是视同为泛奥特莱斯区域，具有了一样的价值。随着时间的推移和流量的增加，这片原先冷清“荒凉”的地，也就从整体上“热”起来了。

计划建奥特莱斯之前，自己一定要做结构性的算账。什么是结构性算账？就是提前规划好战略性亏损和长期运营的方案。奥特莱斯经营上的亏损叫作战略性亏损，但是它提升了整个土地的地价，你是可以在其他方面把钱赚回来的。所以如果你仅有 7 万平方米就想建奥特莱斯，你还是不要干了，拿你口袋里的钱和现有的地，好好去建几栋楼，然后卖掉，这样挣钱比较简单直接。

（三）舍不得为招商花钱

你知道奥特莱斯的招商意味着什么吗？

有一个常识，往往被大家忽略，那就是奥特莱斯最大的成本要花在招商上，这才是关键。我经常听到一些合作伙伴说，也想建一个奥特莱斯，我的第一个问题是，你准备了多少钱做奥特莱斯？他说能需要多少钱，不就是盖商业街吗？盖房子的钱我有啊。

这种观点大错特错。奥特莱斯最大的成本不是盖房子，而是花在招商上的钱。如果你不是一个品牌化、系列化、非常有实力、有知名度的开发公司，招商纯粹就是拿钞票“砸”出来的，生砸硬怼，毫不夸张。能怼到什么程度？——一个大牌、奢侈品牌的装修补贴，1 平方米就要给上万元。就算这样，你自己还不一定“砸”的来，人家不买你的账，你还要雇专门人士去“砸”。这意味着“砸”出一个奥莱要准备1亿元以上的装修费补贴给那些品牌商，否则人家不会来，不会跟你合作。没有大牌，就像戏园子的舞台上没有角儿，你玩不转的。

拿钱“砸”，请问你舍得吗？

99%的民营企业家都舍不得。“凭什么我租给他房子，让他卖东西，我还给他钱，应该他交租金给我才对。这个在逻辑上完全不通嘛。”——典型的包租公心态，不光不服气，还委屈得很。

一行有一行的游戏规则，一个业态有一个业态的运行规律。在奥特莱斯这个业态里，你的这一套还真是玩不转。拿你这套去基层的农贸市场或拿到住宅投资里面去可以用，但是在商业领域行不通，因为品牌影响力就是拿钱堆出来的——你先“砸”国际一线、二线品牌，然后国内的这些品牌跟着往上进，等那些大牌全部落好了以后，还要考虑装修。整个装修都是按照奥特莱斯的高规格标准来装修。想一想需要多少钱？能做到吗？你做不到。做得到，也舍不得。做不到，也舍不得，所以也别眼馋人家的地升值了，人家的扣点进账了。

三、给国内奥特莱斯经营者的建议

成功的奥特莱斯经营者，通常需要经过一定的培训和学习之后方能对这一业态有清楚的认知，只有这样才能为后续的工作打下坚实的基础。那么究竟该如何经营真正的奥特莱斯呢？

（一）提高自身经营能力

一家好的奥特莱斯，一个耐克一年就可以卖出一两亿元的销售额。但这个运营是需要长期驱动的，一旦做起来了，除非世界经济整体发生巨变，否则是不会再跌落下去的。所以，要做到这个长期运营，首要建议奥特莱斯经营者一定要有系统的运营和高超的管理能力，在资金周转、资金使用等方面，做到尽善尽美。因为经营得好是要靠大量的现金流来做支撑。虽然钱是你收，统一收银，然后再分配给商家，看起来你手里的现金流非常充足，但你要运营，要用高水准的操作来让主体不断增值——包括管理本身的成本，持续的宣传、形象包装，配套服务、硬件与环境支持、消费者体验感的持续提升，等等，对资金的需求仍然是巨量的。一定要有非常清醒的资金周转和利用意识，既不浪费，也要充分发挥作用。等到奥特莱斯整体成长起来了，众所周知了，就可以源源不断地赚钱了。

（二）尽可能地“搜集”大牌

奥特莱斯成功的核心就取决于我刚才讲过的，品牌够不够数量，大牌够不够多。其他的条件包括物业是不是在你的手中运营？你有没有一个长期的细致可操作的方案，以确保整个物业保持良好的动作状态？这个城市的量级（人口、消费水平与消费意识）是不是能够满足营造基本的消费生态？

如果上述条件都满足，奥特莱斯就可以成功运营。一旦成功了，其他业态就很难打倒奥特莱斯了，因为它太有竞争力了。经济越萧条它生意越好，生意越好的时候它也越好，原因在于它的性价比高。

那些全球排在前几名的奥特莱斯，一年的营业额都能达到 30 亿 ~ 50 亿元。如果拿这块地做一个批发市场，会非常不起眼，可能一年营业额 10 亿元、5 亿元做不到。虽然地段相同，都在郊区偏远的地方，但是奥特莱斯就可以做成这样，原因就在于它集中了大牌，具有高附加值。

（三）增加体验式业态

说了那么多奥特莱斯的好，其实这种业态也有缺陷。所以，我给国内的奥迪莱斯经营者的建议就是，要往里大量地填补、增加体验式业态。现在的奥特莱斯里除了有个别的小餐馆，没有体验类业态，这是个缺失。

新一代的奥特莱斯应该以零售折扣板块为主体，附加扩张其他体验业态，可以做到非常大的规模。把它打造成“周末家庭购物 + 休闲”的全生态购物体系，全家人都可以去的购物休闲体验场。

目前，我们看到的绝大多数奥特莱斯都没有体验性的配套，这绝对是今后奥特莱斯发展的一片蓝海。

四、对小城市做城市折扣店的建议

最后我们来谈一下小城市。很多人关心奥莱细分的市场还有机会吗？我认为可以在小城市做一些城市折扣店，这也是一种很好的推广和引流方式。但这个折扣店与真正的奥特莱斯是有区别的，可以借用类似的模式，降低成本，降低物价，来吸引消费者。

我特别想对开发商说，做不到不卖房子，也做不到拿出上亿元的钱去“砸”招商，就不要想着去做奥特莱斯。

另外不要看到东西就想模仿，你看一看脚下的土地和你看到的样板，他们在地球的经纬度的差距有多大，商业也是有水土不服的。所以不要轻易动对标思维，也不要高估你身边人群的购买能力，即便他们有购买能力也不要高估他们的消费观念。支撑这么大体量的一个项目，真的没有那么容易。

/ 第五章 /

商业街区——开放型业态如何摆脱封闭死法

为什么说那些经典的商业街区只可欣赏不可模仿?

为什么说开放的商业街区往往死于封闭的经营理念?

为什么说商业街区的运营其实可以非常地简单?

本章我们来聊聊商业不动产领域中最“性感”、最“柔美”的业态——商业街区。

一听到“商业街区”这个词，很多人可能都会联想到自己或亲朋好友出外旅游时逛过的旅游商业街，比如成都的宽窄巷子、锦里，杭州的南宋御街、河坊街，北京的王府井大街、三里屯 village，上海的南京路，等等，不同的街巷特色都会给你留下不同的印象。开放式商业街区正在逐渐替代原有的百货商业模式占据主流消费市场。

类似的旅游商业街不仅人气旺，景色好，而且都很好逛、很好玩，新奇特的小商品琳琅满目，很容易让消费者与游客产生一种撒欢儿和放飞自我的感觉。在商业街区“遛”是很有趣的，我们暂且把这种形式称为“遛狗”经济。

那么问题来了：区域集中型开放商业街的模式能够持续多久？一线城

市大型开放商业街的经营模式是否具有复制的可能？未来，开放型商业街将会如何发展？带着这些问题，我们从长计议，先来说说商业街区的经营概况。

一、非一线城市商业街区经营现状及原因

我认为直接引入一线城市繁华地段的商业街区案例毫无意义。因为日流量30万人起的商圈，闭着眼睛做即可，根本不需要运营和管理的技术。日流量在10万人以上的街区也无须过于操心，无非就是需要改造一下。总体来说，商业街区提供房子给商家，然后进行一些场景上的塑造，经营难易的程度，无非就是看最终能否将品牌运作成一张“名片”罢了。

但“商业街区”这种业态，却并非仅仅存在于一二线城市，也并非都呈现出上述的繁华景象。三三两两的行人，空空如也的街道，坐困愁城的老板，这种街区不在少数。就像李清照的词：寻寻觅觅，冷冷清清，凄凄惨惨戚戚。是什么原因造成了这种现状呢？

（一）盲目照搬，水土不服

很多四五线城市，甚至小县城开发公司的老板逛完北京、上海、成都的商业街后，觉得这种商业模式很“性感”、很可爱，一边很接地气，一边很“洋气”，回到家后脑袋一热决定自己也要做一个。于是凭借自己的印象，按照自己的想法，模仿大城市的知名商业街形态，在自己家乡建起了类似的开放型商业街区。听起来好像没毛病，实际上活下来的不多。我们接手过众多类似的案例，最终都是以失败告终的。这是典型的“照猫画虎反类犬”。

其实开放型商业街是很难操作的。如果消费层级、消费人口数量以及消费圈的整体大氛围和环境匹配得不到位，就会产生产业链的严重脱节。原本的市场环境需要你领先半步，而你却领先了一步，那就死在路上了，而且一旦死过一次，你的商业街区在人们的印象中就是个死的，不是等到

人们进化了半步，再来追上你的街区它就能复活的，那早已时过境迁，是另外时空的故事了。

（二）“仆人眼中无伟人”

我接手过很多类似的案例，合作者是一些有过合作经历的董事、股东，他们做的商业街区最终也都失败了。或许很多人会问：“作为这个专业领域的人，一起配合的也是熟悉的伙伴，怎么也会陷入失败的局面？”

因为“仆人眼中无伟人”。这么说有点开玩笑的意味，但道理是相通的——大家离得太近，关系太熟，失去了对人的敬畏感。就好比在大家族中，年长的仆人比年轻的主子还有体面，他会敬畏谁？

有一个小故事，就很生动地描述了这个现象。一个传教士周游世界宣扬教法，在外颇有名气。有一次他回到老家，在村门口大树底下传教，身边围了很多小孩子听得非常有兴致，这时来了几个中年大妈说：“这小子不是隔壁小木匠的儿子吗？在这儿忽悠什么呢？”结果人群作鸟兽散，瞬间就没人听了。

回到我们这个语境中。人与人之间在一起相处久了就很少会谈专业，很难跟身边的某个股东、合作伙伴分析专业的东西，彼此有几斤几两都心知肚明。即使团队之中某个人有一定的专业知识和远见，也很难得到大家在专业上的“尊敬”，他的某些正确见解或建议，很可能被人情和群体思维的巨大惯性裹挟和冲淡，最终不能被正视，或者发挥作用。这也是为什么会有“外来的和尚会念经”这一说法了。

那么非一线的基层商业街区该怎样经营，遇到常见问题该如何应对，如何规避频发错误？下面我们来逐一分析运营商业街区的几大思维模式的利弊。

二、商业街区运营者最常陷入的“误区”

（一）计划经济的固化思维

第一个错误就是计划经济思维。很多人天生就有一种计划经济思维，过于傲慢，嘴上说尊重市场、敬畏客观，而实际上还是按照自己脑子里固有的想法去做。对客观的尊重需要后天有意识的训练，很少有人拥有这种素养。

计划经济的诞生源于哪里？源于一拨精英认为自己可以用最聪明的大脑计划出所有人的需求，生产出能满足所有人需求的供给，结果如何？结果是行不通。

这批聪明人不是真正的聪明，他们首先是无知，无知在自以为是；其次是无耻，无耻在明知有漏洞、不合理，但当别人指出来的时候，心里很清楚，嘴上却死不承认，也不肯在行动上做出改变。

我接触过大量失败的项目，失败的主要原因就是老板有强烈的计划经济思维，基本上都认为自己说的是对的，其他人说的经济背景、市场规律、行为心理学，等等，都不是真理，也不是真相。

举个例子。我碰到过这样一个项目，至今印象深刻。项目老板在县城建了一个近600米的街区，街区内部有花园、喷泉以及瓷砖铺的地面，景观很漂亮，但是不通车。我给他的首要建议就是把花园、喷泉统统去掉，把地面换成沥青的，第一步要保证可以通车，给出这个建议的原则很简单，就是实用。

这个道理十分直白。因为很多地方，尤其是生活节奏慢的地区，人们有时候非常“懒惰”。他去北京、上海等大城市可以走路，走多远都可以，因为这是置身于强制性规定情境中，人家说怎么走就怎么走，说怎么逛就怎么逛，反正看上去灯红酒绿都好。但是在老家就不同了，不要说让他走600米，就是让他从停车场走到地上坐电梯他都不愿意，因为他在那个场景和氛围之下感觉非常轻松，毫无压力，不愿意向你制定的规则做半点妥协——他不会愿意走这600米，甚至是400米的距离。好比他宁愿把车子停在马路边，承担被贴罚单的风险，也不愿意把车停到地下停车场去，所以他怎么可能愿意穿过这条街区。

听完我的建议和剖析，项目方一个年龄较长的总经理就说：“您不要看不起我们小县城，我们这个小县城是很有经济实力的，我们这些人也是很有品位的。”这话我不好直接反驳，因为思维的重心不在一个点上，我说的是常理，而对方却在强调“独特性”，事实上这种“独特性”是不存在的。从规划层面来看，在基层城市做开放街区的行为，属于一个纯属计划经济思维，是一个没有考虑基层大众消费心理和消费习惯的常见错误。

果不其然，这个项目开业之后，招商进行了一半就开始走下坡路，又过了三四个月，那一半入驻的商家也走光了，经营不过短短三四个月。很多人会觉得这是在开玩笑，可惜这不是玩笑，这是现实。漂亮的花花草草摆好了，喷泉美景布好了，照得出人影的瓷砖都铺好了，却没有人——最重要的人流量，只有三三两两的人在游荡，生意从哪里来？这样的状态真的远不如一个脏乱差但是能通车的市场来得实惠。

实际上，最难调动的就是小县城消费者的购物热情，也很难改变他们的购物习惯，因为他们出门的惰性很强。不仅消费者不会“朝圣”一样走这个600米，就连商家也在抱怨说：“我每天上班要把车停在街口的停车场，走进来还得300多米。”听起来觉得挺好笑，但是天天走，是真的会烦。每个人对距离的感知不一样，对城市的体量也各不相同。如果在北京或是上海这种超级大城市，有个人告诉你，他距离你30公里，你会觉得远吗？你会觉得打个车或者坐个地铁，很方便，很快速地就过去了。但如果在一个县城里，30公里是什么概念？很多人可能一年都没有去过30公里以外的地方。映射到商业街的规划建设上，就不难理解，顾客为什么不愿意穿过那几百米的距离了。

（二）投机取巧的对标思维

我经常问想做商业街项目的老板自己逛过几次商业街，得到的回答大多都是他自己也不经常逛，他就是去大城市逛了一两次以后，冒出了这个想法。其实，这个念头叫作对标思维：你有，我也想有，我也应该有，我也可以有，然后照着做一个。“邯郸学步”，“照葫芦画瓢”，山寨复制，随便外人怎么说。

我在行业里耕耘了十多年，和很**多老板**打过交道。他们几乎全都有对标思维。

因为对于他们来说，自主创新简直太难了。他们大多数都只是在原有“样板”的基础上略做改变，增加点花样。这有点像鸡尾酒，用不同的原料，按照一定的比例就能调成一杯鸡尾酒，至于好喝不好喝不知道，至少好看。但是做投资做生意，哪有这么简单，尤其在基层谈创新简直难于上青天。

各位不去接触都不知道，基层老板对于创新这件事全是力不从心的。哪有人不爱创新？但是创新太难了。所以，但凡有一丁点儿创新的项目，他就要问你有没有案例可以对标，因为通过对标可以从心理上降低创新带来的不安全感，但是如果没有创新，他又嫌弃没新意、没价值。但是，事实是哪有那么多现成的好案例。在飞机没有飞上天的时候哪有案例说这个像鸟一样的铁疙瘩能飞上天；在购物中心这种商业形式没有引进的时候，谁能拿出成功的购物中心案例来对标？

我和我的团队在新疆操盘了一个街区模式的农贸市场项目，接手的时候就指出这么做不行，但是老板一意孤行。是什么情形呢？这个远在祖国边疆的农贸市场竟然一模一样地模仿了祖国心脏的北京“新发地”市场的运营模式！结果没多久就“死掉”了。举一个例子就可以看出盲目“对标”的荒谬之处。北京的市场建了一座桥，上面可以通车、开小店，下面有基层的大宗货物在交易；新疆的市场复制过来以后也是一座廊桥，但却是完全不同的景象：首先下面本该有大宗货物交易的区域空空荡荡，其次天桥和通车的走廊也因为设计上的缺陷显得十分压抑，没有人开车上去，更没有人在上面开店。要知道，空中通车的前提一定是因为车流量够大，仅靠地面接待和流通效率太低，才在上面通轨道的。而这个市场项目在什么地方，在地广人稀的新疆，所以地空立体交通完全没有必要。失败之后，开发商就开始焦虑地讨论是否要把那个桥砸掉，实际上根本不可能，因为成本太高了。

其实上面这个项目“死掉”的原因很简单，就是它根本没有去学习“新发地”好的运营理念，也没有分析其成功的因素都有哪些，又该如何与自身环境与需求相结合，而是单纯地、一味地去对标它的表面形态，“照葫芦画瓢”是极其不符合客观规律的，所以注定会走向失败。

（三）商业业态的“分封”思维

做一个商业街区原本是很开放的一件事，很多开发商却非要钻牛角尖儿，坚定地认为这片街区只能做什么，不能做什么。好比天子分封天下，扬州分给哪位诸侯，益州分给哪位诸侯。举个例子，我就遇到过一位开发商，认为他的街区里的某一排商铺做餐饮的就只能做30家，餐饮必须配齐三十种风格：比萨、粉条、面条、火锅店等都要配上，而且不允许重复超过两家。这种老板和这种决策者简直是最糟糕的，更糟糕的是这种现象还十分广泛。他们有一些共同特点，正是这些特点导致了项目的失败。

1. 对供给侧驱动知之甚少

我与我带领的团队在基层服务的项目上经常遇到这类老板。我们刚开始“问诊”，他就马上告诉你餐饮是不能做的，原因在于他们市区里有好几个餐饮项目都没做成，一年内关店无数，所以，做餐饮绝对不行。这样的想法简直太片面、太主观了。都没有正确地了解和归纳那些餐饮项目做不起来的根本原因是什么，就盲目拒绝，简直就是“蠡酌管窥”，非常无知。他大概不知道什么叫作供给侧驱动。

我跟大家分享一下我对市场的理解：需求其实是没有顶点的，需求没有山峰，需求也没有止境。如果有一天某一领域的某种物品的量级达到了顶峰，那一定是供给达到了顶峰。例如，手机的需求永远都没有到达过顶峰，但是某一代手机，某一款手机是可以达到顶峰的；好比塞班机到了顶峰出现了智能机，现在智能机几乎到了顶峰，继而出现了柔性折叠屏手机，而且一旦投入市场，手机行业会焕发第二次新需求的井喷，这叫供给侧驱动，不是需求侧驱动。因此，对消费者的需求展开调研是没有必要的，但大部分人都会义正词严地告诉你要相信市场，要拿市场需求的调研来说话。我想问，爱迪生先生在发明电灯之前难道还要去问别人需不需要电灯吗？所以，只有当店铺开起来，香喷喷的东西摆上桌，顾客吃过之后觉得很好吃，以后经常来你这吃才是正常的。

我相信大家都听过一个岛上卖鞋的故事。两个人到海岛上去卖鞋，甲很快就打道回府，沮丧地跟老板说这个岛上的人都不穿鞋。乙也来到了海岛，回去后让老板迅速扩大生产，老板不解，他说我教会了他们穿鞋。这就是典型的供给侧驱动。

2. 内容设置不尊重市场

在基层城市的商业街区中，内容设置也普遍存在一种非常可恶的现象。例如，一条街上火锅店不能超过 3 家，原因在于同业竞争很惨烈，这属于计划经济思维。谁告诉你不允许存在同业竞争？我们以火锅店和比萨店为例，如果这个地方的人喜欢吃火锅，10 家火锅店都满足不了消费者的需求。如果这个地方的人不喜欢吃比萨，就算只开 1 家比萨店，生意也不一定火爆。所以，项目商“一定要有丰富的匹配，火锅店就开这个，不要再进了，必须开比萨店”的观念是不正确的。如果非要照他说的，火锅店与比萨店各开两家，结果火锅店那边一直排队吃不上，比萨店这边却一个人影都没有。这就是不尊重市场的结果。

实际上，最了解市场的人是那些经营者，不是你这个自认为了解市场的“聪明”老板。商业业态的规划问题是所有商业体在招商中最容易出现的问题，规划出问题的核心原因在于认知上有计划经济思维，既守旧又片面。

商业街区的环境本身就比购物中心相对开放，做规划应该“大而化之”，总体掌握，给业态做好环境的设计与支持，而不是锁定每一个商家的性质。例如，餐饮板块基本上就是往里招餐饮即可，让市场自我调节，不要过度干预。

有一个故事，可以作为借鉴。国外某一间高档写字楼，主体建筑竣工了，绿地需要铺设人行道。设计师没有急于规划，他让人们在绿地上自由通行。一年以后，绿地上出现了几条明显的路，设计师就在这些路上铺设了人行道板，既美观又实用。

（四）强硬的政策制定思维

计划经济的思维特性以强硬著称——以我为主，我是政策的制定者。在房租政策的制定与实施上，表现得特别明显。去周边简单调研了一下其他类似项目的租金之后，制定了一个差不多的价格就开始招租了，结果根本租不出去，租出去的商铺也差不多在开业半年以后人全跑光了。原因在于，开发商在考虑问题的时候过于自私、自我，本位主义浓厚，做调研时没有考虑到其他商家的租金水平是已经培育十年才换来的，人家的大楼经历了十年的市场检验，而你的项目是新楼，从所处的地段、楼市的起伏等微妙因素的属性变化讲，可能完全不具备快速成活的条件。

商业里常有“一步差三市”的现象，隔一条街道，租金可能就差好几倍，这些因素都需要通盘考虑。如果租金定出来你就认为是合理的，那是不对的，因为合理就意味着是平等对价交易，平等交易就意味着没有吸引力，对商户而言没有便宜可占，所以就不愿意租，最终导致项目很难做起来。反而应该具备一定的不合理性，这个不合理性体现在前期需要让商户占一些便宜，商户们才会和项目老板一起真正把项目做起来。

将欲取之，必先予之。

（五）开发公司老板的“自嗨”思维

开发公司老板有很多都是做建筑出身的，特别陶醉于自己的建筑本行，这个是西班牙风貌那个是伊斯兰古堡风情，沉醉在自己的建筑成就中，反而不太在乎商业建筑的实用性和科学性。美好的建筑的确是一道风景，沾沾自喜也无可厚非，但要把建筑置于整个商业环境中，就要明确这个建筑修建的目的。过度注重建筑本身，对项目的成功有害无益。

商业街区的建筑需要注意哪些方面？商业动线就是其中之一。商业动线是否合理，直接关乎人群的行动与流量。商业动线包括水平和垂直，“水平动线”就是从 A 点到 B 点再到 C 点，在一个水平的平面上能不能快速到达；“垂直动线”就是从下往上去或者从上往下来的时候够不够方便。比如做一个街铺，要让它既利于销售，也利于租赁，利于水平也利于垂直，就要让商业街区内的垂直和水平动线“融会贯通”，无处不通达，每一个商铺都能上下连通，每一层水平之间都有外连廊连接。行人与经营者会非常方便地到达任何一个地方。人流通畅了，还怕经营不活泛吗？

再如，建筑细节上，绝大多数商业街区都设计有骑楼。骑楼是一种近代商住建筑，建筑物底层沿街面后退，留出公共人行空间。这种建筑物样式普遍存在于南亚、东南亚各国以及我国的海南、福建、广东、广西等沿海侨乡地区。在当地人的意识中，骑楼可以挡风水，从功能上讲骑楼遮阳，也方便了行人，但是往往也会导致店面缩得太深。在低纬度地区，骑楼有其适用性，但假如高纬度地区也因其美观而照搬，就会显得光照不足，使得店面变得十分阴暗。

类似的还有很多细节上的东西需要考虑，但假如老板只是陶醉于建筑是否漂亮，其他因素都不予考虑，那到最后只能以失败告终。

三、非一线城市商业街区运营攻略

（一）观念认知上——开放思维

我在内蒙古接触过一个项目，这个商业街区“看上去”很漂亮。里面的街区是有错层的，走 50 米就有 1 个台阶可以上去，层层叠叠，错落有致；同时，为了改善商业街的人气，老板还往里面加了“天幕”，甚至把街区封了起来，结果建筑容积率又提高了，新增了很多手续。建成之后整个街区就是没有人，压根儿招不来商。我当时问老板，“你的商业街区里一个人都没有，你有没有想过自己犯的最大的、最直接的错误是什么”。老板认为是团队的原因、资金的原因和广告的问题。

我认为开发商老板错在了观念的认知上。在与对方交流的过程中，我发现他是一个思想不开放、过于精钻，始终陶醉在建筑的技术性上的人。诚然，建筑是建得挺漂亮的，但是完全不具备实用性和科学性。

实际上这个商业街地段非常好，横跨两条马路，你可以在中间开一条马路把左右两边的马路连通起来，路的两侧建商业房，那样会没有人吗？他恍然大悟说道：“肯定有人，我在这个世界上就没见过马路两边的店面有空置的。”

的确，马路两边的店面没有空置的，然而，精心打造豪华装修的商业街区基本都是空的。原因就在于，开发商的计划思维太重，用力过猛，人为设置的路线太浓，反而适得其反。他需要做的就是开放自己的思维，不要人为地去设置那些“漂亮”的障碍。

做商业街首先要考虑的就是开放，退一万步讲，就是能不能让它变成一条马路。如果一条商业街一旦能变成一条通人、通车的马路，它就不可能没有人，不可能空置。在这个基础上，等人气好了以后可以进行进一步提升改造，将它改造成一个漂亮繁华的商业街区，倘若没有第一步，就不要急于考虑第二步。

（二）商业业态上——定性不定量

在业态上需要做到定性，不要做定量。例如，适合做餐饮的就把餐饮板块规划出来，想要进什么类型的餐饮就进什么类型的，最后市场会留下对的商家，你不要指手画脚，过多干涉。商业街区本来就是个开放性的形式，试图用大城市商业街区模式来进行细分是不可行的，最终往往会失败。所以有的时候简约、粗放型经营，也是一种先进，一种高明。

（三）招商政策上——前期做好孵化

对于商业招商上的政策，不要单纯地只做横向对比，需要抱着让商家占大便宜的心态来开放性地进行，一定要有大手笔，要有广阔的格局和长远的眼光。不要那么小气，不要急功近利，树刚栽下就想摘果子，哪有那么便宜的事。绝大多数老板就是迈不过这一关。

其实开始稍微投点孵化的钱也许就是1/10，但是能换来10倍的回报。招商的本质是很朴实的，就是那些实实在在的经营者想要租一个店面做生意。你支持他们，让他们踏踏实实经营，把生意做得红红火火，得来的流量，你的整个街区都受益。有了流量再来“绣花”，绣出什么都好看。很多人就是想不明白，进而忽略了本质，所以要先解决本质的问题再来考虑锦上添花，不要只顾“绣”花，最后捡了芝麻丢了西瓜，让精心打造的建筑群沦为没有商业价值的建筑“垃圾”。

分析至此，成功做成一个商业街区的难度已是不言而喻。但是只要项目老板能从思维层面解决根本问题，尊重用户习惯，尊重市场规律，尊重经济常识，要操盘一个成功的商业街区，也并非不可能。

/ 第六章 /

家电行业——基因重组，模式重建

为什么说家电板块的重要性仅次于穿衣吃饭?

为什么说线下家电零售渠道是被线上电商冲击最惨烈的领域?

为什么说“化整为零，化零为整”将成为线下家电零售的未来发展趋势?

家电连锁卖场，它曾经是商业不动产招商的主力行业，又是民生性、刚需性的一大领域。咱们不光聊行情、前景，也谈一谈家电卖场里的风云人物。

家电板块的重要程度仅次于吃饱饭。改革开放以来，生产力得以快速提高，吃饱了肚子的人们开始追求生活品质，一方面是更加丰富的物质生活，另一方面是对精神生活的追求。在广大农村，电视机的出现，改变了人们日出而作日落而息的生活方式。如果自己家没有电视机，就会去有电视机的人家看。等到家家户户都有了电视机，大年三十晚上全家坐在一起看春晚“守岁”，如今已成为亿万中国老百姓的新民俗，同时也促进了家电行业的发展和创新。

一、家电行业的总体规模及销售现状

（一）流通渠道多元化

首先我们来看一看家电行业现在有多大的规模，答案是 1.5 万亿元左右，这个规模不可谓不大。那么这么大的规模怎么样去分配销售渠道？基本上是线上渠道占 30%左右，线下渠道占 70%左右，线下除了大卖场，还包括超市、百货、专卖店等，渠道多元。现在相对比以前更为分散，大卖场曾经占到整个比例的 30%多，现在收缩到 20%多，确实被蚕食了不少。

（二）野蛮的生长状态

说到家电业，我想起大型电子家电产品公司——百思买，一家美国的家电连锁零售巨头，在入驻中国几年后就灰溜溜地走掉了。为什么百思买在国外发展良好，唯独在中国存活艰难呢？因为中国的家电领域是以打价格战和产品品质这两项驱动的，这家公司不会打价格战，在经营和销售上一切都是按部就班的传统方式，开店的速度一年也就七八家，速度太过缓慢，不够“疯狂”。这种“温水式”的发展模式很难适应中国家电江湖初期“野蛮”的生长状态，以致百思买真的难以存活下去。

百思买就像一面镜子，映照出中国的家电业初始生长状态——一定要在某一个阶段实现野蛮生长、疾速扩张，才能占据江湖地位，取得先机。例如呼机、手机的普及，几乎都是一夜之间发生的。我们的市场要么就是没有需求（光脚的时代），但是一旦有需求（有人开始穿鞋了），打开风口、全面爆发是很迅速的（人人穿鞋的时代到来）。

（三）在电商的围剿中等待突围

众所周知，家电是衡量“一站式购物”平台服务能力的指标性品类，向来是兵家必争之地。

第一匹杀出来的“黑马”就是京东的 CEO 刘强东，他在线上疯狂开展家电大卖促销，成功地掀起了一波家电价格战。例如，以前线下的扣点能够分到家电营业额的比例，各种费用加上一些分成比例，最终经销商能拿到30%多。一打价格战，这个比例被京东至少压下来了10%，经销商的日子开始不好过了。京东之所以敢打出低价，跟其成本分不开。刘强东说，他在线上的流通成本加到一起，大概是6%，如果拿到10%，他就是赚钱的。

在这种情况之下，线下当然招架不住，节节败退。线上持续猛攻，到最后都挡不住这股“泥石流”，线上的价格就摆在那里，这是吸引消费者最大的筹码。实体店在节节败退的过程中，也发生了很多故事。

二、家电行业发展历程

一个行业或产业的周期与自然周期相似，都会有一个出生（现）、成长、全盛到衰落的过程。不同点在于，行业的衰落有可能是一蹶不振，从此没落或消失，也有可能是转型或改革，走上不同的发展之路。我们来梳理一下家电行业的发展史，将会对现状看得更清楚。

（一）第一个时期——电视机横行的时代

1958年，全国第一台黑白电视机在天津无线电厂（即七一二厂）诞生，从此拉开了国人进入电子时代的序幕。对于很多家庭来说，电视机是家庭购置的第一件“大件”，就算到现在，电视机也依然是居家的标配之一，虽然电脑挤占了一部分电视机的份额，但总体上没有电视机的家庭还是少数。因此，在电视机领域掀起争霸战，丝毫不令人意外。长虹就发起过声势浩大的电视机价格大战，硝烟弥漫，真的非常疯狂。“争王争霸”的年代和价格大战，促使了整个行业产生了巨大的泡沫，然而与此同时，却又使之快速成熟——从技术到营销的全方位成熟。所以，有的时候泡沫不代表是坏事，价格战也不一定是坏事，优胜劣汰的进化规律，促进了国产电器的成长与升级。后来涌现出的众多国产品牌也都不输外国大牌，也是这个时候打下的基础，所以“风物长宜放眼量”，有竞争才有进步。

（二）第二个时期——全家电的配置时期

20 世纪 50 年代电子工业和塑料工业的兴起，促进了家用电器的迅速发展。1956 年，沈阳、天津、北京、上海等地相继开始生产电冰箱，从此电冰箱进入千家万户，人们的生活水平有了显著提升。这是继电视机之后，登上居家电器至尊宝座的第二代王者。随着社会生产力的不断发展，人民生活水平的不断提高，洗衣机、电冰箱、空调等大家电的普及程度逐步提升，曾经的“奢侈品”变成了千家万户的“日用品”。再后来，便开始进入到家电、厨电板块的整体配置时代。电视机、电冰箱、洗衣机、电饭煲、空调等，已经飞入寻常百姓家，只不过在城市和农村的居民中各有侧重。

（三）第三个时期——小家电普及时期

面对竞争日益激烈的家电市场，各大家电品牌都纷纷盯上了小家电这块新的“肥肉”。年轻人都在外打拼，对小家电的需求量非常大，尤其是城市白领，工作节奏快，能够用“机器”解决的工作，绝不假以人手，同时对品牌的要求也很高，这刺激了小家电生产在数量和质量上的大幅提升。毕竟，国产小家电的对手除了国内的品牌商，还有更大重量级的对手——国际品牌商，小家电也是国际家电品牌的核心竞争力。外国在小家电上的技术更新和品质把控上近于严苛，总有令人惊喜的产品，比如吹风机，过去松下的吹风机就很厉害，现在的戴森吹风机更上一层楼，简直就是小家电里黑科技的代表，深受年轻人的青睐。

在科技领域，有一个基本的规律，就是越小越难做，越小科技含量越高，以计算机为例就很好理解，最开始的计算机要占地好几间房子，现在已经可以随时揣在口袋里了。当然，小家电的更新迭代也是极快的。当年 MP4 风靡世界的时候，我们都以拥有一部 MP4 为傲，跟 MP3 比，MP4 的一大科技进步就是拥有了可成像的屏幕。我自己就买过好多个 MP4，也包括索尼，但是，基本是买到手里没用到三个月就坏掉了。遇到苹果系列之后更换频率下降了，其品质稳定，可供选择的品类也多，有 iPod touch、iPod nano、iPod Classic 等。不过现在除了 iPod touch，其他 iPod 产品都已经停产了，因为手机已经有了集成功能，可以直接在线或本地播放，音质也非常不错。

（四）第四个时期——智能家电时期

为什么再大的品牌的小家电都一样很容易坏掉，因为它从开始生产出来就没有打算让你用一辈子，即便质量上不出问题，它也会因为过时等原因而被抛弃——在电器的品质性和稳定性上有一个平衡，所以到了一定的年限，电器会报废，不值得再去维修。技术在不断地更新，通过一浪接一浪的淘汰、革新及创新，今天的很多电器已经是好几代甚至是十几代的产品了。比如电视机就经历了 480P 清晰度的 CRT 显像管时代、720P 清晰度的背投彩电时代、1080I/1080P 清晰度的平板电视时代，现在已经是 4K 的超高清最为吸睛了，清晰度、稳定性都已经到了非常完美的地步，却仍然还在迭代。如今消费者购买电视，除了尺寸，屏幕分辨率、色彩显示技术、是否带 3D、是否带 Android 系统等因素都已成为大家关心的问题。

当家电成为最大众化、最直接、最简单的一种消费品的时候，智能化就成为必然的出路。现在的空调、电冰箱、洗衣机全是智能的，电风扇都没有了扇叶，新风机、空气净化器通过 APP 远程操作控制风量，热水器通过 Wi-fi 连接用 APP 远程调节温度，冰箱可以根据内容随意控制温度，空调里面都装有 24 小时摄像头，外形上不仅从传统的方形进化到圆形的、立式的，而且可以吹各式各样的风，风量、方向、频率、温度，全部可以调节……一切与电有关的产品，都在竭尽所能地创新。

5G 时代和物联网时代的到来，无疑还会引发巨大的变革，AI 智能机器人加入产品设计中后，技术迭代在某种程度上超出了人类的预期，所以究竟会有哪些变化，现在还说不清楚。但是我们不能停下脚步，也不能走错。

总体来说，家电产品是民生性和刚需性的产品，这个行业注定风生水起，风云激荡。随着产品的迭代和市场的升级，家电的品质性和个性化将会越发突出，家电行业也将会步入一个新的时代。

三、国美等家电巨头的沉与浮

成立于1987年的“国美”（GOME）是当之无愧的中国家电巨头，2004年6月国美电器在香港成功上市，在“2004百富人气榜暨品牌影响力”评选中，国美电器位居品牌影响力企业第二名。其创始人黄光裕先生2004年、2005年、2008年三度问鼎胡润百富榜之大陆首富，2006年福布斯中国富豪榜也是排名第一。2009年国美入选中国世界纪录协会中国最大的家电零售连锁企业。

就是这样一家多年称霸中国家电界的巨头，已经有连续三年没盈利，在当下激烈的商场竞争中缺少战斗力，表现平平，也没有让公众听到它的声音。其原因值得我们思索。

（一）互联网对实体店的巨大冲击

互联网的冲击大概从2008年开始，正式发动冲击是2009年之后，老牌家电品牌国美、苏宁都跟风去拥抱了线上平台，也许是因为在理解上不够彻底，所以在行动上就表现得不够决绝。还没有找到合适的模式就去做线上线下结合，难免尴尬——难道要线上线下价格同步吗？如果同步，价格太高了流失顾客，价格太低了会亏损。在这一点上，苏宁为了占据先机，实施了线上线下价格同步策略，希望靠吃掉对手的市场份额换取更多的空间，虽收获了较大的营业额，却没有得到利润。如果不同步，线上一个价钱，线下一个价钱，对于消费者来说合理吗？似乎合理又似乎不合理，怎么听都觉得别扭。总之，就是在没有找到合适的模式的情况下仓促嫁接，一方面要防守线下，另一方面线上的力道又不够，整个不疼不痒、不温不火的状态。在这个过程中，说不定就丢失掉了线上那一次变革的机会。

我们也知道国美收购了电子商务网站去进行改造，很显然不够成功，没有找到属于自己的模式。在整个互联网大洗牌这个过程中，京东、阿里巴巴的天猫都做得很好。但是线下起步的企业家们在面临新的行业局面时却很尴尬，没有找到自己的位置，防守和进攻之间有时候犬牙交错，有时候又非常游离，进退都没有把握好时间与程度。

（二）错失渠道下沉良机

1. 消费降级还是渠道下沉

从 2019 年开年，大家开始提出一个疑问：中国的消费降级了吗？

在电视上，在网上，“擦边球”产品的消息铺天盖地，李鬼打倒李逵的故事也在天天上演。例如大家吐槽最多的就是卖山寨品的拼多多竟然上市了。这说明了什么？不正说明我们的消费降级了，我们不如以前追求品质了。其实不然，因为这些现象背后的实质不是公众普遍的消费降级，而是市场纵深的下潜。

中国市场的纵深很大，一线城市不行了还有二线，二线不行就转战三线、四线、五线、六线，甚至一直到乡村，近于无限。而且，纵深线的向下延伸，不仅给予了国产大品牌扩大市场的机会，还给一批“过时”的国产品牌保留了广阔的生存空间。例如，男士服装品牌“海澜之家”在中国的一线城市，算不算一个名牌，我在这里不予置评，但它到了四线以下的城市，就成了尖端品牌，是品质的象征。又如，国产可乐品牌“非常可乐”，可能在大城市里无人问津，大家习惯性地选择可口可乐、百事可乐，但是在农村，无论聚会还是办喜事，大家都喝非常可乐，认可非常可乐。这就是市场纵深的典型案例。

很多公司看不上小城市和农村市场，但这些市场一年能做到几百亿元的营业额，这不奇怪，因为市场真的很大、纵深很深。只要将历年的经济发展数据稍做梳理，就会发现一个规律，那就是一线、二线、三线城市的需求被满足了以后市场就会下沉，许多品牌的新增数据那么多，其实就是市场纵深下一层的消费热潮被激发了，这一层的消费者在过去是长期被忽视的。比如，拼多多的用户现在处于什么阶段，之前并没有人在意过，没有人研究过他们的需求和数量。对于广大的四五线城市和乡村居民，很多人的需求暂时处于功能性阶段，实用、便宜，满足这两个条件，就是好产品。就拿买电视机来说，对他们而言，插上电能看节目又不贵的，就是理想的电视机。他不需要其他的功能，不会特别在意电视机的外观是不是最时尚，技术是不是国际领先，至于它是原创还是模仿，对他们来说毫无意义。

我们梳理一下广大基层消费者的心态——“你不要跟我讲那些产品打了什么‘擦边球’，又或者是什么牌子，我不知道，也没有兴趣知道。我只关心两件事，能不能用，我买不买得起。”对他们来说，先解决有和无的问题，解决刚需，才是有意义的。

2. 渠道下沉带来的巨大商机

前阵子大家一直在热议，中国有 10 亿人没有坐过飞机，有 60% 的人没用过马桶，中国家庭只有 10% 的人用吸尘器，不到 10% 的人用过洗碗机……所以，中国还有大量的市场需求没有被挖掘出来，没有被渗透。大部分人只是刚需刚刚被满足，还有大量的人连刚需都尚未满足。

这么庞大的市场，难道不应该引起我们的注意吗？拼多多注意到了，所以拼多多火了，拼多多赢了。它火到什么程度？不光三四五线和乡村的朋友在用，一二线大城市也有人追捧。前不久我在北京的一个朋友给我发了个链接，让我帮忙砍价。我很好奇，这位老兄向来大方，更加不会无缘无故地让我做这种事。果不其然，他说让你感受一下。你不觉得这种方式既有趣，又可怕吗？有趣来自两个方面：一是价格低到让人惊奇，二是人际传播方式的病毒式营销——组团杀价的模式，让人感觉到购物是一种交流行为，尽管这种交流带有一种强制性的意味（拉人头），但还是会让习惯了独自行动的人产生一种交流的欲望，有人帮你杀，你就很开心。看着价格几角几分地减少，竟然会很有成就感，所以这里的低价就有了“红包效应”，谁平时在乎百十来元钱？可是红包里的几十元钱，甚至几元几角都有意义。渠道决定了价值，模式改变了心态。不值得你好好研究吗？

拼多多现象当然值得研究，除它本身的模式有借鉴意义外，更重要的是它帮助中国的商界“发现”了广阔的基层市场。过去在大城市与基层市场之间弥漫着一层薄薄的云，云层上是摩天大楼，云层下“不可见”——被有意无意忽视或无暇顾及的中小城市和广阔的乡村。如果说以前各大品牌商与经销商，都只是对农村市场有过想象与设想，拼多多则把这一切变为了现实——云层下不是荒凉的山野，而是财富的热土。尤其是现在电力供应不再短缺之后，电器的使用将会更加普遍。所以渠道下沉，意义重大。对于品牌商和经销商来说，是一个巨大的市场；对于广大基层城市和农村的居民来说，其生活方式将会发生重要改变，当“城乡一体化”首先在消费品上实现时，则必将推动消费观念、生活理念的变革，甚至有可能成为城镇化发展和新农村建设的重要推手。

对于国美电器来说，渠道下沉无疑是一个巨大的机会。如果当年提早抽离线上博弈，转而在四五线城市、县、乡镇、村，去铺设大量的店面，一级一级辐射，遍地开花，星火燎原，它现在绝对是家电板块的老大，笑傲江湖。可惜，线上没有抓住要领，线下又因忽视而丢掉了，以致将品牌置于尴尬的境地。

但这并非说国美就没有机会了，现在就是它的第二次机会，渠道下沉，一级一级往下沉，最后一沉到底。先是横向到边，然后纵向到底。它现在还远远不够，整个店面才 1000 多家，据说 2018 年开了 200 多家，但总体数量还是太少了。

中国市场的纵深有多大？省一级的大城市我们这里不谈，先看看省会城市以下的有多少。330 多个地级行政区划单位，也就相当于 330 多个地级市；2860 个县级行政区划单位，相当于将近 3000 个县级城市；4 万多个乡镇一级的城镇（其中有 2000 多个镇），70 万行政村，这样算下来，覆盖的面积还不够广阔，人群还不够大吗？品牌商与经销商的却眼光只盯着一二线城市，稍微小一点的地级市都被忽视。在这种情况之下，你忽略了绝大多数的基层群体，非常可惜。据说京东商城已经在线下开了 8000 多家乡村京东店，苏宁也在疯狂扩张，开线下小店。在这方面，国美一定要抓住时机，赶快弥补。

四、家电流通市场的发展趋势

对家电行业来说，有没有被拯救和重新崛起的机会呢？我认为有。我们现在来聊一聊大致的潮流，以决定我们下一步往哪个方向走。

我们前面谈到了家电行业的互联网化是必然的，潮流不可逆。对于商家来说，打通线上线下的销售网络，将库存、配送渠道进行整合，扩大销售的同时节约成本；对于用户来说，选择商品既丰富又便利，随时可以下单，非常方便。家电是一个 3C 标准化产品①，这些标准化产品在任何地方购买并没有区别，只要是同样品牌、同样型号的家电，线上线下购买都一模一样。② 所以线上发展必然有着很好的前景。

当一线城市、二线城市、三线城市已经没有发展空间的时候，渠道下沉就成了必然选择，往下布点，服务于基层人民群众。广阔天地，将大有作为。

---

① 指中国强制性产品认证，英文名称 China Compulsory Certification，英文缩写 CCC。3C 认证的全称为“中国强制性产品认证”，它是我国政府为保护消费者人身安全和国家安全、加强产品质量管理、依照法律法规实施的一种产品合格评定制度。

② 不排除商家出于销售策略考试，会在线上线下供应不同的产品，但只要是同品牌同型号的产品，则线上线下是一样的。

（一）重塑家电卖场和流通渠道

1. 家电卖场的进化路径

我们来回顾一下家电大卖场是怎么问世的。最初它只是百货商场中的一个小板块。曾经的百货商场负一楼是卖食品的超市，一楼是化妆品、鞋帽、钟表，然后上面就是女装、男装、童装，等等，再往上有一层是家电，之后是快餐。基本上所有的卖场中，家电都会单独占一层。

后来类似于国美这样的家电板块独立出来，强势崛起，打通了家电的资源与渠道，成为专门销售家电的卖场，又赶上整个中国城市化和房地产井喷期，所以成长极为迅速，开店数量、面积、销量及影响力不断扩大。不过也应了那句话“合久必分”。分开之后，家电专卖场的集合度、产品的全面度、价格、服务、保障等，都比传统的百货商场里的家电板块更好、更优质、更专业，所以家电卖场势不可当地崛起了。

后来出现了大型的购物中心（城市综合体），又对家电板块重新做了拼盘，比如，将家电卖场、服装卖场、钟表卖场、超市区域——以前可能只是百货中心负一楼的一个超市，又进行了组合和拼盘。尤其是沃尔玛和家乐福这种超级卖场进入后，各个板块重新组合，重回综合体业态。因为这样可以形成优势互补，共享流量，并将流量扩大。独立卖场的流量和成本其实会更高，因此再一次拼接、组合、镶嵌在了一起，形成了“城市综合体”这样巨无霸的业态。城市综合体，一方面是体量上的规模扩张，另一方面是功能更加齐全，加入了体验业态。所以这种组合是“分久必合”。

2. 家电渠道的深度整合

家电卖场渠道是否需要从单一性回归到组合状态，这件事值得我们思考。回归家庭、嵌入现实时空，家电消费的整体组合一定会是未来的趋势。今天的家电卖场，需要提供家居消费整体组合的解决方案。

所谓整体解决方案，首先就是渠道上的整合，即卖家电的连锁终端，最好也是卖家居的终端。举个例子，我想买厨房家电的时候，需要买微波炉、抽油烟机、饮水机、电烤箱，我也可以顺带买到厨房里缺少的另外一些“零配件”，或许是一个抗菌砧板、一把漏勺，也可能是一把鱼剪、一个启瓶器，诸如此类。这就需要家电和家居渠道的整合。

这个组合要实现，首先需要“打碎”，破除彼此的边界与行业壁垒，彼此主动融入与镶嵌，共同打造生动的场景，不仅主流产品会以更加醒目的方式呈现，一些小众的、个人化的产品，也将在场景中得以生动出场，并获得更多青睐。至于打碎与组合这个过程由谁来发起，并没有一定之规，谁主动、谁被动，在最终的利益分配上，并没有区别，毕竟木头是木头的钱，铁是铁的钱，销售利益其实很好划分。只是在场景搭建与运营的成本分摊上，需要双方协商一个确定的方案。这个联姻如果成行——在一个主题的统摄之下，所有的家电和家居产品全部实现情景化嵌入，所有品牌产品无边界镶嵌——必将是商界的一次重大变革，对于消费者来说，是最有意义的变革。

其实，做这样的变革，受益的不仅是消费者，从渠道商这个板块来看，更是意义重大。说到底，经销商就是一个服务价值和渠道流通价值。如果不做大刀阔斧的变革，在这个瞬息万变的时代，迟早会被蚕食掉。开大卖场，如果还像过去开店那样卖电视机、电冰箱这种老套的销售模式肯定是不行了，必须研究渠道的新变革、新变化。同时需要当机立断，够狠、够快、够决绝，机不可失，时不再来。如果犹豫不决，思维模糊、做法游离，只会导致最糟糕的结果。

苏宁并非是一个可怕的对手，其产业定位不纯粹、做法不极致，处在各种探索与尝试阶段。从盈利状况、开店的属性上说，仍很焦虑。它的智慧零售是被时代潮流推着走的，不是主动进行的变革。现在在线下也开了很多店，卖母婴用品等各种快消品。现在基本上已经变成了一个什么都卖的品牌。

（二）整个板块需要实现场景化

1. 为什么要场景化——消费者的困境

以前我们进家电卖场时，里面的电器就像队列一样，这里一排电视机，那里一排电冰箱，一排一排的很是整齐。进去的顾客似乎都像当了皇帝，可以随意“翻”牌子，实际上顾客在挑选的时候左右为难。

我们以购买电视机为例，消费者通常会遇到三个方面的难题：一是拿不准规格是否符合自己的家庭，即便带着客厅的尺寸来，但抽象的数据与实物之间，也难以实现完美的契合；二是对于技术没有概念，自己家里有老人小孩，什么样的电视技术如操作等方面是最适合家人的；三是对于性价比无从判断，希望在经济承受能力、客厅的大小、家居风格等各因素的综合作用下，选择最好的平衡点，却往往无从下手。如果有精通业务的导购帮忙指导，或许会好一点，但即便是再专业再热心的导购，也没有到过消费者的家，他也无法做到“设身处地”“感同身受”。

2. 什么是场景化销售——改变购买方式与心态

场景化销售与传统销售完全不同。场景化销售，也叫嵌入式销售，就是将一切商品置入一定主题的“现实”场景中，这个现实是模拟的，但尽可能接近消费者的家庭环境。我们还是以购买电视机为例进行说明。消费者去买电视机，面对的就不是一排一排的电视机，而是镶嵌在客厅或卧室的环境中的电视机，电视机的大小、技术与外观，都是适合场景的配置，既有视觉上的和谐，也有使用上的合理性和操作上的便捷性。

与此同时，在这个场景中，还搭配有适宜看电视用的光源——台灯或吸顶灯，有低噪音工作的吸尘器，颜色与款式都让人赏心悦目的沙发，高度刚刚适合的茶几、花架、书架、多宝阁，沙发旁有美容仪、颈肩按摩器，等等。

同样的原理，我需要买一个卧室使用的台灯，我就可以走到一间“卧室”去看看那里配置的台灯。由于卧室里布置了所有理论上有可能需要的物品，包括床品、衣柜、梳妆台、化妆镜、空气监测仪、加湿器、吹风机，等等，所以在这个场景中，说不定我刚好就看到家人需要的、一直想买却总想不起来买的某样东西，真是喜出望外。

简单来说，在卖场里，我不需要仔细回想或想象我需要什么，当我走入场景中时，自然而然就知道我的现实生活中需要什么。

这种模式购物，给消费者带来触动的是整个生活内容和生活方式的直观、全息性呈现。也就是说，在“场景”中买东西，就不再是单纯地买一样两样东西，而是在买“生活”——生活内容和生活方式。在科学、健康、艺术、审美等各个维度的专业人员的设计下，卖场给消费者带来的已经远远超过了物品本身。消费者购买的是个性化的甚至是个人化的物品（场景可以根据主题和消费者的意愿进行设计与定制），消费者看完以后，可以整体购买，也可以只购买其中的一部分，可以现场交钱，也可以在线上下单，诸如此类，十分便捷。

3. 场景化销售并不会增加成本

也许读者会问，这样精心设计的场景，一定需要高昂的费用吧，会不会大幅增加卖场的成本？完全不会。恰恰相反，这种陈列方式是节约成本的。一是空间利用率提升，一定的空间中可陈列的商品更多了，由于是按照生活场景来布置，各种产品有机组合镶嵌，大厅的在大厅，角落的在角落，完全不会觉得拥挤。二是流量扩大了，效益会显著提高——与单独一家卖场的获客成本相比，这种组合的效率高得多。三是扩大了销售。本来普通消费者的家中缺东少西是一种常态，大多是用的时候没时间买，有时间买的时候想不起来，但是在场景中，消费者会一眼发现需要的东西；另外，场景中的布置是以引领生活方式为理论指导的，消费者会被吸引而扩大购买范围。四是这个成本并非由一家承担，而是参与场景营造的各个品牌商、渠道商共同出资，相较于之前每一家单独打造销售场所，这种合力创造、分摊成本的做法，已经大大减少了支出。

（三）化整为零，地毯式开小店

说到趋势，这里还有一个重要的方面不可忽视，就是“化整为零”。这一点与前面的“分久必合”并不矛盾，相反，它是城市综合体的有益补充。将来的卖场，会呈现两极化——要么特别大，位于城市综合体中，在物品的丰富性和层次上做到极致，起到消费引领作用，可以称为旗舰店；要么特别小，密布于城市的各个方向，甚至在一些大型社区，都可以开店，呈地毯式铺开，大为可期。

“化整为零”说的就是这种小店。人们习惯性地认为家电卖场都很大，实际上家电也可以做成小超市。在这种迷你卖场中，价格、服务、品质，均与城市综合体或购物中心的一模一样，居民为什么不就近购买？相比之下，可能只在商品的数量上略有差别，但是品类一样都不少。消费者前来购买，有现货的可以马上送货，没有现货的看货下单，物流送到家，时间都是一样的。这种迷你卖场，从概念上来来说，就是一个集销售、展示、体验为一体的体验店。它拉近了商品、经销商与消费者的心理距离，为周边居民购物提供了巨大的便利。

家电卖场以前都是一个大卖场，把四五层楼全包下来，或者是一个上万平方米的面积包下来。生意好不好不一定，但是气派是真气派。现在开始有了改变，绝大多数有坪效的卖场，家电零售这个板块基本上是一部分优质的家电加上一部分销量很好的数码，主要做精品小店，降低单店成本、缩小单店规模，呈网状铺开。很少再像在核心商圈开一个大店那样经营了。

举一个例子，我们去深圳的东门商圈做调查的时候，发现那边的家电商铺已经搬迁半年了，我个人觉得它还是搬得太晚了。如果早一点撤掉，不在那种地方卖家电，也不是那种规模的大店，而是切碎、开小店，小版块渗透社区、渗透人群，走服务、展示、体验和终端的配套，将会好得多。

五、家电市场未来的战略思维

（一）做家电板块相关的人工智能

5G 和智能时代即将到来，AI 人工智能会逐渐走进我们的生活。看到大街上那些售卖智能产品的小店，虽然是小店，但也能陈列上百平方米的智能产品，价格也很亲民。这很令人兴奋。

例如深受欢迎的便携式投影仪，小小只的一个，完全可以揣在口袋里，价格也不贵，2000 多元就可以入手一台，功能效果都不错，高档一点的有七八千元，选择范围很广。如果你是广告公司提案的人，拿一个便携式投影仪，往桌上一摆，也不需要插电，随手插个 U 盘或连接蓝牙设备，直接投影到墙上，可大可小、可近可远。更厉害的是它可以隔空操作，你可以通过空中点击墙上的光影实现互动操作，而不是必须在机器上操作，那感觉一定非常好。

再如，现在的随身翻译机，带着它全世界旅游和商务出差，不会外语也能畅通无阻，非常厉害。按着这个机器说一句汉语然后松开，你说的汉语就马上变成目的国语言了，几乎没有迟滞，快速而精准，非常厉害。

这些公司的研发者现在都已经是成熟的上市公司，下一步整个人工智能就将全面铺开，陪伴小孩学习、娱乐的那些 AI 机器人现在也都有了初代产品，价格也不贵。接下来在老人的陪伴和照顾方面将是一个重要方向。总体来说，人工智能既是科技发展的必然，也是产业发展的趋势。对于品牌商和渠道商来说，这都是一个很好的、可重点发展的板块。在直接面对消费者的商铺中，主要在于提高服务的属性和展示的属性，对那些感兴趣的人来说，绝大部分人都是看了就买的势必会有非常可观的销售量。

（二）做未来电器有关的集成服务商

1. 做售后服务的集成，通过服务提高消费者黏度

整个家电卖场和家电流通渠道的物流体系和售后服务体系，实际上在

未来是一个硬实力。其实很多品牌商自己来解决售后，不如由家电卖场集合式、整合式来提供售后服务。这样做，一方面方便了消费者，为消费者节约时间、人力和金钱，另一方面对于家电卖场来说，提高了服务质量，扩大了销售内容（持续地售后服务也将成为商品），并同时获得了消费者更大的忠诚度和黏度。两全其美，何乐而不为呢？

比如，某位消费者买了30个品牌的家电，他就要面对30个品牌的售后服务，这样真的特别麻烦。如果某个家电出了问题，需要他自己去找厂商解决，这个过程非常耗时费心。虽然每个厂商都有自己的售后服务，但对接起来并不是很便捷。那么如果30个品牌中的任何一个出了问题，他都可以直接找卖场反映，并得到及时的回馈，他肯定会觉得省心。那么，他的第31件家电，还是会到这个卖场去买。通过服务将消费者的心牢牢抓住，降低了今后的获客成本，这对于商家来说就是巨大的利益。如果所有的品牌服务做一个集成，由家电卖场来统一做这件事，我觉得会是个机会，而且是个巨大的机会。

2. 做配套服务集成——做消费者放心的大“管家”

消费者到卖场来买东西，最大的希望是买一个放心，也买一个舒心。卖场需要尽可能多地替消费者考虑，尤其是配套服务的问题，这一点往往被卖场有意无意地忽略——好比在网上免费买了一件小工艺品，快递费却比普通商品贵出2/3，商家分明是转移视线，还不如定个合适的价格包邮，更得消费者好感。

在家电卖场中，这种“分头算账”的做法并不鲜见。例如，某位顾客买了一台打折的电热水器，很是开心，约了商家来家安装，安装人员一会儿说这个管子180元，这个接头是铜的要250元，一会儿说那个配件是单独的，需要360元，安装结束算了一下安装费，几乎等同于购买热水器的费用。消费者购买热水器的喜悦感荡然无存。他觉得这简直就是忽悠，但没有办法，已经开始安装了，就只能硬着头皮装完。对于卖场、品牌的信任也会大打折扣。卖场不去做深入的消费者体验，根本不会觉察到还有这么多的疏漏正在一点一点地伤害消费者的感情。商品本身的品质好，销售的服务好，还有配套的服务也要做到替顾客着想，那才是真的善始善终，尽善尽美。

家电商品本身都是3C标准产品，你家卖的和别家卖的几乎没有区别；价格在当下的全媒体环境中也已经透明，差额的大小并不足以动摇消费者的意志。唯一可以做出差异、打出品牌的，就只有服务了。如果在服务上做到别具一格、独树一帜，才是在江湖大战中一马当先、出奇制胜的关键。

六、对国美的总体建议及对黄光裕先生的评价

（一）持续在家电板块深耕

家电板块远没有饱和，其进化也远没有停止，相反，一切才刚刚开始，后续潜力巨大。机器人时代、AI时代已经到来，消费者去买机器人保姆、机器人管家的时候，一定是找一个集成商，因为不可能自己去联系100个机器人厂商。所以，因人工智能的崛起，一定会诞生最好的机器人供应商和集成服务商。国美如果从现在开始就着眼于这一领域，占领先机，势必会在未来独占鳌头。

同时，整个物联网的崛起是一个必然的趋势，物物相连，万物相连，任何一种操作都离不开电器。电器在未来的家庭、生产和生活中，在与人类的关系中，必然发挥越来越重要的作用，成为越来越不可替代的角色。电器板块不仅不会没落，反而会更加红火，并且在国计民生中占据更加重要的地位。

作为家电流通业巨头的国美，一定要抓住这个当口，做好深度服务的角色以及售后服务的角色。至于线上，其实已经什么都透明了，等第一波风口过去以后继续精细化操作，如果没有占据先机也不必纠结。风口已经

过去，再回头嚼已经没有味道了。所以，专心做好集成服务，这才是真正的“经营长处”的战略思维。

（二）加强软性投入与建设

在软性方面不能急躁、迫切，需要深思熟虑，可以一边精耕细作，一边迎接整个家电时代的到来。总体有三点建议，或可借鉴。

（1）树立“家电就是家居的部分”理念，整合流通渠道，融合家居领域，以镶嵌式模式打造家居与家电的场景，实行实景营销，进入到全套和整体解决方案。

（2）渠道下沉，化整为零，开小店做终端，地毯式铺开。同时降低单店成本。

（3）做所有家电品牌的集成服务商，做到大、统、精、专，“大”，指服务对象广，包含范围大；“统”指统一、统筹、协调，将所有品牌融合，进行统一管理；“精”，精心、精致、精细，体现服务态度和水平；“专”指专业、专家，无论是场景营销的设计师，还是为顾客进行导购与后期服务的工作人员，都需要有更高的专业水准。因为未来的家电卖场，不是在卖电器，而是在卖“生活内容”和“生活方式”。现在的普通工作人员，未来也许就是消费者的“生活导师”。简言之，现在的家电卖场，在未来就是一个家电的4S店。

这是我们给黄光裕先生的建议，给国美的建议。期望国美能够二次腾飞，焕发新活力。

（三）对黄光裕先生个人的感性评价

对黄光裕先生的第一印象是觉得他的江湖气很浓，虽然他很年轻，可是他身上带有强烈的第一代中国企业家的那种气派，很讲义气，也颇有胆略。但是，有些时候，作为一个现代企业家——他的全面性还不充分，相对需要补足短板。我们祝福他明天会更好。

/ 第七章 /

家居建材市场——从“鱼龙混杂”到“重整剧变”

为什么说国内家居建材行业发展长期处在“鱼龙混杂”的局面?

为什么国人对装修这件事十分恐惧?

为什么说绝大多数家居建材连锁企业都未能抓住行业发展机会?

人活着，一刻也离不开家居建材，想一想吃喝拉撒睡，哪一件跟房子没关系，跟家具没关系？所以谈商业，谈地产，当然少不了家居建材市场。这个市场极其重要，也存在不少问题，我们今天来侃一侃这个大市场，也顺便聊一聊红星美凯龙、居然之家这类家居建材市场行业中的巨头的现状与未来。希望可以对行业的未来发展给出一些有益的建议。

一、家居建材市场的总体特点

家居建材市场目前的总体规模已经达到了 5 万亿元左右，体量非常庞大。它有哪些特点呢？我们可以从以下三个方面来对这个市场做一个大致的了解。

（一）市场流通终端的多样性

家居建材的流通终端在人们的生产生活中扮演着特别重要的角色。大到房子的装修，小到桌椅板凳，都离不开家居建材市场，其形式也是多样的。

1. 小散铺与展馆模式

一般情况下，购买家居都在家居市场里，一般家居市场呈现出来的都是成本不高的中低端产品。有的是一个街区，一条街上的小散铺里，摆着各种东西，包括五金零配件、地漏洁具、折叠家具，等等。或者，就是大型展馆的形式，但是展出的都是一些家具而已。

2. 连锁卖场模式

像红星美凯龙这种连锁卖场，实际上就是家具、家居的市场做成了商场的环境，里边的商户也是一户一户的品牌代理商，采用了分割租赁的形式，让这些人来卖自己的品牌而已，所以把它理解为家具连锁零售企业是不准确的，实际上它是家居连锁房东，并没有参与到商品的运营层面中。说白了，它就是一个收租的，只是相对高端一点、规矩一点、漂亮一点，超过常见的、散漫的那种大集贸市场。

3. 整体与人性化设计模式

真正做家居的是类似于宜家家居那样的商场，里面卖的产品有 70% 都是自己签约设计师设计并委托生产的。这样一来，它就不仅仅是一个房东了。因为家居消费板块非常人性化，它和每一个家庭主妇、孩子等全部家人都很接近，是家庭成员的共同消费品，在家庭空间中占据着固定的位置，也会成为家庭氛围与家庭气质的基础组成部分。

这种模式更有代入感，更容易买到适合自己家庭和个人喜好的家具。这与买衣服不同，服装是个人化的商品，逛街时看到喜欢的买了就穿了，但是买家居用品，基本上是家中有关系的成员都会参与。所以，这方面的产品设计非常重要。作为经营者，能够参与到产品端的部分设计（比如功能与外观等），你的话语权会提升，与设计师和用户之间的黏性也会增强。

（二）流通板块的市场化程度最高

家居建材市场流通板块是中国在线下实体流通板块中市场化程度最高的一个领域。整个家居建材市场、家装板块的崛起，基本都是市场化的民营企业推动起来的。每个城市中家居建材市场都多达上百个，有综合小市场、灯具市场、木材市场、钢材市场、家具市场、沙发市场等各种细分市场，这也让顾客有了更多选择，而且是很有针对性地选择。

（三）整个行业现状非常分散

这个行业的发展也是非常地纷繁复杂，一直没能形成整体化、集中化、制度化。原因是市场庞大，每一个群体需求不一样，纵深又很大，高、中、低端都有，所以形成了一个庞大但不规范的行业，市场整个地渗透非常分散，集中度很差。就连家居建材市场的巨头企业红星美凯龙，这么大一家家居装修连锁公司也不过占2%多一点的市场份额，一年的销售额才上千亿元，自己的营业收入才上百亿元，这其实是非常非常少的收入了，原因就在于集中度不够。剩下的那些全部加起来，不过就是百分之几的市场份额。这些连锁卖场绝大多数都是各自为政、各自发展，所以它们的规范性就比较差，市场建设的重复度、过剩性和泡沫就很夸张，导致一时间出现了很多空置的建材市场。

二、家装市场的痛点

首先，我们先来谈谈家装产业。这个板块是伴随着房地产家装发展起来的，毕竟大部分人购买住房都是为了满足刚性自住需求，购房居民的家装意愿和期望较高。同时，绝大多数新增住房在装修结束之后，对装修和建材的需要就会转化为家具消费的需求，因此对定制家具行业的提振作用明显。

家装市场大概是被老百姓诟病最多的业态，只要是与家装打过交道的人，没有人心情舒畅，似乎总有那么一两件事、一两个人让人觉得如鲠在喉。有句开玩笑的话说，如果你爱一个人就给他买一套房子，如果你恨一个人，你就让他去装修。买房子为了结婚，装房子就有可能装到离婚，就算不离婚，闹家庭矛盾的也很多。我们今天来聊一聊这些痛点，看看你有没有感同身受。

（一）风格设计：审美分歧

装修房子最大的分歧就是审美，这是设计端的第一关，从房间的整体布局到软装搭配，装修已经不单单是好看不好看那么简单的事情了，舒适感、互动性、环保程度都成为装修审美的重要组成部分，室内装修设计也逐渐形成了一个完整的产业链。所以，审美这件事说高级很高级，说落地也很落地。老婆可能是极简主义，可能需要清新、淡雅的仙女风格；老公也许更偏向豪放大气的装修风格，不把家里搞得金碧辉煌都不好意思说自己家装修了；老人家想要中式风格；小青年想要欧美风格。从装修伊始的风格定位，就已经达不成和谐一致了，以至于接下来的各个环节还会发出各种杂音，甚至为了几厘米的位置，相差不大的颜色展开争论，所谓的设计师基本没有能力来摆平这些矛盾。

目前，装修的第一痛点就是设计，这一步基本上都是照搬照抄。大部分的设计师能力都比较差，基本就是根据顾客的需要七拼八凑，生拉硬拽。厉害的设计师很难平民化，设计费都贵得离谱。但是好的设计师能发挥出的审美力量，是完全可以融合、包容你的一切诉求的，给你一个满意的作品。也就是说，设计层面力量不足这个痛点很难迅速解决。

（二）挑选团队：麻烦重重

定好了风格，就要找一个工程队承包装修工程。选工程队时左看右看都不信任，怎么看都觉得他会坑你、蒙你、抠你。找一个大型连锁品牌就意味着要接受品牌溢价，原因在于它是连锁的，有管理、有渠道、有整个品牌的成本，所以你的预算可能会超出一大截。但是，如果找个体工程队，就可能面临偷工减料、敷衍了事、追责困难等各种问题，所以在选择的这个过程中就会非常麻烦。别说货比三家，就算货比十家都不一定能选到合适的，着实让人头疼不已。

（三）采购材料：非常痛苦

装修中最让人头疼的就是原材料的采购，“全包”——包工包料方式，消费者看起来省心了，实则会担心包工头偷工减料、掺假、加水分，给你残次品等，基本上80%的人是不放心的。就算他真的要坑你点、抠你点、吃你点，你也没办法。所以很多人就采取“包清工”（包工不包料），自行去采购装修材料。问题又来了，多数人因为不了解装修材料的品牌特点、种类款式、尺寸等装修知识，很难买到合乎要求的数量和品种。一边摸索一边买吧，管道，电线，瓷砖、洁具、灯具、木地板、家具……所有这些东西都得自己操心，看了一圈以后自己基本就变成一个专家了。

我的父亲就参与过自家房子的装修，竣工之后他信心满满地跟我说，“要不然我攒个工程队吧，我也可以装修了”。我并不认为他在说大话。出现这种情况的根本原因，来源于不信任——市场不透明，导致原材料采购环节让人非常痛苦，需要业主自己亲自去跑，一趟一趟地，自己去挑选，去询价，询完价后自己去砍价，最后就变成了一个很了解这个行业的人。

（四）交付环节：纠纷不断

采购完回来后，你可能还要买一个小板凳在现场监督着工程队施工，因为他们拿着你的材料，却不见得会按照正常的操作标准给你施工。比如，瓷砖的缝隙可能贴得有宽有窄，很粗糙，管线铺得凌乱不堪，地面水平不平或不符合要求等。所以很多人就拿着马扎，吃着烧饼，一直在那儿看着，有时候还会撸起袖子跟着干。一般装完一个家，主人要么就是暴饮暴食胖几斤，要么就是劳心费神瘦几斤，总之没有正常的。

装修最后一个环节就是验收交付。往往这个时候，总会节外生枝，发生一些小纠纷。有的工程队会吃、拿、卡、要，有的以“查漏补缺”为名，稍微完善一下都要加钱，还有的想办法钻合同漏洞。大家只想尽快安顿，只要工程没啥大问题，基本就是睁一只眼闭一只眼过去了。很多人都经历过这些无可奈何的时候。

（五）行业整体：纷繁复杂

整个装修环节结束后，就需要开始采购家具了，新的矛盾与问题又出现了。比如，有的家具进来以后与房子格格不入，不是风格不相符，就是功能不匹配，再不然大小不合适——大房子配小尺寸家具和小房子配大尺寸家具，都会极不协调。总之这个行业的痛点很夸张，分布于自开始到最后的所有环节上，从设计端到原材料采购端，再到工程交付端，无一不让人劳心费神。

三、中国家居市场的现状与趋势

说完了家装的痛点与烦恼，我们来看看家居市场。

（一）流通终端发展过剩

很多二线、三线，甚至四线城市的家具家居市场，一建就是500万平方米、1000万平方米，体量一个比一个夸张。基础建好后，装修到30%就装不下去了，资金跟不上了，只好大部分都空着，然后边经营边建设，慢吞吞地发展。然而这种没有完工的市场，在功能与服务上能够好到哪儿去？又怎么能成功招商？也就不温不火，半死不活。为什么要拼体量、拼城市、拼命跟风呢？一方面是因为大家在研究家居这个题材的时候过于草率，感觉差不多就匆匆上马，另一方面就是整体性商业不动产发展的过剩问题。

之所以会出现草率上马和行业过剩的问题，有一定的历史惯性。以前家居是很刚性的一个业态，招商也比较容易，收益比较稳定，承租率和承租能力也都很好。在这种情况下，很多地方开始重复性建设，大家都往上冲，最后变成了过剩的业态。

（二）产品亟待标准化及消费分层

过剩、重复性供给是一方面，另外就是没有消费水平的分层。金字塔的高、中、低端没有拉开层次，基本上就是两极分化，上面高端，下面就是地摊货。对于普通的消费者而言，一开始就面临着一个两难的境地：要么花大价钱买高档货，要么花小钱买地摊货，没有“经济适用型”的中档优质产品提供给你。就像很多交通线上的餐食，要么吃50元的套餐，要么买5元钱的泡面，没有中间产品。

其实，如果我们认真做一个产品线，在金字塔的结构中拉取每一个终端，建立分化的市场终端，并建立起每一个终端的标准，从而最终实现行业的标准化发展，这将是多么巨大的市场潜力！这不是空中楼阁或遥不可及的事情，有这么多年的生产与经营经验，有全国这么强大的生产加工能力，要实现标准化，难度并不高。而且，光是标准化这一碗饭，就足够吃到全国遍地的连锁。功在当代，也在千秋；利在当代，也在千秋。谁来当这“领头羊”？

（三）步入优胜劣汰的时代

家居建材行业门道特别多，乱象丛生，高端的不一定高端（或许只有价格是高端），但是低端的就特别低端。不过，浑水摸鱼、野蛮生长的时代逐步结束了，现在这个行业已经开始进入一个优胜劣汰的时代，优质资源开始出现整合的趋势。曾经随处可见的破烂市场已经开始慢慢被淘汰了，留下的都是一些相对优质的连锁家居卖场，这是产业发展的必然阶段，也是消费者乐见的一种情势。

四、家居建材市场未来战略

（一）走向大型的家居生活综合体

家居这个板块目前主要是卖场形式，以卖家具为主，里边有一部分装饰、床品、厨卫用品和瓷砖这类算得上装修建材的商品。它未来的发展方向应该是走向大型的家居生活综合体。这种综合体应该由目前发展相对较好的巨头品牌来引领、建设。

1. 凿通行业，跨界融合

这里的“融合”包含两层意思：一个是同一行业内不同品牌与产品的融合；另一个是不同行业如家居与家电的融合。

先说行业内不同品牌的融合。我们去逛家具市场、家居卖场，基本上是一个品牌的家具店就只卖这个品牌的产品，无论是否齐全，也不会搭配别人的品牌来卖。于是我们常常需要逛遍整个家具城，才能配齐所需要的产品，像极了《木兰辞》中的“东市买骏马，西市买鞍鞯，南市买辔头，北市买长鞭”。木兰不嫌烦，因为那个时候集市小，可选择的不多，每一种东西基本也就一两家在卖，所以她走过去很快就能敲定。我们却会嫌烦，面对浩如烟海、差异性并不明显的产品，挑花了眼不说，卖场巨大的面积也会让人心力交瘁。如果能打破品牌界限，将产品按照风格或者功能集约化展示，消费者一定感激涕零。

再说说跨行业的融合。家电与家居向来“井水不犯河水”，各做各的经营，但实际上他们完全可以做到镶嵌与融合。家电属于家居门类中高消费范畴内的产品，如果镶嵌在家居板块全情景体验中，其功能将会被放大，而视觉效果也会得到增强——家电就不再仅仅是家电，它也承担了美化环境的功能，具有了美学效果。而家居体验中心的容量非常大，对家电销售的带动效应自然会很大。

总体来说，跨界做融合是指打通所有细分专业领域，让它变成家居泛消费的整合。目前还没有发现哪个家居城做过此类的尝试。我认为这是一个很好的机会，市场收益一定会比到城市里建一个类似于万达广场的家居商场好得多，市场潜力大得多。

2. 营造情境式消费场景

我们都生活在一定的场景中，工作的时候在职场，下班之后回到家，睡觉时在卧室，休假时去旅游……无论我们在哪里，做什么，都离不开一定的物理条件和空间环境。这个就是场景，不同的场景对人的影响和作用也有很大的不同。场景内的家具、摆设、装饰，都会服务于一个共同的主题。至于区分它是木质的家具，或是电子产品，还是其他材质的工艺品，对于正在使用的人来说，并没有意义。例如，每个家庭都有卧室，当你休息的时候你不会区分什么是电器、什么是家居，卧室就是卧室，卧室空间包括了卧室之内的所有实物和组合方式，而这一切都可以在情境之内完成消费。例如书房、客厅、厨房、卫生间，这些都可以实现情景化销售。另外，像家庭的休闲中心、健身房，这些板块也可以做场景式融合，全部容纳进来。

宜家家居就是这种体验式场馆的雏形。商家建立一个真实的客厅场景，这个客厅里的所有带标签的物品都可以销售。在客厅里除了家具，还有台灯、地灯、桌布、小茶几、储物盒，等等，所有这些东西都是可以直接销售的商品。但是宜家家居的跨界程度不够，它的尝试仅限于不同门类的产品的组合，还没有到不同行业的融合，比如没有电器的加入，而家电在家居板块占有重要地位。

再如，未来的家庭消费中的智能设备，包括智能家居、家庭智能管理系统，都应该通过一个终端场景释放出来，这个释放的体验在当下非常新鲜，对未来非常重要。这个终端具有强烈的体验色彩，有强大的展示功能，有快速的更新频率。比如现在市面上已经推出了很多AI人工智能的产品，但目前还只是在商场里摆一排小机器人，而没有融入家居体验的场景中。略有遗憾。

总之，家居场馆和体验中心要变成集展示、体验、销售、跨界体验和融合为一体的综合体。

3. 营造主题场景，激发消费

综合体验馆搭建好了，并不表示这项工程就竣工了，其实这只能算是“开始的结束”，只有将下列两种元素进行充分演绎，综合馆才算真正成功。第一种元素是主题。不同的家具有不同的功能，适用于不同的空间和功用，那么不同的组合就可以体现出不同的风格与不同的主题。比如这一期的主题是休闲，所有跟这个主题相关的家居消费品和电子产品、数码产品、科技产品，全部围绕这个主题来搭配，营造出休闲与舒适的感受与氛围。选择的家居产品与电子产品等，全部服务于这个主题。

第二种元素是频率。不是打造好了一个“休闲”的场景就万事大吉了，这也只是一个开始，因为人们会有审美疲劳，再美的场景看两次也会觉得稀松平常。所以，场景要经常更新。方式也有两种：一种是同一空间的经常更新；一种是不同的空间的分别展示。比如我有二十个样板间，15天一更新，听上去你也许会觉得这个过于理想化、做不到。实际上它不仅能做到，而且有很大的意义。这种新鲜、沉浸式、体验式场景，完全可以媲美景区旅游式的美好体验，足以激起消费者的好奇与观摩的欲望，他们会带着整个家庭成员组团去观摩、参观、体验、购买。场景中的所有物件不仅搭配得宜，而且实用，属于既中看又中用的，会大大节省消费者挑选和搭配的时间与精力，效果还更好。半个月一更换，又是全新的场景，全新的产品组合，就像看电影一样。消费者一定络绎不绝，这个市场才真的是“门庭若市”了。

红星美凯龙旗下的爱琴海集团就有往这个方向发展的趋势，但目前还看不出有什么创意。这个家居市场的龙头老大拥有庞大的家居建材业市场，以及巨大的未曾挖掘的市场潜力，如果不去做综合体验，真的很可惜。

（二）建立丰富完整的配套体系

整个家居板块的消费以线下为主，线下还是一种非常强大的、不可撼动的主流渠道。虽然也会有一些线上的补充性销售，也会产生一定的营业额，但总体上一定是在线下繁荣发展。原因在于线下市场较大，体验性强，顾客需要到现场看到实物、亲身体验以后，才能决定购买，之后再通过物流配送到家。作为家居城的老板，前半段的体验要做好，后半段的物流与服务也要做好。

任何一家家居建材企业，都应该建立包括物流、配送、售后服务为一体的、丰富且完善的配套体系，并且集成化。比如，消费者在某家居商场购买了一套某品牌的沙发，买完以后沙发出了问题，第一反应就是联系品牌商进行处理，很少有人第一时间联系家居商场。所以家居商场就是个房东，不是管理这些品牌商和商品的东家。家居城与品牌商之间其实就是房东和租客的关系，渗透性与黏性都不强。

作为家居城，要对自身的功能与定位有清晰的认识，不要试图串起连锁，当一个伟大的家居企业龙头。你要清楚，你什么家具都没有，你既不会设计一件家具，也没有加工过一件家具，你没有参与产业链端，所以，做好配套是提升卖场价值最好的方式。这个配套服务指售前、售中、售后服务，集成化的配套。

因此，需要一个体量非常大的，类似于小镇样态的全情景家居消费中心，除了展示，还有完善的配套设施与服务。这将是一个巨大的市场机会。

（三）延伸与打通产业链

家居建材市场的经营者要思考自己有没有核心板块，同时把上、中、下游所有产业链打通、渗透。这么说并非让你既卖家具又做家具，而是从自己的核心板块出发做延伸，与上下游相关的企业做松散或紧密的联合，并全程参与到产业链的打造与运营中。例如，以高端的智能家居为例，其上游的所有集成化服务，经营者可以选择支持和孵化几家公司，或者经营者控股让其他公司来生产。这样把整个产业链粘在一起，纵向做枢纽性的“黏”，做区域性的联合，优势互补，做大做强。而不是像现在这样，完全就是房东模式，给家居供应商盖房子的房东，就是一个地产商。

（四）走定制化路线，优化服务产业链

目前，定制家具的装修住房类型以新房和翻新房为主，其中新房又包括首套房和改善型住房。一线城市的新房、翻新房装修比例大致相等，二三线城市的新房装修比例更大。

中国企业已凭借众多而庞大的“中国制造”赢得了“世界工厂”的美誉，随着互联网的成熟，家居走向了工业4.0版——定制化，不过中国目前定制家居的比例应该不超过25%，欧美则能达到60%以上。所以，我们在这个板块有很大的增长空间。对于家居市场经营者来说，有没有在自己的平台上孵化起一批成功、成熟的定制企业，将是占领未来市场的重要措施。

面对着庞大的家居服务产业链，从效果设计到原材料采购再到交付使用，每一个环节都可以按照工业4.0版本的要求与标准来渗透和打造。如果消费者的痛点可以在你的平台上解决，对于消费者来说，将是极大的幸运。中国有广大的基层城市，现在才刚开始进入家居迭代更新的潮流，所以，这个市场会有多大，业界同人定可以想到。

（五）回归本行，深耕家居领域

虽然房地产发展减缓了，可是家居的迭代不会缓慢。美国市场这么发达，他们也都是天天叮叮哐哐在装修，中国的城镇化、城市化依然在提升，家居产品的要求在不断提升，怎么会没有机会？我和同事做调研的时候，几乎每走到一个小区，都可以看到一楼的装修告示，向大家说明房号和装修时间，寻求同楼邻居的谅解。家装市场远远没有饱和，家具市场也永远不会饱和，这是一座值得精耕细作的大矿。

五、对红星美凯龙的建议及对车建新先生的个人评价

（一）对红星美凯龙的建议

在提建议之前，我先说一个小遗憾。红星美凯龙是现在连锁家居建材板块领域相对来说做得比较好的，然而似乎对行业趋势的认识很不够，没有在这个领域钻研，却对涉足其他领域非常热心，一会儿去建购物中心，一会儿建个影院，现在又在连锁商场、购物公园的商业形态上发力，开发了爱琴海购物广场，类似于万达广场的商业模式，没有什么新奇特之处。

“回归本行，深耕家居领域。”既是我给整个家居行业的建议，也是给红星美凯龙车建新先生提的建议。你在家居板块缺少饥饿感，你的狼性没有了，开始赚一些加盟商的钱，赚品牌费，那些才多少钱。看人家玩多元化风生水起，你也心痒难耐，放下了手里起家的本行——家居这个大消费产业板块，根本就是为了捕风捉影的幻想，丢了自己手里的宝藏。为什么说是宝藏？购物中心很快就会饱和、过剩，家居产业却还有很多“矿”没有被挖出来。

所以我建议车先生回归家居板块深耕细作。这个行业在把那些糟粕的市场、破烂的渠道去掉之后，一定会迎来一个风口，整合的风口，集中化的风口。

（二）对车建新先生个人的感性评价

车先生是我们江苏的企业家，风格稳重。我觉得江南绅士们四平八稳的品格都很好，稳扎稳打。如果说局限的话，就是狼性和饥饿感有点不足，在扩张、拓展上都稍显局促，胆魄和胆识上面不够大气。希望他越走越好。

/ 第八章 /

社区商业——回归生活消费需求基本面

为什么说一个人一旦进入“操盘者”的角色时，往往会把简单的事情复杂化?

为什么说社区商业是实体商业中规模与覆盖度最大的领域?

为什么说社区商业应该回归生活基本面去简单操盘?

如果说大型购物中心是城市商业的“主动脉”，那么社区商业则像一根根“毛细血管”，深入到城市的角角落落。社区商业看似不起眼，但这种模式才是切实能够满足和促进居民日常消费的属地型商业，主要功能是为社区范围内的居民提供日用品和各种服务。

一、社区商业的总体概况

中国目前城镇化中投入使用的住宅约有280亿平方米，很快就要突破300亿平方米。这些住宅在商业配套的面积比，保守估计至少应该在3% ~10%的比例。按照这个数值算，就应该有十几亿到20亿平方米的社区商业来做配套服务，这个体量是很惊人的。

如果稍微系统一点去了解就会发现，国外社区商业在一个家庭中的消费支出比重占据了60%的份额，也就是一个家庭的绝大多数消费行为都是在社区商业里完成的。在国内能占到多少呢？大约在30%以内，而且这个数字也比较牵强，因为社区商业还没有形成完全的生态。

社区商业目前鲜有好的案例产生，普遍表现平淡，没有突出的个性和亮点。常规的商业形式如万科、龙湖、恒大、金科等都推出了很多概念，比如这个是中产阶级的，那个是美好家园或什么影城的，多彩的噱头与平淡的社区商业形成了鲜明的对比。到最后，你会发现这些绚烂的项目跟传统的常规性商业和商圈商业也没什么区别，并不值得我们花时间去研究它，更不可能把它们作为社区商业借鉴的对象。

二、社区商业客群及流量分析

如果要搞清楚社区商业怎么操作，我们首先就要分析社区商业的客群和客户流量，对比其他城区里面核心商圈和散商业、特色商业之间的区别。

（一）目的性流量

目的性流量是指专程为了某一个目的而来到特定的空间即目的地从而形成的流量。形成的条件包括拥有强大的差异对比优势等，即自己的商业价值和形态跟别的商业有明显的核心竞争力上的差别。比如，我要去奥特莱斯购物，我就是为打折名品去的；我带着孩子去游乐场，我就是奔着让孩子玩得开心去的；我到某家餐饮店去排队，就为了专程去吃那家的饭，等等。这种专门为这个目的而来的人流量就叫目的性流量。

（二）自然性流量

自然性流量又叫自然流量，原本是用来计算网站流量的一个指标，是指用户需要某个信息时，主动搜寻到该信息，这种用户就属于自然流量。它有一定的随机性、偶然性，但也并非没有规律可循。通过网站自身优化关键词排名、第三方平台推广、付费竞价等方式，均可以提高自然流量。我们这里借用网站的这个概念来指代商铺或商圈的人流量。

自然流量与位置（区位）、外观设计、商品内容等有一定的相关性。比如，某个人的项目位于核心商圈，这个商圈日均人流量30万人次，其中绝大多数随机经过他的商铺门前的人都是自然流量。游客、消费者或本地居民到这儿逛，本身目的性不一定很强，从门口经过的时候也没有预先考虑过要进店，因为路过看见店面、招牌、橱窗或产品，受到吸引，顺便进去看一下，看着看着可能就会购买里面的产品。这个随机产生的流量，说明了商铺对人们吸引力的程度。这种流量之中存在巨大的可能性，基数越大成为消费者的可能性人数就越多。至于消费群体有什么具体的需要，也许不能精确预测，但只要店里的东西够好，总有一款是有人埋单的。

（三）习惯性流量

第三种流量是什么？就是习惯性流量或者刚性流量。表示人们要去某一个目的地时必须经过某一个地方的频率和数量。比如，人们上下班要经过某家店铺，人们回家要经过某家店铺，对于这家店铺来说，这个时候产生的流量就是习惯性流量。我们以餐饮为例，一种情况是，从商家的角度来讲，某一家餐馆的位置对于居民很是便利，居民也习惯了这家餐馆的品位，一个星期总要吃个一两次，所以居民就习惯性地来这家餐馆消费。另外一种情况是，从客观上讲，不管居长吃不吃这家餐馆的饭，反正每天必经此路，餐馆的人天天跟你吆喝，餐馆的香味每天往你鼻子里钻，门口的水牌你也总能看见，不信你某一天肚子饿不进去试一口。这种就是社区商业的流量，人员稳定，圈层分级稳定，具有非常高的价值。不同社区的业主有着不同的共性，高端社区、大众社区、学区房等，都不一样。但无论什么样社区，都有其共性，这个共性就给经营者和开发商提供了针对性的切入定位，有了切入经营的基础，就有规律可循。

（四）重复消费的回头客

回头客重复消费带来的流量，是可以直接换算成效益的，因为回头客就是奔着消费来的，所以回头客是重要的“金主”，回头客多，生意自然就好。这对于一个做生意的人来说有多重要呢？比如理发，一般来说消费者都不愿意每次理发都换一个理发师、换一家理发店，毕竟熟悉的理发师、熟悉的环境，更容易让消费者感觉到安心、舒适。所以，除非是理发师技术或态度上存在欠缺，否则不会轻易换地方、换人。消费者最常解决这个问题的是两个地方，一个是社区，另一个是单位附近。我觉得80%的人可能是在社区里或附近解决，20%的人可能在单位附近解决，单位周边一定比社区贵，因为工作的地方大多是商务圈或者商业圈，而生活的地方多半是社区。社区体量小，物业成本低，这就是社区商业重大而鲜明的特质。

我们给社区商业一个规律上的定义——便利、全面。这两个特性完美地诠释了家庭日常生活中一切消费活动应有的核心特点。

三、社区商业项目及企业战略

很多大公司在打造商业时，无一例外地都想要在创意、花样上推陈出新、标新立异，纷纷标榜我这个是为中产阶级新贵族打造的社区商业，我这个是社区商业4.0，我这个是未来主义风格的美好家园……恨不得推出的每一个项目都成为地标，等到真正落实这些酷炫概念的时候，就会发现操作复杂、困难重重。

任何一种商业生态，都有其自身的生长规律。社区商业要做好，必须记住以下基本法则。

（一）打造全面解决问题的系统或方案

“全面解决问题”的思维，既是一种思维的方式，也是一种方法论，针对的是全部人群的全部需要。也许从现实上做不到这一点，但是在做商业策划或理论设计的时候，却需要做到全方位考量。《孙子兵法》中说："求其上，得其中；求其中，得其下。"唐太宗《帝范》卷四中说："取法于上，仅得为中。取法于中，故为其下。"所以社区商业的第一条原则，乃是树立"求其上"的标准，得到"中"的结果，对于经营者和社区居民来说，都是令人欣慰的结果。

如何辨别一个社区是不是有全面解决问题的思维呢？你去问一问社区居民就知道了——有没有不出社区范围内就能解决生活所需的配套服务，有，那就是，否则，就不是。

我们可以将居民所需归纳为以下几个方面。

女性：女性为消费者的主力军，关照家庭、关爱自身，社区商业首要考虑取悦女性。比如，家里的女主人需要美容美发、健身塑形，社区里有没有美容美发、瑜伽馆、健身房，能不能全面照顾到女性的需要？

男性：家里的男主人需要聚会、喝酒、吃饭，保养爱车，以及理发、健身，有没有全面解决？

孩子：孩子需要的是教育、社交和身体发育的锻炼。社区里有没有尚武、崇文的培训，有没有提供适合孩子们的小娱乐、小社交？

老人：家里的老人同样需要身与心两方面的护理，身体上的健康护理和心理上的社交与娱乐。能不能在社区里享受到养老护理服务？有没有适合老年人的娱乐、社交活动？如果社区里老年人多，是不是考虑建成适合家庭养老的社区，对内是小饭桌、贴心人，对外是绿色畅通的服务渠道？

宠物：宠物如今也是重要的家庭成员，能不能在社区里得到洗护美容、健康医疗的服务？

家政：一个家庭要维持正常运转，就会有许多事务性工作，这些工作不可能全部由家庭成员来承担，社区里就需要相应的服务体系，包括餐饮（快餐或简餐，类似于社区食堂）、干洗（洗衣店）、买药（小诊所或药店）、买菜（便捷的菜场或超市）、买花（花店或自助售鲜花机器）、寄送快递（物流终端服务）等，如果这一切问题都可以在社区里全面解决，那就达到真正的全面且便利了。

说完这些，你可以在心里估算一下一个成熟的社区商业区域大致所需面积。粗略估算，中小型的在3万平方米左右。如果再大一点、往外扩张一点，餐饮再好一点，各种配套设施更加成熟的大中型社区服务区域，面积就得达到5万平方米了。

当然在一个社区中，一般不可能匹配这么大面积的单独区域来做商业或服务，不过也没有必要将所有的商业配套都集中起来，对于面积较大或形状狭长的社区来说，完全集中的服务区反而不便，所以化整为零、均衡分布，有时候可以发挥更大的作用。

（二）业态要朴实接地气，不要夸张离谱

上面说到了要做到对社区居民的需求全覆盖，社区商业就需要一定的营业面积。其实说到底，社区商业的面积是次要的，重要的是社区居民的需求可不可以在社区里得到满足。只要能够得到满足，就达到了社区商业服务社区的根本目的。面积小一点，分散一点，灵活一点，都是可以的。社区商业怎么方便怎么来，怎么实在怎么来，不需要搞那么多4.0版本、8.0版本的花活儿，不需要夸张的装饰风格，也不需要离谱的超前业态。

社区商业需要创新，这个创新是以细分社区居民的需求为前提，以更好地满足各个家庭的基本需求为目的。创新不代表与现实脱节，也不需要做夸张、离谱的超常业态。例如恒大建了一个社区影院，以这个影院为中心来匹配社区服务设施，就有点与现实脱节。恒大的这个模式比较适宜家庭聚会和主题party，更适合在离社区有一段距离、比较热闹、成熟的商圈来开设，而不是在生活态的社区里。社区周边还是更倾向于生活服务类的社区商业体，毕竟谁也不会每天在社区里看电影。在各类社区服务硬件完全成熟的条件下可以做（规模也不可太大），但是如果在社区居民的基本

需求还未得到充分满足的情况下，社区影院就会成为鸡肋，既不会成为居民喜闻乐见的娱乐形式，也不是老百姓的日常必需品，因其不伦不类而必然不温不火。使用率得不到保证，成本就很难收回来，造成了公共资源的浪费，得不偿失。

（三）树立平台思维和开放心态

社区商业要不要统一经营？这是一个问题。我认为不必。

我们可能都听说过，万科打造的社区商业很有名，建得很漂亮，社区开办了食堂，开设了菜市场，全部都是自主运营。尤其是食堂，据说严格管理、精心制作，可以让居民吃得安全、放心。想来万科为此操了不少心、费了不少力。但是真的有必要吗？

我个人认为，如果这类自主运营的社区食堂不如专业经营食堂的商户做得好，就不如租出去交给专业的商家来做。社区应该把精力放在小区物业建设上，比如社区卫生与安全，以及如何给业主提供更多的服务与保障上。社区把平台搭建好，制定好游戏规则，分配好“车马炮”的位置、功能与职责，然后交给更专业的、更有经验的人或商家去运作、去经营，而不是大包大揽，甚至越俎代庖。这是平台思维与开放心态。

（四）通过销售商铺回笼资金

社区商业里的商铺完全可以销售，不要过多自持。

有的公司为了标榜自己负责任的形象，选择自持自营，或只招租不卖。前者吃力不讨好，后者当包租公，自认为既能够收回一部分资金，又可以对商户“指手画脚”，不用整体去经营，是聪明的做法。实际上，这两种做法都不是最佳选择。

有很多企业或者个人在买了商铺以后，就觉得这是我的房子，我一定要好好经营，要亲自打理。这是商业不动产集成运营思维或集体商业的思维，用这样的思维来运营社区商业，就好比用计划经济思维来管理市场，明显会掣肘。经营者的思维一定要开放，不用一上来就想着亲力亲为，非要事必躬亲，实际上并非人人都有运作社区商业的能力。你要做的是引导、管理、监督和促进。

你也许会认为，商铺都卖掉了，我还能去做促进吗？当然可以去做，只要给予引导和政策到位就行。

比如，你把商铺卖掉了以后可以返租，以销售来回笼资金，以返租进行管理；然后你给业主来做招商和进行配比，以确保社区居民所需的项目和业态完整、齐全。你和业主、商户之间可以有一个基金或者扶持政策，稍做扶持与引导，将之配套齐全。这样，你既有了销售商业不动产资金回笼的优势，又有一个开放性的平台思维，可以做到资金、管理两不误。

社区商业的经营者或开发商还有一种选择，就是将整个楼盘或商铺交给专业的运营公司来代理，由他们进行系统的、专业的推送、招商、管理，这样既可以赚招商接待的代理费用，又可以获得优质的招商。毕竟专业的运营管理公司有全国运营管理的经历，他们拥有更加丰富的资源与经验以及管理水平和招商质量，都比你“自说自话”更专业、“自娱自乐”更有效。

（五）用商业街区替代盒子建筑

社区商业最好建成街区形式，开放的格局，更方便社区居民的消费，完全不需要建一栋大楼，商铺的形式就足够了。如果是在北方寒冷地区，建一栋楼倒在情理之中，但也需要考虑成本。因为大楼内部的公共空间需要装修，安置中央空调和新风系统、电梯，还有各种维护等，不仅资金成本太高，物业管理任务也极其繁重。羊毛出在羊身上，到最后承担这个成本的是业主和消费者、购物者。付出了这么高的成本，你肯定需要从商品上“捞”回来，如果社区居民不买账，你就会变得非常尴尬，也不利于社区的长久发展。

社区商业适合松散式管理、开放式运营，在进行主题和商品匹配时，做好规划统筹即可。搞一堆概念，不如实实在在，简简单单。保证每个人都有饭吃，更可保持长治久安，和谐融洽。

总之，社区商业的两个核心竞争力，一个是“全面”，另一个是“综合”，做到这两点，社区商业必然繁荣。“全面”就是能解决你生活中的一切麻烦；“综合”就是能够形成持续发展的内生态。做生意的人和业主之间在这种基础上和睦相处，和气生财。

四、社区商业经营攻略

对于开发商、运营商而言，他们最关心的问题无疑就是如何才能成功经营社区商业。

（一）布局：金字塔结构

首先是社区商业的布局。建立科学合理的业态布局，是成功的第一步。业态构成的金字塔一般由下面几种因素构成。

1. 塔基：家庭日常消费供给

位于金字塔基础的就是家庭消费所涉及的一切吃喝拉撒的供给，包括餐饮、洗衣、日用品购买、宠物、快递等，这是任何一个社区商业都必须要有的标配，同时也是经营者或开发商在社区站稳脚跟的基础。在经营方式上可以选择市场化的方式去开放运营——做好规划，可以在做销售的时候带着租约返租，也可以自买自营。只要做好基本方向的规划，不需要太强硬、太有计划性，而要让市场发挥作用，自行调节，在适当的时候补补缺，做柔性调控即可。

社区商业中有一大部分零售业务，已经被O2O的电商分切掉了——美团都送货上门了，京东都能一键到家了，所以电商板块已有的东西，社区商业就不要去强行突破。就算你送货到家比京东快，但是价格还是没有办法去PK，成本在那里摆着呢。你真正需要大做文章的是O2O电商没有延伸到或没有办法触及的区域，那就是出门闲逛或者下楼就可以体验的项目。这些项目适合分散式的、均匀分布在社区。至于那些商业门槛很低，能够快速成活的餐饮类型，大可不用管。

2. 中间层：健身、美容、美体等休闲场所

社区商业的基础是帮助人们消遣的同时，提高人们的生活质量，这一层的需求仅次于吃喝拉撒。对于女性业主的休闲、家庭健康、个人健身等配套，需要略为精细的策划。把女性留在社区里消费，相当于你就有了源源不断的财源与金库。

在招商和管理方面，需要阶段性的政策强攻和释放，比如针对那些不太好招商的、承租门槛比较高的类型，可以提供更优惠的政策去推动。例如健身、美容美体、牙科医院等，这些你都需要花点工夫去招商，而且它们对规模和物业的要求也相对高一些，你要做好相应的配合。

剩下的那些相对容易的、要求没有那么高的项目，可以交给自由的商贩和购房者，你主要做好消防、交通、卫生、治安等方面的管理即可。

3. 塔尖：幼儿教育、培训机构

孩子的教育板块、培训板块属于顶层建筑。我觉得对未来的教育，尚武崇文不失为一种可选的教育方向，修养和才艺这一块需要熏陶和培养。对于社区居民来讲，孩子从幼儿园回来或者放学回来，有个去处，同时能够学到知识、获得艺术和美的熏陶，体魄得以锻炼，都是具有长远意义的事。如果教育与培训质量稍微过得去，都会有持续稳定的生源。

这一部分，可以通过公司整体去招商来推动。因为这个板块需要公司的力量，招商的时候也需要一些时间和政策。

（二）营造有序祥和的社区商业氛围

在运营上，经营者或开发商需要维护好整体的大环境和社区良好的商业氛围，让社区的各个部门、各个商铺有序运转，让整体环境安全可靠、和睦融洽，而不必像管理商场那样煞费苦心地去抠每一个细枝末节。

不要试图去控制一切，也不要在利益上太过于斤斤计较。试图掌控一切，非要把什么事都理个清清楚楚，结果只会陷入无数事务和细节中，最终导致一切无序；试图在短期内利益最大化，则无异于杀鸡取卵。所以，一定要有开放的心态。

营造良好的氛围，比做到所有细节的掌控更重要。你搭好了台，定好了游戏规则以后，放开手让他们去唱戏，不要过度干预。要相信市场本身的活力与力量。商家经营得安心和舒畅，则必然会做好服务，让居民买得舒心，生活开心。反之，居民在社区里能够获得消费满足，那么一般情况下也会在社区里实施更多的消费行为，给商家带来更多的利益，如此形成良性循环。

（三）打造齐全、便利的生态系统及功能

关于生态系统和功能的构成，就是看全不全面，如果有不全面的，经营者或开发商出来补缺，缺什么补什么，没有的可以现招。补缺的部分，可以用政策强攻来实现。

一旦形成了“车马炮”的整体生态，达到了全面、综合的标准，那么这个社区商业就会高枕无忧。

（四）挖掘具有强辐射性的特色业态

当然，不是说做到全面、综合，社区商业欣欣向荣，就可以止步了。我们还可以“百尺竿头，更进一步”。依托繁荣的社区商业，瞄准周边半径 5 公里范围，打造一两个具有冲击性的特色业态，也是完全可行的。

例如，做一条网红美食街，招来五六十家特色美食，那辐射的半径就很有可能超过 5 公里了。这已然就是向高处求发展与突破，不仅是社区商业的范畴，而且是区域性商业向社会大商业的升级，把社区商业的习惯性流量提升到向外去辐射的目的性流量。

如果有了一定的基础，就可以好好规划和定制性地操作一番了。有物业的规模和操作的兴趣，做好全方位的配套供给，一旦形成，“钱”途远大。背后有繁荣的社区商业和习惯了社区消费的人群，周边有半径 5 公里的目的性流量，再向前就是整合城市的人群了。如果真的做成了特色，做成了地标，那么就又形成另一种繁荣生态了。

五、对社区商业行业的建议及大型集团的祝愿

前面说了那么多策略与误区，千言万语汇成一句话：社区商业一定要规避不切实际的想法。

别想着在社区里建一个“高大上”的会所，搞一个高端沙龙，社区里一定不要弄那种虚头巴脑的东西。老百姓真正需要解决的口腹之欲你能满足吗？头疼脑热周边买药方便吗？工作疲惫，需要来个按摩按脚，做做美容美体、舒缓一下心情方便吗？朋友来了是不是可以好好地玩一玩，喝几杯？小孩要学习培训不用走得太远，最好就在楼下，既安全又方便……这些才是真正的刚性需求，是根本之所在。

所以，社区商业体一定要回归本真，方便生活。

最后，祝愿所有的大型集团回归商业社区消费的本真属性，做到便利和全面，做到真正有活力、接地气，否则这件事不但没有收益，还会亏损。

去看一看最有魅力的社区，一定是热热闹闹，亲切而不低端，一定是一幅充满烟火气的市井文化景象。

想搞社区商业体，就从做实事开始。